DIE TYRANNEI DER SCHÖNHEIT

DIE TYRANNEI DER SCHÖNHEIT

ARLINE & JOHN LIGGETT

WILHELM HEYNE VERLAG
MÜNCHEN

Titel der englischen Originalausgabe:

THE TYRANNY OF BEAUTY

Ins Deutsche übertragen von Annekatrin Gudat
Redaktion und fachliche Beratung: Margaret Minker

Die Originalausgabe erschien im
Verlag Victor Gollancz Ltd., London, 1989
Copyright © Arline und John Liggett, 1989
Copyright © 1990 der deutschen Ausgabe
by Wilhelm Heyne Verlag GmbH & Co. KG, München
Umschlaggestaltung: Norbert Härtl
Herstellung: Paul Fugmann
Umschlagfotos Titelseite: Boy George: Troy/Retna Picture Ltd.
Frau aus dem Tschad mit Lippenpflöcken: J. Bitsch/Zefa
Rückseite: Burmesin mit Halsringen: Bruno Barbey/Magnum
Cher: E. J. Champ/Retna Pictures Ltd.
Satz: Schaber, Wels
Druck: Appl, Wemding
Bindung: Großbuchbinderei Monheim

ISBN 3-453-03987-4

Für Spencer

Frontispiz: Ein gepflegtes Aussehen kann ebensoviel über die Persönlichkeit und den Status eines Menschen aussagen wie ein kunstvolles Narbenmuster auf der Haut

Seite 8/9: Auch eine Methode, den Hals zu verlängern. Karikatur einer Schönheitsschule, um 1800

DANKSAGUNG

Die Autoren möchten dem Wellcome Museum of the History of Medicine, den European Research Consultants International, dem Trading Standards Safety Officer, Cardiff, und Gareth Jenkins, Redakteur bei *Western Mail*, ganz herzlich für ihre Hilfe danken. Unser aufrichtiger Dank gilt ferner Kenneth Bevan für seine überaus wertvolle fachliche Beratung, Anthony Davidson und seinen Kollegen von der Cardiff Library für ihre unermüdlichen Nachforschungen sowie Eric, John, Alma, Joan, Jane, Mary, Deryck, Christine und Lynda für die fundierten und hilfreichen Gespräche mit ihnen. Ganz besonderen Dank schulden wir Elfreda Powell, Lektorin bei Gollancz, für ihre fachkundige Hilfe, ihr unerschöpfliches Reservoir an guten Ratschlägen und ihre gutgelaunten Ermunterungen.

A.L. & J.L.
Januar 1989

INHALT

EINLEITUNG

SEIT MENSCHENGEDENKEN HABEN MÄNNER UND FRAUEN alles daran gesetzt, ihren Körper zu verschönern, und dafür Höllenqualen auf sich genommen, die man unter anderen Umständen als »Folter« bezeichnen würde. Kein Teil des menschlichen Körpers blieb davon verschont. Erklärtes Ziel all dieses Leidens war nicht nur, die äußere Erscheinung vorteilhaft zur Geltung zu bringen, sondern oft, eine grundlegende Veränderung des Aussehens herbeizuführen, koste es, was es wolle.

Um einem Ideal zu genügen, haben Frauen sich die Füße ruiniert, ihr Haar verloren, ihre Haut mit Blei vergiftet — manche ließen sogar für die Schönheit ihr Leben. Man kleisterte sich Krokodilkot und Taubengewölle ins Gesicht: In dem verzweifelten Bemühen, die eigene Attraktivität zu steigern, wurden Eidechsen gekocht, Zitronen ausgepreßt und Tiere um ihrer magischen Körperteile willen geschlachtet.

Heute liefert die kosmetische Chirurgie Schönheit auf Bestellung. Einige Chirurgen, die von ihren Künsten sehr überzeugt sind, rühmen sich, ›ihren‹ Busen auf den ersten Blick von anderen unterscheiden zu können. Doch nicht nur Brüste werden verwandelt; auch Hüften, Hinterteile, Schenkel, Kinne, Backenknochen, Nasen, Münder und Haare werden Plastischen Chirurgen oder auch Kosmetikerinnen anvertraut. Frauen können heutzutage von Menschenhand neu erschaffen werden und dann — wenn sie das wirklich unbedingt wollen — mit Hilfe regelmäßiger ›Cocktails‹ aus Organextrakten ungeborener Tiere ewig jung gehalten werden.

Die Männer waren nicht weniger eitel. Es gehörte zum täglichen Ritual des achtzigjährigen Maréchal de Richelieu, seine schlaffe Gesichtshaut straffen und an einem kleinen Polster befestigen zu lassen, das er unter seinem schütteren Haar versteckt hatte. Im sechzehnten Jahrhundert protzten die Männer mit bombastischen, schon beinahe lächerlich anmutenden Hosenbeuteln, in denen zumeist problemlos noch einiger Schnickschnack und ein oder zwei Bonbons Platz fanden. Aber sie hatten wenigstens noch Bewegungsfreiheit, was man von den Männern des zwanzigsten Jahrhunderts nicht behaupten kann, die sich in hautenge Jeans zwängen, um ihre großartige Männlichkeit zur Schau zu stellen, und dafür sogar das Risiko vorübergehender Zeugungsunfähigkeit in Kauf nehmen.

Heutzutage unterziehen sich die Männer Gesichtsoperationen, um ihr Äußeres zu verschönern. Manche färben sich das Haar. Manche tätowieren sich die Genitalien. Manche schminken sich, andere nehmen Medikamente, um ihre Hautfarbe zu verändern. Viele Karrieremänner halten jugendliches Aussehen für notwendig, um ihre Jobs gegen die allgegenwärtige Konkurrenz verteidigen zu können. Sowohl im Schlafzimmer als auch im Sitzungssaal werden die Männer heute stärker gefordert. Der schlanken Linie wird größte Bedeutung beigemessen, doch sie fordert auch ihren Preis; allein in der ersten Hälfte des Jahres 1988 wurde bei 25 000 Männern Magersucht festgestellt. Und jetzt sind die psychischen Probleme im kommen; viele Männer klagen über plötzliche Impotenz. Einige von ihnen haben ihr Heil in Aufbauspritzen gesucht, die zum Teil so wirkten, daß ein chirurgischer Eingriff notwendig wurde, um die Patienten wieder ›abzuregen‹. Die Sache hat also auch ihre komischen Seiten. Die aufblasbaren Prothesen, die von einem Pumpmechanismus im Skrotum betätigt werden, ringen den Männern allerdings meist nur ein gequältes Lächeln ab.

In dem steten Bemühen um Schönheit haben beide Geschlechter zeitweilig entwaffnende Annäherungsversuche unternommen. Die Frauen erhofften sich Hilfe von den Männern und umgekehrt. Es war schon immer bekannt, daß Sex gut für die Schönheit ist, doch es wurden auch andere rührende Versuche zur gegenseitigen Hilfeleistung unternommen. Seinen Höhepunkt erreichte solches Treiben, als den Frauen im siebzehnten Jahrhundert empfohlen wurde, im Urin von Männern zu baden — eine Substanz, die als ›außerordentlich heilsam und überaus verschönernd‹ gepriesen wurde. Auch heutzutage erfreuen sich Schönheitskliniken in den USA, die eine sogenannte ›Urintherapie‹ anwenden, wachsender Beliebtheit, und viele Frauen trinken um der Gesundheit und Schönheit willen ihren eigenen Urin.

In den Reihen der Männer fanden sich zwar scharfe Kritiker solcher Praktiken, und auch die Frauen haben sich gelegentlich beschwert, doch haben sie sich im Laufe der Geschichte zu keiner Zeit ernsthaft gefragt, warum sie eigentlich immer wieder solch enorme Anstrengungen unternahmen, ihren Körper zu verändern.

Dieses Buch beschäftigt sich mit einigen der abstrusesten Verschönerungsversuche in alten wie auch in modernen Zeiten — mit den absonderlichen Bemühungen der Gecken und Dandies, mit dem lustigen Zierat der Kurtisanen, Königinnen und Hausfrauen vergangener Zeiten sowie mit den technologisch ausgereifteren Experimenten ihrer modernen Zeitgenossen.

Das Ergebnis ist eine außergewöhnliche Zusammenstellung von Verhaltensmustern, die zum Teil tragisch, oft aber auch recht komisch sind, und die einen der geheimnisvollsten Winkel der menschlichen Psyche näher beleuchten — die unterschiedlichen, oft ganz unerwarteten Motive, die der ewigen Jagd nach Schönheit zugrunde liegen.

1.

HUNGERN FÜR DIE
SCHLANKE LINIE

E S HEISST, NIEMAND LIEBT DICH, WENN DU DICK BIST … insbesondere, wenn du eine Frau bist. In der Tat stand die überdimensional proportionierte Frau in der westlichen Welt nur selten hoch im Kurs. Führende Modehäuser haben ihr nichts zu bieten. Die Modeschöpfer und -schöpferinnen kümmern sich kaum um ihre ästhetischen Belange. Und sie wird brutal mit der bitteren Wahrheit konfrontiert. Der amerikanische Top-Designer Calvin Klein sprach es ganz offen aus: »Ich möchte nicht, daß Frauen über Größe 42 meine Kleider tragen.«

Wer schön sein will, muß schlank sein; in monotoner Wiederholung wird uns dies eingehämmert. In der Phantasiewelt von Zeitschriften, Filmen und Erfolgsromanen ist die Frauenfigur, die mit Liebe, Wohlstand, Erfolg, Sexualität und Glück identifiziert wird, fast immer schlank. Auch in der Realität halten sich die wenigsten Frauen für schlank genug, um als wirklich schön gelten zu können. Das ersehnte Ideal ist die Figur abgemagerter Mannequins und Schauspielerinnen, die uns mit dem leeren Blick der Unterernährten oder dem erhabenen Ausdruck überlegener Kreaturen, die über das primitive Bedürfnis des Essens erhaben sind, aus den Zeitschriften entgegenstarren.

Frauen, die in der Öffentlichkeit auftreten, sind besonders besorgt um ihre Figur. Vor allem Opernsängerinnen hatten schon immer schwer mit dem Problem zu kämpfen, trotz ihres beträchtlichen Körperumfangs (zu dem ihre Nachtigallenstimmen so gar nicht passen mögen) zart und zerbrechlich zu erscheinen. Die Sopranistin Marie Wilt, über die ein Experte Anfang des zwanzigsten Jahrhunderts sagte, sie habe »die schönste Stimme, die ich je gehört habe«, hieß in Wien allgemein der ›Kaiserliche Elefant‹. Unglücklicherweise verliebte sie sich im Alter von achtundfünfzig Jahren hoffnungslos in einen jüngeren Mann, dem es aufgrund ihrer Leibesfülle unmöglich war, ihre Liebe zu erwidern. Voller Verzweiflung stürzte sie sich aus einem Fenster im vierten Stock.

IMMER DÜNNER

Auch Maria Callas litt sehr unter ihrem fülligen Körper, und sie war fest davon überzeugt, daß nur ihre Figur sie daran hinderte, ein großer Star zu werden. Im Frühjahr 1953 begann sie mit ihrer Abmagerungskur. Im April 1954 hatte sie fast zweiundsechzig Pfund abgenommen — mehr als einen halben Zentner von diesem ›allzu festen Fleisch‹. Aber das Geheimnis ihrer Diät behielt sie für sich: »Ich hatte einen Bandwurm, und jetzt habe ich keinen mehr«, war alles, was man aus ihr herauszulocken vermochte. Wahrscheinlich hat sie sogar die Wahrheit gesagt. Schon in den dreißiger Jahren waren Kapseln mit Bandwurmeiern auf den Markt gekommen, bis man schließlich dazu überging, einen ganzen Bandwurm in das Verdauungssystem des Men-

Gegenüber: Unentwegt wird behauptet: Wer schön sein will, muß schlank sein

schen einzuschleusen; dazu gab es Anweisungen, wie man ihn wieder entfernen könne — hoffentlich noch rechtzeitig, bevor er zuviel Schaden angerichtet hatte.

Viele Bühnen- und Leinwandstars haben einen hohen Preis dafür bezahlt, den Kampf mit dem schlaffen Fleisch zu gewinnen. Joan Crawford lebte eine Zeitlang nur von Kräckern und Senf. Die Schauspielerin Diana Wynyard starb, weil sie zu viele Abmagerungskuren gemacht hatte. Judy Garland ernährte sich im Alter von vierzehn Jahren so lange ausschließlich von Hühnersuppe, Amphetaminen und Schlaftabletten, bis sie zusammenbrach.

Schlaue Ratgeber, wie man am besten abnimmt, werden bis zum Erbrechen produziert und von den unersättlichen Magerkeitsfanatikern begierig verschlungen. Neuerscheinungen haben große Chancen, auf die Bestsellerliste zu kommen: zum Beispiel Rosemary Conleys ›Hip and Thigh Diet‹ [Hüft- und Oberschenkel-Diät]. Auf einem scheinbar schon völlig gesättigten Markt hat die erfinderische Ms. Conley doch noch eine Lücke entdeckt — eine Abmagerungskur für bestimmte Körperpartien. Bei der Conley-Diät können Frauen, die unter einer ›unausgewogenen Gewichtsverteilung‹ leiden, sich einen Körperteil aussuchen — sagen wir die unförmige Taille —, und dann wird ihnen erzählt, wie sie genau an dieser Stelle abnehmen können, ohne dabei gleichzeitig etwa den Busen zu opfern.

Martin Katahns Rotationsdiät [Diese Diät hat nichts mit der gleichnamigen Ernährungsumstellung zum Herausfinden allergie-auslösender Nahrungsmittel zu tun. — Anm. d. Red.] beschäftigt sich mit einem altbekannten und scheinbar unumgänglichen Problem: Wie läßt es sich vermeiden, daß man nach Beendigung der Diät gleich wieder zunimmt? Der Körper ist sehr anpassungsfähig — wenn er weniger Nahrung bekommt, schraubt er seinen Kalorienbedarf herab; doch wenn ihm dann wieder normale Kost zugeführt wird, kann er sich nur sehr langsam wieder umstellen. Diese zusätzlichen Kalorien, die er nun plötzlich bekommt, werden normalerweise als Fett abgelagert. Katahns Diät dauert in der ersten Phase nur drei Wochen, und Frauen sollen während dieser Zeit durchschnittlich zwölf bis dreizehn Pfund (Männer noch mehr) abnehmen. Nach diesen ersten einundzwanzig Tagen wird die Diät für eine Woche oder sogar einen Monat unterbrochen, und es darf wieder normal gegessen werden. Diese Rotationsdiät gibt dem Körper mit anderen Worten nie Gelegenheit, seinen Stoffwechsel umzustellen, und soll auf diese Weise angeblich verhindern, daß nach Beendigung der Diät wieder neue Fettpolster angelegt werden.

Andere Diäten wiederum sind attraktiv, weil sie komplette Menüs mit genauesten Angaben zu Kaloriengehalt und Ballaststoffen anbieten. Audrey Eytons ›F-Plan-Diät‹ und ›Einfache F-Plan-Diät‹ machen der erschöpften Diät-Esserin fix und fertige Menüvorschläge — sie bekommt genau gesagt, was sie zum Frühstück, zu Mittag und zu Abend essen darf, von der kleinsten Prise Salz bis hin zum letzten Teelöffel Zucker.

Doch viele Diäten sind umstritten und haben bei Ernährungswissenschaftlern Alarm ausgelöst. Nehmen wir zum Beispiel eine überarbeitete Version der ›Mayo-Diät‹, die kürzlich in London zirkulierte und in der es allen Ernstes hieß, es sei wichtig, »am ersten Tag neun Eier zu essen«. Rechnete man die Gesamtzahl der Eier aus, die man innerhalb von nur zwei Wochen essen durfte, so kam die erstaunliche Summe von sechsundfünfzig bis achtundfünfzig Eiern heraus. Dabei sind in Medizinerkreisen die Eier wegen ihres hohen Choleringehalts schon seit langem ins Kreuzfeuer der Kritik geraten. Das Royal College of Physicians empfiehlt, zur Vermeidung von Herzkrankheiten nicht mehr als drei Eier pro Woche zu essen.

Eine neue ›Amerikanische Obst-Diät‹ (in Harvey und Marilyn Diamonds *Fit for Life*) führte 1987 vier Wochen lang die New Yorker Bestseller-Liste an. Vincent Marks aber, Professor für Biochemie an der Surrey University, bezeichnete sie als »höchst ungesund für Jugendliche und

Maria Callas: »Ich hatte einen Bandwurm, und jetzt habe ich keinen mehr.«

katastrophal für schwangere Frauen und ihre Babys«. »Zuerst habe ich das alles für einen Witz gehalten«, sagt er. »Der Gedanke, daß junge Leute diese Diät ernsthaft befolgen könnten, ist wirklich entsetzlich.«

Gute Neuigkeiten gibt es dagegen für Eiskrem-Fans. Dr. Neil Solomon, Diätexperte und ehemaliger Lehrbeauftragter für Psychiatrie an der Johns Hopkins School of Medicine in Baltimore, USA, verkündete die frohe Botschaft, daß Eiskrem zwei oder drei Stunden lang den schlimmsten Hunger stille (langfristiger als beispielsweise Schokolade, die den Blutzuckerspiegel zwar schneller erhöht, das nagende Hungergefühl aber nur für etwa eine halbe Stunde beseitigen kann). Bei der ›Eiskrem-Diät‹ soll man insgesamt pro Tag 1030 Kalorien zu sich nehmen und darf dabei alle zwei Stunden einen gestrichenen Eßlöffel Eis schlecken.

Bei der amerikanischen Psychologin Gayle Black dreht sich alles um die Idiosynkrasie. Sie glaubt, daß die meisten Diäten zum Erfolg führen könnten — wenn nur die Leute, die Diät machen, nicht solche Versager wären. In der ›Sonnenzeichen-Diät‹ erklärt Ms. Black, wie wir auf geheimnisvolle Weise von den Sternen und der Rotation der Planeten beeinflußt werden. So müssen sich Fische beispielsweise damit abfinden, daß sie ›emotionale Esser‹ sind.

Die ›Herbalife Diet‹, die 1984 in Großbritannien 20 000 Anhänger hatte, war Anfang 1980 in Amerika erfunden worden. Oliver Gillie, der damalige medizinische Korrespondent der *Sunday Times*, hielt diese Methode jedoch für »ungeeignet, um abzunehmen«. Er meinte, der Stoffwechsel könne aus dem Gleichgewicht geraten und es käme zu einer »enormen Überproduktion von Stickstoff, der dann über die Nieren und den Urin ausgeschieden werden müsse« — ein ernstes Problem für Leute, deren Nieren nicht voll funktionsfähig sind.

Am meisten Furore machten jedoch Alan Howards ›Cambridge-Diät‹ und die amerikanische ›Flüssigprotein-Diät‹.

Die ›Cambridge-Diät‹ bietet Suppen, Milch-Shakes und Desserts mit 110 Kalorien je Portion zum Verkauf an; pro Tag dürfen drei Portionen verzehrt werden. Es heißt, acht Jahre intensiver Forschung steckten hinter dieser Diät und sie sei drei Jahre lang regelmäßig auf ihre Unbedenklichkeit hin getestet worden. Doch als sie im Frühjahr 1980 in den USA eingeführt wurde, gab es sofort die ersten Rückschläge. Die US-Regierung stoppte den Verkauf mit der Begründung, daß die Werbung falsche Versprechungen mache. Kurze Zeit später wurden die Produkte jedoch wieder zum Verkauf freigegeben; allerdings mußten die Dosen jetzt mit entsprechenden Warnhinweisen versehen sein.

Aber die Diät schien vom Pech verfolgt zu sein. Sechs Menschen starben, die sich sämtlich von der ›Cambridge-Diät‹ ernährt hatten. Das FDA [Food and Drug Administration, A.d.Ü.; überwacht u.a. die Einhaltung des Lebensmittelgesetzes] stellte intensive Nachforschungen an. Im Endergebnis konnte ein Zusammenhang zwischen der Todesursache und der ›Cambridge-Diät‹ weder bewiesen noch völlig verneint werden.

Und dann wurden im Jahre 1982 — der Erfinder der Diät bedauert es sehr, gibt es jedoch in seinem Buch *The Cambridge Diet* ganz offen und ehrlich zu — in einigen Dosen Salmonellen gefunden, und man forderte die Kunden auf, die Dosen eines bestimmten Verkaufsdatums zurückzubringen. Derzeit wird die Diät nicht mehr in Dosen, sondern in Tüten verkauft. In der bislang neuesten Broschüre (zum Zeitpunkt, als dieses Buch geschrieben wurde) wird vor möglichen, geringen Nebenwirkungen gewarnt, die bei vielen anderen Abmagerungskuren auch auftreten: Kopfschmerzen, leichtes Schwindelgefühl, Verstopfung, Durchfall, Übelkeit, Reizbarkeit und trockene Haut.

Die Kritiker der ›Cambridge-Diät‹ bemängelten vor allem den geringen Kaloriengehalt. Dr. Thomas A. Wadden von der University of Pennsylvania hat es vielleicht am treffendsten

Soll diese verkümmerte Gestalt etwa die ›ideale Frau‹ sein?

formuliert: »Diäten mit einem niedrigen Kaloriengehalt führen bei bestimmten Personen ganz eindeutig zu enormen Abnahmen im Muskelgewebe, wenn sie längere Zeit hindurch eingehalten werden. Das größte Risiko in diesem Zusammenhang ist wohl, daß auch der kleinste Schwund an Muskelmasse gravierende Folgen haben kann, wenn davon wichtige Organe wie das Herz betroffen sind.«

Auch mit dem Marketing tauchten bei dieser Diät Probleme auf. In den Vereinigten Staaten wurde sie von dem Unternehmerpaar Jack und Eileen Feather lanciert, die sie per Postversand verkauften. Die Feathers hatten keinerlei Hemmungen, sich das renommierte Cambridge-Image zunutze zu machen. Die Dosen zierte ein marktschreierisches Firmenemblem, auf dem das Tor des Trinity College der Universität Cambridge abgebildet war — viele der früheren und derzeitigen Universitätsstudenten und -studentinnen waren darüber höchst empört. Überall kamen plötzlich Produkte mit akademischem Touch in Mode. Plötzlich gab es die ›Oxford-Diät‹, die ›Eton-Diät‹ und, etwas allgemeiner gehalten, die ›Universitäts-Diät‹.

Unglückseligerweise hatte sich der kreative Jack Feather noch zahlreiche andere Dinge einfallen lassen, die der schlanken Linie dienlich sein sollten: den ›Astro-Trimmer‹ für Taille und Bauch, den ›Sauna-Gürtel‹ und vieles andere mehr, darunter auch einen ›Mark Eden-Brust-Vergrößerer‹, mit dessen Hilfe Frauen ihren Busen vergrößern und gleichzeitig andere, weniger erwünschte Fettpolster reduzieren können sollten. 1982 klagte die Oberste Staatsanwaltschaft die Feathers wegen Mißbrauchs des Postversandes an. Der Vertrieb des Brustvergrößerers und der Saunageräte wurde eingestellt. Und natürlich warf diese Schmach auch ihre Schatten auf die ›Cambridge-Diät‹, die ebenfalls von den Feathers vermarktet wurde.

Es kam hinzu, daß die Amerikaner damals den Skandal wegen der Todesfälle in Zusammenhang mit der ›Flüssigprotein-Diät‹ noch gut in Erinnerung hatten. In den siebziger Jahren hatte der Harvard-Professor George Blackburn die Werbetrommel für sein sogenanntes ›proteinsparendes modifiziertes Fasten‹ gerührt. Diese Fastenkur bestand darin, jeden Tag ein mageres Steak von 125 Gramm zu essen, dazu Vitamin- und Mineraltabletten. Zur gleichen Zeit entdeckte ein Chemiker ein Verfahren zur Gewinnung von wasserlöslichen Proteinen aus Kuhhäuten. Dieses Kuhhaut-Eiweiß war von minderer Qualität, darüber hinaus fehlten ihm viele wichtige Aminosäuren; aber es hatte den großen Vorteil, wesentlich billiger zu sein als Steak — also wurde es mit Saccharin versüßt, mit Kirsche abgeschmeckt und als ›Flüssigprotein-Diät‹ auf den Markt gebracht. Sie wurde nie ernsthaft klinisch getestet, dafür aber mit großem Erfolg unter sage und schreibe fünfzig verschiedenen Markenbezeichnungen gehandelt, und sie verkaufte sich gut.

Ende 1978 schaltete sich jedoch das amerikanische FDA ein, denn nach Anwendung dieser Fastenkur waren mehrere Personen zu Tode gekommen. In siebzehn von fünfzig Fällen war die Verbindung zur ›Flüssigprotein-Diät‹ eindeutig. Es hieß, die Todesursache seien Herzrhythmusstörungen gewesen, für die es keine wirksame Behandlung gab. Nachdem sie ins Krankenhaus eingeliefert worden waren, hatten diese Patienten auf keine der bekannten Therapien angesprochen und waren schließlich gestorben. Die Autopsie ergab jedesmal gravierenden Herzmuskelschwund.

1984 erließ das FDA neue Vorschriften: Alle Produkte, deren Gesamtkaloriengehalt zu mehr als 50 % aus Proteinen oder flüssigen Proteinen stammt und die darüber hinaus weniger als 400 Kalorien enthalten, müssen folgenden Warnhinweis tragen: »Dieses Produkt kann zu schweren Erkrankungen oder zum Tode führen.« In seinem Buch zur Verteidigung der ›Cambridge-Diät‹ aus dem Jahre 1985 hob Alan Howard sofort hervor, daß laut FDA dieser Warnhinweis im Falle der ›Cambridge-Diät‹ nicht notwendig sei.

Doch zum Abnehmen ist nicht immer eine Diät erforderlich, sagen die Befürworter alternativer Methoden. Wie wäre es statt dessen mit einer schönen Tasse Tee? Auf den ersten Blick gar keine schlechte Idee, vor allem, wenn anscheinend sogar Sarah Ferguson, die Herzogin von York, Gefallen an dem Getränk findet. Dessen rühmen sich nämlich die Hersteller des ›Bai Lin Tea‹, und gleichzeitig wurde versprochen, er lasse »die Pfunde dahinschwinden«. In Großbritannien wurden 900 000 Pakete im Gesamtwert von viereinhalb Millionen Pfund verkauft. Doch leider stellte sich heraus, daß dieses Produkt — angeblich nach einem alten chinesischen Rezept hergestellt — nichts anderes war als ganz normaler Chinatee, und im Juni 1988 entlarvte der Warwick Crown Court die behauptete Billigung der Herzogin als ›Schwindel‹.

Um abzunehmen, wäre es doch eigentlich viel einfacher und auch wesentlich billiger, sich in ein zappelndes Nervenbündel zu verwandeln. Und wenn man den neuesten Forschungsergebnissen Glauben schenken darf, so kann es diese Methode auch durchaus mit anderen aufnehmen. Wissenschaftler haben gemessen, wieviel Kalorien man durch Kratzen und Zupfen verliert, und dabei festgestellt, daß die Elite der Zappelphilipps tagtäglich genauso viel Energie verbraucht wie andere bei einem 5-Kilometer-Lauf.

Der menschliche Geist ist unglaublich erfinderisch, wenn es um neue Ideen zur Reduzierung des Gewichts geht. Doch die schlanke Linie ist nicht etwa nur eine Modeerscheinung unserer Zeit. Eine der ersten Schlankheitsfanatikerinnen, von denen die Geschichte zu berichten weiß, war im vierzehnten Jahrhundert Isabeau von Bayern, die Königin von Frankreich. Sie verharrte stundenlang in speziellen Schwitzräumen und preßte Schröpfköpfe an ihren Körper, die das Fett wegdrücken sollten.

Ein späteres Rezept aus dem Jahre 1665 mit dem Titel »Den allzu beleibten Körper in schöne, schlanke Form zu bringen« empfahl Schwitzen, Entschlacken und Aderlassen: »Man stehe frühmorgens auf und bringe sich mit kraftvollen Leibesübungen oft ins Schwitzen. Es ist gut, zweimal pro Jahr reichlich zur Ader zu lassen; dazu nehme man im Frühjahr den rechten Arm und im Herbst den linken. Den Körper entschlacke man in diesen Jahreszeiten mit starken Mitteln, die den Darm reinigen.«

Die speziellen Körperteile, die sich auch weiterhin hartnäckig hervorwölbten und Mißfallen erregten, sollten von der Nahrungsmittelzufuhr abgeschnitten werden, indem man »die Stellen, die den jeweiligen Körperteil mit Nahrung versorgen, mit Bändern umwickele«.

Allerdings ist Korpulenz nur in den westlichen Ländern verpönt: In unserer von Hungersnöten gepeinigten Welt hat man in vielen Ländern eine ganz andere Einstellung zu prallen Formen entwickelt. In Bangwa/Kamerun beispielsweise und in vielen anderen Teilen Afrikas bringt Fettleibigkeit Prestige. Nur die Oberschicht kann es sich leisten, gut zu essen. Angesichts einer fetten Frau nimmt man daher automatisch an, daß ihre Familie sehr wohlhabend sein muß. Und mit ein wenig Glück wird die dicke, reiche Frau auch ihr Lebtag wohlbeleibt bleiben. Die armen Frauen, die ihren Lebensunterhalt auf den Feldern verdienen müssen, sind da schon wesentlich schlechter dran. Sie haben nur einmal im Leben die Chance, so begehrenswert fett zu werden. Vor der Heirat werden sie in speziellen ›Mästezimmern‹ untergebracht und sieben bis neun Wochen lang gefüttert, bis ihre Körper sich runden und die Brüste schwellen. Doch leider ist dieses Glück nur von kurzer Dauer. Nach der Heirat heißt es: zurück auf die Felder, und zu essen gibt es bis ans Lebensende nur ein bißchen mehr als das, was zum Überleben absolut notwendig ist.

In Nordafrika werden junge Mädchen mit Buttermilch, Hafergrütze und Unmengen von Brot gemästet, was ihren Wert auf dem Heiratsmarkt steigern soll. Und in den drei Wochen unmittelbar vor der Hochzeit werden sie noch zusätzlich mit Brotkügelchen vollgestopft.

In vielen Teilen Ostafrikas werden begüterte Ehefrauen gezwungen, unglaubliche Mengen Milch zu trinken. Sie werden so fett, daß sie nach Augenzeugenberichten manchmal nur noch auf allen Vieren kriechen können.

DIE BODY-BUILDER

Europäer, die zunehmen wollen, streben dabei normalerweise nicht nach Fett, sondern nach Muskeln. Jedes Pfund Muskelgewebe, um das die Body-Builder ihr Gesamtgewicht erhöhen können, verbraucht 50—100 Kalorien pro Tag. Je mehr Muskeln sie sich also zulegen, desto herzhafter können Mr. und Ms. Universum dann beim Essen zugreifen. Und dank der großen Muskelpakete schlägt man gleich zwei Fliegen mit einer Klappe: Sie sehen sehr beeindruckend aus und verbrauchen Kalorien.

Doch allzu großer Perfektionismus kann hier leicht dazu führen, daß das Streben nach körperlicher Schönheit das Leben eines Menschen völlig beherrscht. Lee Harvey, Mr. Olympia und viermal Champion von England, steht ständig vor dem Spiegel und sucht seinen Körper nach etwaigen Mängeln ab — könnten die Waden vielleicht dicker sein, der Bizeps etwas größer? Sein Superman-Körper erfordert hartes Training, das nicht nur viel Zeit und Mühe kostet, sondern auch geistige Energie. »Es ist, als zwinge man den Muskel durch Willenskraft zu übermenschlichen Kontraktionen, und der Körper will nur folgen, wenn der Geist ihm vorangeht. Ich betrachte mich als den Bildhauer meines Körpers und verwandle ihn in ein Kunstwerk. Deshalb kann ich mich nicht damit zufrieden geben, einfach nur muskulöse Arme zu haben. Nein, ich will perfekte Arme, bei denen jedes Detail und jede Proportion stimmt. Arme, die große Künstler wie Michelangelo und Leonardo da Vinci bewundert hätten.«

Für den ehrgeizigen Muskelmann werden jeden Tag neue Maßstäbe und immer ehrgeizigere Ideale aufgestellt, die es zu erreichen gilt. Unzählige Spezialzeitschriften kümmern sich um *seine* und neuerdings auch um *ihre* Belange, denn diese Domäne ist nicht mehr ausschließlich Männern vorbehalten: Frauen sind genauso mit Leib und Seele dabei.

Corinna Everson, die Ms. Universum des Jahres 1987, erklärte, daß Frauen für einen glanzvollen Auftritt bei Meisterschaften weitaus größere Anstrengungen unternehmen müßten als ihre männlichen Kollegen. »Zuerst einmal haben wir in der Woche vor der Show so viel Ärger mit unserem Haar. Am Tag, als die Veranstaltung stattfand, habe ich allein drei Stunden gebraucht, um mein Haar in die richtige Form zu bringen [...] Eine Woche lang muß ich immer wieder diese nervtötende Anprobiererei über mich ergehen lassen, bis ich den passenden Bikini gefunden habe. Wenn dann der große Tag gekommen ist, brauche ich noch einmal drei Stunden für das Make-up und die endgültige Kleideranprobe. Es kommt hinzu, daß unser Hormonhaushalt im Laufe eines Monats gewissen Schwankungen unterliegt. Dadurch sind wir oft besonders empfindlich, und es kann zur Einlagerung von bis zu drei Pfund Wasser kommen. Auch wir müssen natürlich — genauso wie die Männer — streng Diät halten und hart trainieren; wir haben jedoch viel mehr Unannehmlichkeiten und Probleme durchzustehen als sie.«

Der Drang nach Perfektion bedeutet für Männer und auch für Frauen ein nicht enden wollendes Training und die Einnahme von Canthaxanthin, um die obligatorische Bräune zu erzielen; oft genug werden auch noch andere Medikamente konsumiert. Anabolika wurden um das Jahr 1952 herum, als die Olympischen Spiele in Helsinki stattfanden, zum erstenmal eingesetzt. Anfänglich wurden sie nur von Body-Buildern benutzt, die an Wettbewerben teilnahmen, doch 1980 gehörten sie bedauerlicherweise schon zur Standardausrüstung. Heutzutage erfreuen sich Diuretika, die das Wasser aus dem Körper treiben, großer Beliebtheit; wenn die Energie nach-

Body-Building ist nicht mehr ausschließlich Männern vorbehalten:
Frauen sind genauso mit Leib und Seele dabei

zulassen droht, wird den Athleten Kokain verabreicht, damit sie in Form bleiben; droht eine Urinprobe, werden rasch Tarnungsmittel genommen; steroidbedingte Akne ist weit verbreitet.

Die Versuchung, immer noch mehr zu erreichen, scheint unwiderstehlich zu sein. Body-Builder(innen) können sehr schnell in den Teufelskreis der Drogenabhängigkeit geraten. Doch, um es mit Jeff Eversons Worten zu sagen: »Die große Mehrheit hat für Drogen nichts übrig; sie nehmen sie nur, um mithalten zu können.«

DEM FETT WIRD DER GARAUS GEMACHT

Body-Building ist inzwischen auch für viele Frauen interessant geworden, doch sie wollen damit genau das Gegenteil erreichen — diese Technik soll ihnen nicht zu Muskelpaketen, sondern zu einer schlanken Linie verhelfen.

Drei Gerätetypen — alle aus Frankreich — sind mittlerweile recht populär geworden: Der ›Oxlender 2000‹, eine Art Raumschiff-Modul, in das sich Frauen oder Männer hineinlegen können, um sich mit Wasser, Dampf, Sauerstoff, Ozon und Kräuterölen besprühen zu lassen — all das in dem Bestreben, die Gewebe zu verjüngen, den Stoffwechsel anzuregen, abzunehmen und den Körper ganz allgemein in Schwung und Form zu bringen.

Das Schwestermodell des ›Oxlender‹, der ›Physiomex‹, soll den Kreislauf auf Touren bringen und unerwünschte Fettpolster beseitigen. Er sieht aus wie ein Blutdruck-Meßgerät und besitzt einen aufblasbaren Gummischlauch zum Quetschen der Beine oder anderer Körperteile, die Anzeichen von Schlaffheit zeigen. Doch ganz harmlos ist das Ding nicht: Ein Reporter der *Sunday Times* probierte den ›Physiomex‹ aus und bekam eine dicke Schwellung am Ellbogen, weil ein kleines Blutgefäß geplatzt war.

Einige Schönheitssalons (in den USA) preisen den ›Dyna Gym‹ an. Dieser Apparat sieht eher aus wie ein Bügelbrett, das auf einer Leiter hin- und hergleitet. Wer sich übergewichtig fühlt, kann sich darauf festschnallen lassen und sich kraftvoll vor- und zurückschieben. Je nachdem, was die Arme hergeben, wird dann die entsprechende Menge Kalorien verbraucht.

Bei einem anderen Gerät, dem ›Mediaphore‹, werden elektrische Impulse eingesetzt, um das Gewebe zur Absorption einer speziellen ›Schlankheitssubstanz‹ namens Cellulium anzuregen.

Und wenn das alles nichts hilft, gibt es immer noch den ›Biofeedback-Gürtel‹, die Erfindung eines Psychologen, der Lerntheorien in die Praxis umgesetzt hat. Der Biofeedback-Gürtel sieht ziemlich menschenfreundlich aus, ungefähr wie ein Sicherheitsgurt im Auto, und soll dazu anregen, die Körperhaltung zu kontrollieren und den schlaffen Bauch zu straffen. Die Besitzerin braucht ihn lediglich zu tragen. Doch wehe, sie vernachlässigt ihre stramme Haltung ... sofort ruft sie der Gürtel zur Räson. Sobald der Bauch ein bißchen herausrutscht, fängt der Gürtel höchst unangenehm und eindringlich an zu piepsen und erinnert die betreffende Person daran, ›sich zusammenzunehmen‹.

Eine ganz andere Technik ist unter dem Namen ›Clip im Ohr‹ bekannt geworden. Mit einer Spezialpistole schießt der Arzt eine chirurgische Heftklammer in das Ohr der oder des Übergewichtigen, möglichst an einem bestimmten Akupunktur-Punkt. Sobald man dann ein heftiges Verlangen nach Nahrung verspürt, braucht man nur die Heftklammer anzufassen und daran herumzuwackeln.

Die Franzosen haben sich intensiv mit der Fettleibigkeit befaßt und sind dabei zu dem Schluß gekommen, daß ein Großteil der Probleme von Wassereinlagerungen in den Körperzellen herrührt. Dies, so sagen sie, verursache Cellulite — eine Ansammlung harter, knubbeliger Knötchen, die sich jeder Leibesübung und Diät hartnäckig widersetzen. Folglich bieten französische Kliniken und Schönheitssalons eine ganze Palette von heißen Umschlägen, Paraffinpakkungen, radioaktivem Schlamm und imposant aussehenden Geräten an, die der Cellulite mit viel Gerüttel und Geschüttel den Garaus machen sollen —, und das kostet natürlich seinen Preis. Sollte die Cellulite trotz aller Bemühungen Widerstand leisten (denn sie neigt ja stets dazu, sich langsam wieder einzuschleichen), wird als Alternative manchmal eine dauerhaftere Behandlung ausprobiert. Drei Wochen lang werden Enzymlösungen gespritzt und harntreibende Mittel verabreicht, um geschwollenes Gewebe aufzulösen und unerwünschte Giftstoffe und Flüssigkeiten auszutreiben. — Die Briten hingegen läßt das Thema Cellulite ziemlich kalt: Dr. Miriam Stoppard beispielsweise meint, Cellulite sei eine frei erfundene Bezeichnung für etwas, das gar nicht existiert.

Doch die französischen Schönheitssalons haben noch mehr zu bieten, z.B. die ›Ionisation‹. Dabei nimmt der Arzt sein Opfer genauestens unter die Lupe; er wiegt die Hügel und Täler des Körpers wie ein Familienvater, der den Sonntagsbraten anschneiden will und noch nicht genau weiß, welches Ende er zuerst in Angriff nehmen soll. Hat er sich dann entschieden, welche Partien es zu vernichten gilt, klebt er speziell imprägnierte Polster auf die unerwünschten Stellen. Dann schießt er einen galvanischen Strom hindurch, um den Polstern Enzyme zu entziehen, die dann die widerspenstige Cellulite bombardieren und zerstören.

Eine der drastischsten Methoden garantiert das Absaugen von gut 3 kg Fett auf einmal, und zwar an ganz bestimmten Stellen. Man nennt es ›Suctions-Lipectomy‹ oder ›Liposuktion‹, doch bekannter wurde es unter dem Namen ›Absaugmethode‹. Dieses Verfahren ist erstaunlich beliebt bei Frauen, die finden, daß ihre Schenkel für die modischen, hautengen Jeans zu kräftig sind. Doch wenn die Haut unelastisch ist — oder zuviel Fett weggenommen wurde —, kann sich die hinterher schlaff herabhängende Haut zu einem ernsthaften Problem auswachsen. Das marmorierte, schlaff hängende Fleisch, das sie nach der Entfernung solcher Fettmassen oft in Kauf zu nehmen haben, scheint die meisten Frauen jedoch nicht zu stören. Hauptsache, die Hose sitzt.

INS EXTREM GEGANGEN

Früher versuchten die Leute oft, ungeliebte Fettpolster allein durch körperliche Ertüchtigung zu bekämpfen. Cecil Beaton nennt als Beispiel seine Tante Jessie, die im Urlaub immer ein Gummikorsett anlegte und dann eifrig Tennis spielte, bis ihr der Schweiß »in Strömen von der Stirn rann«.

Heutzutage, Ende der achtziger Jahre, sind solche Strapazen nicht mehr erforderlich. Die Frauen können es sich in ihrer ›ganz persönlichen Sauna‹ wohl ergehen lassen — ein etwas besserer Plastikregenmantel, in den sie hineinsteigen können, um überflüssige Pfunde wegzuschwitzen.

Es gibt natürlich noch viele andere Methoden, das Gewicht zu reduzieren — die nicht unbedingt gesund sind. Amphetamine zügeln den Appetit, doch sie wirken nur kurzfristig, und die Nebenwirkungen sind recht unerfreulich. Der Appetit kommt zwangsläufig wieder, und man ist versucht, einfach die Dosis zu erhöhen. Und so beginnt der Teufelskreis der Abhängigkeit. Hohe Dosen führen zu Angstzuständen, geistiger Verwirrung und Halluzinationen.

Eine etwas ungefährlichere Art, den Appetit unter Kontrolle zu halten, ist die Einnahme von Tabletten oder Keksen, die Methylzellulose enthalten. Sie bremsen den Appetit, indem sie Wasser aus dem Magen absorbieren. Sie quellen auf und vermitteln so vorübergehend ein ›Völlegefühl‹. Im Oktober 1988 jedoch wurden bestimmte Tabletten, die einen Guar-Gummi (Glucomannan-Galactomannan) enthielten und hie und da als Flocken oder Granulat mit Vitaminzusatz verkauft wurden, zu einem Gesundheitsrisiko erklärt, und die Regierung drohte, den Verkauf einstellen zu lassen. Sie quollen nämlich nicht im Magen, sondern in der Speiseröhre auf, und die Patienten mußten notoperiert werden. Eine neunundfünfzigjährige Australierin verbrachte zwei Monate im Krankenhaus, nachdem diese ›Schlankheitstabletten‹ ihr die Speiseröhre zerrissen hatten.

Dann sind da noch die milden Abführmittel (Laxanzien), die dem Körper Wasser entziehen. Bei regelmäßiger Einnahme können sie gefährlich werden, weil es zu Kalium- und Kalziumverlust kommen kann. Ein länger andauernder Kalziummangel kann Knochenerweichung und Darmentzündungen zur Folge haben. Und was noch viel schlimmer ist: Das Kaliumgleichgewicht im Blut ist eine sehr heikle Angelegenheit — ist zuviel oder zuwenig davon vorhanden, besteht Gefahr für das Herz.

Doch es gibt auch noch ein anderes Mittel, ganz einfach und sehr wirkungsvoll. Man braucht nur den Ober- und den Unterkiefer mit Draht zusammenzubinden. Das macht die gefährliche Tätigkeit des Essens unmöglich; darüber hinaus kann sich das Opfer in dem wohligen Gefühl der ›Sicherheit‹ wiegen. Eine überraschend große Zahl wagemutiger, verzweifelter Menschen hat sich für diese drastische und unangenehme ›Kur‹ entschieden.

Angewidert von ihren 127 Kilogramm ließ sich Barbara Quelch die Kiefer zusammenbinden und quälte sich so durch die nächsten neun Monate. Sie hungerte sich auch tatsächlich auf achtzig Kilo herunter; aber sobald die Drähte entfernt waren, brachte sie nach kürzester Zeit wieder ihre ursprünglichen 127 Kilo auf die Waage. Doch trotz dieser Erfahrung, die sie als »ziemlich furchtbar und sehr antisozial« bezeichnet, blieb Barbara Quelch fest entschlossen, ihr Gewicht zu reduzieren. Sie unterzog sich einer sogenannten Gastroplastik, bei der der Magen um die Hälfte verkleinert wird, was natürlich die Möglichkeiten zur Aufnahme und Verwertung von Nahrung verringert. Nach der Operation konnte sie acht Wochen lang nur noch flüssige Nahrung zu sich nehmen. Trotz alledem war sie höchst erfreut über die Tatsache, daß sie in den folgenden fünf Monaten drei Kilo pro Woche abnahm. Doch auch Monate später wurde ihr nach dem Essen noch schlecht, und bestimmte Speisen wie Fleisch oder Kartoffeln kann sie eigentlich überhaupt nicht mehr essen. »Meine Hauptmahlzeiten füllen knapp eine Untertasse«, sagt sie. Doch sie bedauert es nicht: »Ich wollte immer gern moderne Kleider tragen, und jetzt kann ich in eine Boutique gehen und mir aussuchen, was ich will, anstatt irgend etwas zu nehmen, nur weil es mir paßt.«

Die Idee, dem Fett mit chirurgischen Mitteln zu Leibe zu rücken, kam aus den USA. Bei einer der ersten Operationen, dem jejuno-ilealen Bypass, versuchte man, den Dünndarm sozusagen kurzzuschließen und so die Absorption von Fett zu verhindern. Doch es kam zu besorgniserregenden, manchmal tödlichen Nebenwirkungen. Deshalb nahmen die Chirurgen den Magen direkt in Angriff, und 1981 wurde im Iowa City Hospital die erste Gastroplastik durchgeführt. Bei diesen ersten Versuchen wurde der Magen horizontal zusammengeklammert, so daß nur eine Hälfte funktionieren konnte. Bei späteren Operationen ging man jedoch raffinierter vor: Es hatte sich herausgestellt, daß bei einer senkrechten Unterteilung des Magens seltener quälende Nebenwirkungen wie Übelkeit und Erbrechen auftraten als bei der waagerechten Variante.

Solch extreme chirurgische Eingriffe stellen für völlig verzweifelte Menschen manchmal den letzten Ausweg dar. Die Vorteile, die eine solch umfangreiche Operation bietet, sind allerdings oft nur von kurzer Dauer, denn binnen drei Jahren kann der Magen sich wieder ausdehnen. Also muß für immer und ewig streng Disziplin gehalten werden; nur kleine Portionen, die pro Tag insgesamt nicht mehr als 500 Kalorien ausmachen, sind erlaubt.

Gegenüber: Marilyn Monroe: Vor dem Fototermin schnell noch einen Einlauf

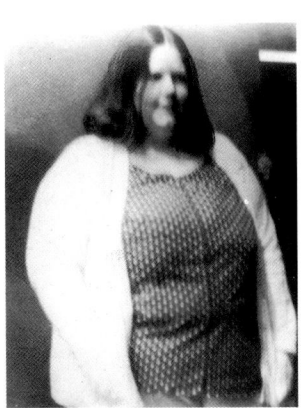

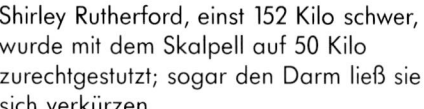
Shirley Rutherford, einst 152 Kilo schwer,
wurde mit dem Skalpell auf 50 Kilo
zurechtgestutzt; sogar den Darm ließ sie
sich verkürzen

Eine ganz neue, geniale Alternative zum Skalpell ist das Einsetzen eines ›Ballons‹ aus Spezialgummi in den Magen. Dieser Ballon wird dann aufgeblasen und kann drei Monate lang an Ort und Stelle bleiben. Bisher haben sich immerhin schon 15 000 Leute in Amerika dieser Behandlung unterzogen. Doch die Sache hat einen Haken. Zuerst einmal müssen die Ballons regelmäßig ausgetauscht werden — eine äußerst unangenehme Angelegenheit. Und dann ist es auch sehr teuer. Der Facharzt Dr. Maclean Baird warnt außerdem: »Es ist nie ganz auszuschließen, daß der Ballon Luft verliert und dann einen Darmverschluß herbeiführt.« Doch es besteht kein Zweifel daran, daß ein solcher Ballon im Magen den Hunger und damit auch den Appetit verringert.

Von Marilyn Monroe weiß man, daß sie sich Mitte der fünfziger Jahre öfters Einläufe machte. Leute aus dem Show-Business, und vor allem Stars wie Marilyn Monroe, die kurz vor dem Fototermin noch schnell den Bauch abflachen mußten, griffen häufig auf diese Methode zurück, wenn es galt, innerhalb kürzester Zeit ein bißchen Gewicht loszuwerden.

Frauen, die das Geld dazu haben, sind anscheinend bereit, für ihren ›Traumkörper‹ alles in Kauf zu nehmen. Die Schauspielerin Cher ließ sich den Bauch straffen, die Schenkel verschlanken, das Gesäß runden, den Nabel zierlicher und ›mädchenhafter‹ gestalten — und drei Brust-Liftings vornehmen.

Shirley Rutherford, einst 152 Kilo schwer, wurde ohne jede Diät auf fünfzig Kilo zurechtgestutzt; dafür wurde allerdings an allen Ecken und Enden an ihr herumgeschnitten — Schenkeln, Knien, Bauch, Nabel, Brüsten. Und warum beim Äußeren haltmachen? Sogar ihr Darm wurde beträchtlich verkürzt, so daß die Nahrung nicht mehr lang genug darin verweilen kann, um vollständig resorbiert zu werden.

Dem übermäßigen Freßtrieb im Interesse der Gesundheit zu widerstehen, ist sicherlich wünschenswert, doch das Abnehmen sollte nicht zur fixen Idee werden, vor allem wenn der Körper sowieso schon ums Überleben kämpft. Dennoch gibt es immer mehr Frauen, Männer und tragischerweise auch Kinder, die abwechselnd zuerst Freßorgien feiern und dann hungern — eine gefährliche Sache. Über kurz oder lang verfallen sie entweder der Anorexia nervosa (Magersucht) oder der Bulimie (Freß-Brech-Sucht).

Die Angst vor Fett artet hier zu einem gefährlichen Komplex mit weitreichenden Konsequenzen aus. Extreme ›Schlankheitskuren‹ verändern das ganze Leben, beeinträchtigen die Persönlichkeit und treiben manche buchstäblich in den Tod.

1976 war im *British Journal of Psychiatry* zu lesen, daß von 12 000 Schulmädchen über 16 jedes hundertste an Magersucht litt. Aus neueren Krankengeschichten und Autobiographien geht hervor, daß nichts die Schulmädchen mehr in Angst und Schrecken versetzt, als die Vorstellung, womöglich zu dick zu werden. Für Körperteile, die sich zu kräftig entwickeln, haben Teenager absolut nichts übrig. Ihre Phantasiewelt wird von den feenhaften, gertenschlanken Fauen aus der Fernsehwerbung beherrscht. Und in der Realität lassen die hautengen Jeans irgendwelchen molligen Beinen, dicken Bäuchen und fetten Taillen keine Chance. Fett ist widerlich. Und so hungern in der gesamten westlichen Welt Mädchen mit Streichholz-Körpern vor sich hin, nur um sich nicht der Lächerlichkeit preiszugeben.

Jetzt sind bereits Kinder von dieser Problematik betroffen — manche davon erst elf Jahre alt. 1988 berichtete Professor Bryan Lask vom Great Ormond Street Hospital for Sick Children, daß die Zahl der Kinder, die schon vor Erreichen des Teenageralters magersüchtig sind, ständig steigt. Wurden von den sechziger Jahren bis Anfang der achtziger Jahre nur durchschnittlich zwei Fälle pro Jahr behandelt, so sind es jetzt drei pro Monat. Die Krankengeschichte der Kinder ist ähnlich wie bei Teenagern und Erwachsenen, nur daß bei den Jüngeren der männliche Anteil höher ist als bei den Erwachsenen.

Woher kommt das? Professor Lask und sein Team meinen, daß das von der Werbung mit immer mehr Nachdruck verbreitete Schlankheitsideal eine wichtige Rolle spielt; doch auch das früher erwachende Sexualbewußtsein, Familienprobleme und eine Vielzahl anderer komplexer psychologischer und sozialer Faktoren müssen bei dieser Fragestellung mitberücksichtigt werden.

Es gibt aber nicht nur mehr und mehr kleine Jungen, die an Magersucht leiden; auch viele junge Männer sind neuerdings davon betroffen. Die Karrieretypen zwischen zwanzig und dreißig hat es am schlimmsten erwischt. »Früher habe ich keinen einzigen Geschäftsmann zu Gesicht bekommen, aber heute immer wieder«, sagt Dr. Joan Gomex, Fachärztin für Psychiatrie am Gordon Hospital in London. »Auf acht meiner Patientinnen kommen zwei Männer. Sie sind sehr ehrgeizig, trainieren unentwegt und wollen mit lästigen Beziehungsproblemen nichts zu tun haben. Gutes Aussehen ist alles, was ihr Herz begehrt.«

Angeblich sollen schlanke Männer bei Vorstellungsgesprächen Kraft, Energie und Vitalität ausstrahlen. Der von der Werbung kreierte ideale Mann unserer Tage ist jung, reich, attraktiv, erfolgreich und dünn.

Barbara French, Autorin eines Buches über Bulimie, macht in erster Linie die Medien dafür verantwortlich, daß ernährungsbedingte Krankheiten heutzutage so massiert auftreten. »Nur schlanke Menschen werden mit Wohlstand assoziiert: mit teuren Autos, schönem Schmuck, exotischem Urlaub und allem, was dem Leben Glanz verleiht.«

Eine Holländerin ließ sich unter dem Vorwand, eine Überdosis Beruhigungstabletten genommen zu haben, ins Krankenhaus einliefern, wo ihr der Magen ausgepumpt wurde. Und das

Ganze wiederholte sich nicht weniger als fünfundsiebzigmal. Die Sache flog erst auf, als sie in die holländische Fachklinik für Vergiftungen eingeliefert wurde, wo man in ihrem Magen zwar große Mengen kürzlich verdauter Nahrung, aber keine Medikamente entdecken konnte. Ihre Strategie bestand darin, ihren natürlichen Hunger mit einer kräftigen Mahlzeit zu stillen und sich dann den Magen auspumpen zu lassen.

Andere Frauen siechen ganz einfach dahin. Von 1979 bis 1984 starben in Großbritannien 106 Frauen an Magersucht. Die Ballerina Janet French hungerte sich auf 38 Kilo herunter und beging dann Selbstmord. Lena Zavaroni ist eine Magersüchtige, die noch ums Überleben kämpft. In den USA fiel Karen Carpenter der Anorexie zum Opfer. Louise Roche, die Autorin von *Glutton for Punishment* [Bestrafung durch Gefräßigkeit], unterzog sich früher ständig dem Wechselbad von Freßorgien und Hungerphasen mit Amphetaminen sowie sage und schreibe dreißig Laxanzien pro Tag.

»Es lohnt sich für die wunderbare Sicherheit, dünn zu sein«, kommentierte eine zweiundzwanzigjährige Sekretärin, die sich von 63 auf 47 Kilo heruntergehungert hatte. Doch sie befand sich in einer Zwickmühle. In ihre Seele war zwar traumhafter Friede eingekehrt, aber auf der anderen Seite litt sie unter Schüttelfrostanfällen und körperlicher Entkräftung. Was sollte sie tun? Mit Spaß und Entschlossenheit, Erschöpfungszuständen und Frösteln das halbe Leben einer Magersüchtigen führen? Oder sollte sie lieber essen und sich dann ungeliebt, unwohl, verletzlich und furchtbar deprimiert fühlen?

Susie Orbach behauptet, die moderne männerbeherrschte Psychologie spiele eine wichtige Rolle bei der immer weiteren Verbreitung der Magersucht. Sie meint, die Männer propagierten dünne Frauenkörper und Abmagerungskuren, weil sie »von der Angst vor Frauen durchdrungen sind und sie am liebsten als Ware betrachten würden«.

Die Gewichtsprobleme können für eine Frau heutzutage aber auch noch viel subtileren Ursprungs sein: Sie können auch daher rühren, daß sie erst lernen muß, mit der Herausforderung umzugehen, die die neugewonnenen Freiheiten der ›Emanzipation‹ mit sich bringen. Eine dieser Freiheiten ist die Möglichkeit der Selbstverwirklichung. Doch dafür muß sie erst einmal herausfinden, wer sie selbst eigentlich ist; und dann steht sie — wie es der Psychologe Dr. Carl Rogers ausgedrückt hat — vor dem ungleich schwierigeren Problem, dieses Ich, das sie nun entdeckt hat, auch anzunehmen.

Einige mutige Frauen haben das erkannt und versucht, das Problem dadurch zu lösen, daß sie zuallererst einmal akzeptieren, was sie im Spiegel sehen. Sie haben ihre Diätbücher weggeschmissen und manchmal die Waage gleich hinterher. Und sie haben beschlossen, zu essen und Sport zu treiben, wann und wie es ihnen gerade paßt, gleichgültig, was am Ende dabei herauskommt.

Nancy Roberts, die Autorin von *Breaking All The Rules — Feeling Good And Looking Great, No Matter What Your Size* [Alle Regeln durchbrechen — Wie Sie sich wohlfühlen und toll aussehen, ganz gleich, welche Figur Sie haben], sagt: »Für mich ist es ganz in Ordnung, dick zu sein, und diese Überzeugung hat mein Leben verändert.« Jetzt denkt sie nicht mehr von früh bis spät nur ans Essen. Sie ißt, was sie will, und dabei nimmt sie weder zu noch ab. »Das bin ich! Genauso!« sagt sie. Sie sieht aus wie eine stattliche Juno völlig frei von Schuldgefühlen.

Andere Frauen haben sich auf ganz andere Weise mit ihren üppigen Maßen abgefunden. Ihre natürliche Wohlbeleibtheit, so sagen sie, befähige sie ganz besonders dazu, die emotionalen Bedürfnisse anderer Menschen zu erfüllen. Dank ihrer Mütterlichkeit — die so eindeutig durch ihre stattliche Erscheinung zum Ausdruck kommt — brauchen sie sich nicht so oft mit ihren eigenen Problemen zu beschäftigen. Statt dessen spielen sie für alle Welt die fürsorgliche Mutter.

Gegenüber: »Wenn mir etwas an mir nicht gefällt, lasse ich es ändern.« Die Schauspielerin Cher hat rund 75000 DM für Schönheitsoperationen ausgegeben

In vielerlei Hinsicht spiegelt der Konflikt, den die Frauen mit ihrem Körper auszutragen haben, genau ihre ambivalente Einstellung zum stereotypen Rollenbild der Frau in der Gesellschaft wider — liebevolle Ehegattin, treusorgende Mutter, helfende Muse und dazu noch allzu oft Bürger zweiter Klasse. Die Frauen haben das Gefühl, daß sie aufgrund ihres besonderen Körperbaus in diese Rolle hineingedrängt wurden. Ihren Platz in der Welt können sie nicht voll und ganz einnehmen, weil die weiblichen Formen mit ihren speziellen Funktionen sie daran hindern. Fängt man einmal an, darüber nachzudenken, so assoziiert man körperliche Merkmale wie volle Brüste und runde Schenkel mit der Aufgabe, Kinder zu gebären und dem Manne beizustehen. Das kann ja auch durchaus eine lohnende Aufgabe sein. Und einige Frauen erfüllt es auch vollkommen. Andere jedoch sehnen sich danach, all ihre Kräfte entfalten zu können — mit den überlieferten Formen zu brechen, die zusätzlichen Talente und verborgenen Fähigkeiten, die vielleicht in ihnen schlummern, zu entdecken und möglichst auch einzusetzen. Was sie wollen, ist die uneingeschränkte, von Vorurteilen unbelastete Chance, nicht nur physisch, sondern auch intellektuell kreativ tätig zu sein.

Mit Diäten und Schlankheitskuren versuchen sie unbewußt, sich von ihren Körpern zu befreien — um reinen Tisch zu machen, um ihr wahres Ich zu finden, unbelastet von körperlichen Merkmalen mit speziellen Funktionen, die sie sich ja schließlich nicht selbst ausgesucht haben.

Manchmal verspüren diese Frauen, nachdem sie ihr wahres Ich einmal entdeckt haben, gar nicht mehr den Wunsch, ihren Körper in irgendeiner Weise zu verändern. Doch indem sie den Körper seiner eindeutig femininen Charakteristika berauben — und dafür bis zum Skelett abmagern —, haben sie zumindest ihre Entschlossenheit unter Beweis gestellt, bis zu einem gewissen Grad ihren freien Willen zu demonstrieren. Oder, wie einige sagen, über ihr Schicksal frei zu entscheiden.

Foots Badekabine, in der Männer ihre Schönheitskur ›ganz privat zu Hause‹ machen konnten

2.

PROBLEMKIND BUSEN

EIN PSYCHOLOGE, DER INZWISCHEN VERSTORBENE DR. J. C. FLUGEL, hat einmal behauptet, bei Frauen gehe der erotische Charme vom ganzen Körper aus und nicht nur — wie bei Männern — von bestimmten Körperpartien. Er stellte die Behauptung auf (die, zu Ende gedacht, wirklich ganz entzückende Schlußfolgerungen zuläßt), daß Männer Schwierigkeiten hätten, sich alle weiblichen Reize auf einmal zu Gemüte zu führen. Es empfehle sich, lieber häppchenweise zu genießen, als alles auf einmal. Es sei daher Aufgabe der Mode, immer nur einen bestimmten Körperteil des ›erotischen Kapitals‹ der Frauen zu betonen. Dieses Jahr den Busen — nächstes Jahr die Beine oder vielleicht die Taille. Flugel nannte es das Prinzip der ›abwechselnden erogenen Zonen‹. Im Herbst 1988 verkündeten die Modeschöpfer die frohe Botschaft: »Der Busen ist wieder da.« Um den Anforderungen zu genügen, die diese apokalyptische Entscheidung mit sich brachte, entschlossen sich viele — unzureichend damit gesegnete — Mannequins zu Schönheitsoperationen, um ihren Marktwert zu steigern.

DIE PRACHT IM ZAUM HALTEN

In den zwanziger Jahren, als gerade die Beine im Mittelpunkt des Interesses standen, ließ das modische Kleid weder Taille noch Brust erkennen. Cecil Beaton beschrieb die ideale Figur als »minimal proportioniert und konkav statt konvex«. Und Colette ergänzte: »Nicht mehr Hüfte, Bauch oder Hintern als eine Flasche Rheinwein, und vor allem eine Brust wie ein Ephebe.«

Es war verpönt, auch nur einen Ansatz von Busen zu zeigen, und deshalb wurde alles mögliche unternommen, um ihn verschwinden zu lassen. Eine New Yorker Firma — die Boyish Form Brassière Company — versprach, die von ihr produzierten Leibchen zum Einschnüren würden der Brust »dieses jungenhaft flache Aussehen verleihen«. Die ›Faltbrust‹ war genauso erfolgreich. Dabei wurde der Busen nach unten zusammengefaltet und dann so eng wie möglich an die Rippen gepreßt. Dann konnte noch eine elastische Binde über den zusammengedrückten Busen gewickelt werden.

Doch diese Idee ist keinesfalls neu. Enganliegende Brustbinden waren schon im alten Griechenland beliebt und dann wieder zu Chaucers Zeiten in England. In Bayern gab es unter anderem den Brauch, den Mädchen Holzplatten vor die Brust zu binden, um ihren Busen zusammenzudrücken. In Arabien wünschte man, daß die Frauen nur winzig kleine Busen entwickeln, und riet ihnen, um jeden Preis »übergroße Brüste im Zaum zu halten«. Die Tscherkessen in Kleinasien gingen sogar noch einen Schritt weiter. Sie zwängten junge Mädchen bis zu sieben Jahre lang in Ledergewänder, damit sie symmetrischere Figuren bekämen. Wenn die Mädchen dann heirateten, war es das Privileg des Bräutigams, die Nähte im Leder mit seinem Messer aufzutrennen. Danach durften die Brüste dann wachsen — wenn sie dazu überhaupt

noch in der Lage waren. Dabei sah man kaltlächelnd darüber hinweg, daß viele Frauen anämisch, oft auch schwindsüchtig wurden oder sogar starben. Der Brauch hielt sich trotz alledem bis weit ins neunzehnte Jahrhundert hinein.

DAS MEISTE DARAUS MACHEN

Anfang des sechzehnten Jahrhunderts bezeichnete man die weiblichen Brüste als ›Teufelswerk‹; der Papst drohte all denjenigen, die »ihren Hals übermäßig entblößen«, mit Exkommunikation. Doch gegen Ende desselben Jahrhunderts war es durchaus schicklich, daß Jungfrauen der Elisabethanischen Zeit ihre Brüste in der Öffentlichkeit so frank und frei präsentierten wie die Minoerinnen um 2000 v. Chr.

Der Waliser Matthew Griffiths empfand das als eine unnötig aufreizende Zurschaustellung: »Warum öffnet ihr eure Läden, wenn eure Waren unverkäuflich sind?« murrte er.

Den exponierten Busen des Elisabethanischen Zeitalters wurde fast genausoviel kosmetische Behandlung zuteil wie dem Gesicht. Sorgfältig bleichten die Frauen ihre Brüste mit weißer Schminke. Aber leider fraß sich diese tödliche weiße Bleipaste ganz bösartig ins Fleisch hinein, trocknete die Haut aus, zersetzte sie und verursachte Entzündungen und Juckreiz. Und ständig ging giftiges Blei ins Blut über. Aber das Bleiweiß hatte eine überwältigende Wirkung: Es ließ die Haut herrlich weiß und strahlend erscheinen — zumindest bei der ersten Anwendung. Später, wenn es sich tiefer in die Haut hineingeätzt hatte, waren erste Risse zu erkennen, und die Paste mußte dann immer dicker aufgetragen werden.

Damals war es bei den Frauen mittleren Alters auch gang und gäbe, sich ein Netz blauer Adern auf die Brüste zu malen, um die durchsichtige Haut sehr junger Mädchen nachzuahmen. Aber ihre Bemühungen waren nicht immer von Erfolg gekrönt. Im Laufe des Tages fingen die gebleichten Täler ihrer Brüste unerträglich an zu jucken, und die marmorierten Adern der vorgetäuschten Jugend begannen allesamt sich aufzulösen und zu verlaufen.

Den Busen zu verstecken, wenn er aus der Mode kommt, ist nicht so schwierig wie ihn groß herauszuputzen, wenn der Zeitgeschmack sich plötzlich ändert — vor allem für die Frauen, die von Natur aus flachbrüstig sind. Sie geraten dann natürlich leicht in Versuchung, zu mogeln. Im achtzehnten Jahrhundert gab es unter dem Mieder zahlreiche Möglichkeiten, die Mängel einer allzu knauserigen Natur zu kompensieren. Brustvergrößerer, die als ›Wachsbusen‹ oder liebenswürdiger ausgedrückt als ›Busenfreunde‹ bekannt wurden, erfreuten sich großer Beliebtheit. Es handelte sich dabei um Attrappen aus Wachs oder gepreßter Baumwolle. Sie waren nicht nur unangenehm zu tragen, sondern konnten mit ihren steifen, unnatürlich aussehenden Polstern auch niemanden zum Narren halten.

Im neunzehnten Jahrhundert kamen die ›Zitronenbusen‹ in Mode, die zum erstenmal den Aspekt der Beweglichkeit miteinbezogen. 1860 wurde ein Patent auf die Herstellung ›eines vergrößerten, aufgeblasenen, wogenden künstlichen Busens‹ erteilt. 1886 hatte ein phantasievoller Geschäftsmann aus Philadelphia, Joseph Louis Wells, »gesunde Kleiderformen mit Drahtgeflecht« auf den Markt gebracht, wobei er garantierte, daß »sich kein Schweiß darin sammelt ... und die gewünschte Größe ganz individuell bestimmt werden kann«. Im selben Jahr rührte eine französische Firma die Werbetrommel für ihre ›anklebbaren Brüste‹ aus rosa Gummi, die sich angeblich sehr erfolgreich »mit mathematischer Genauigkeit den Atembewegungen anpaßten«.

Noch größeren Einfallsreichtum stellte man in den fünfziger Jahren in Großbritannien unter Beweis, als es darum ging, die enganliegenden Oberteile der jungen Damen zu füllen: Da-

Gegenüber: Ein Eisenkorsett aus dem europäischen Mittelalter: Bis Anfang des sechzehnten Jahrhunderts betrachtete man die weiblichen Brüste als ›Teufelswerk‹

mals waren kurvenzeigende Pullis modern. Diejenigen, die von der Natur nicht so reich gesegnet waren, konnten auf bombastische, raffiniert verdrahtete und mit Stäbchen versehene Büstenhalter zurückgreifen, um jeden Zentimeter des Busens ins rechte Licht zu rücken. Außerdem wurden noch Schaumgummieinlagen und mit Öl gefüllte Attrappen angeboten, die zum Teil bemerkenswert echt aussahen. Es gab sogar einen aufblasbaren BH, der unter dem Namen ›Très Secrète‹ bekannt wurde.

Alle Frauenzeitschriften waren voller guter Ratschläge. Mysteriöse Cremes, ähnlich anzuwenden wie Gartendünger, erfreuten sich guter Verkaufszahlen. Es wurde empfohlen, kräftig Sport zu treiben. In ganz Großbritannien lag das Schnaufen wildentschlossener Mädchen in der Luft, die sich streckten, ihre Brustmuskulatur trainierten und tief einatmeten, um dann den Schrei loszulassen: »Ich muß, ich muß, verbessern die Brust!«

In weniger wohlhabenden Ländern der Erde wurden noch ungewöhnlichere Versuche zur Vergrößerung des Busens unternommen. In Neuguinea verschafften sich die Mädchen oft »einige Exemplare von zwei bestimmten Ameisensorten — zuerst werden ihnen die Köpfe abgerissen, und dann werden sie auf den Brüsten zerrieben. Die scharfe Flüssigkeit reizt die Haut und läßt sie ein wenig anschwellen, was durch leichte Schläge mit Nesseln noch gefördert wird.«

In einigen Gebieten Südafrikas konzentrierten Frauen ihre Bemühungen eher auf die Brustwarze, die mit Fasern umwickelt wurde, um sie in die Länge zu ziehen. Aus Äthiopien wurde früher berichtet: »Die Brüste junger Frauen sind so lang geworden, daß sie bis zur Taille reichen; und das finden sie gut und laufen nackt herum, um ihre Pracht zu zeigen.« Im Königreich Senegal wiederum waren die Damen einst so versessen darauf, ›lange Euter‹ zu haben, daß sie »sich den Busen gewaltsam in die Länge ziehen lassen. Zu diesem Zwecke binden die Männer Seile um die Brüste, um sie bis zum Bauch herabzuziehen.«

Im siebzehnten Jahrhundert wollten Publikationen wie J. Jeamsons *Artificiall Embellishments of Arts Best Directions* [Künstliche Verschönerungen des Besten in der Kunst] all denjenigen Damen zu Hilfe eilen, »deren schlaffe Brüste zu weit herunterhängen«. Ihnen wurde empfohlen, »Pech zu verflüssigen, mit Öl zu vermischen und auf die Brüste aufzutragen«.

Sir Hugh Platt war der Meinung, Brüste seien zwar zulässig, sollten aber in Grenzen gehalten werden. In seinen *Delightes For Ladies* [Was Damen erfreut] empfahl er, die Brüste in Essig zu legen, »um zu verhindern, daß sie zu groß werden«:

> »Die Frau vermenge so lange zerstoßenen Kreuzkümmelsamen mit Wasser, bis sich eine gipsartige Masse ergibt, die sie dann mit Hilfe eines in Wasser und Essig getauchten Bandes direkt um die Brustwarze wickelt, wenn sie noch einigermaßen jung ist. Nach drei Tagen entferne sie den Kreuzkümmel und verwende statt dessen mit Wasser vollgesogene Wurzeln weißer Lilien, die sie dann ebenfalls fest um die Brüste wickele und erst nach drei Tagen wieder entferne …«

In der jüngsten Vergangenheit hatte auch so manch berühmte Frau einiges zum Thema Brustverschönerung zu sagen. Prinzessin Luciana Pignatelli wußte sowohl für die ›Besitzenden‹ als auch für die ›Nicht-Besitzenden‹ guten Rat. Für die Reichgesegneten ist ihre Anweisung klar und deutlich: »Tauchen Sie Ihre Brüste niemals, unter gar keinen Umständen, in heißes Wasser, sonst erschlaffen sie.«

Zum Wohle anderer, die sich — wie sie selbst — mit flachen Brüsten herumplagen müssen, offenbart sie all ihre Geheimnisse in *The Beautiful People's Beauty Book*. Das Schicksal hatte ihr die Höllenqualen einer »verlängerten Pubertät mit flachen Brüsten« aufgebürdet, was sie

Gegenüber: Jayne Mansfield: Optimal zur Geltung bringen, womit Mutter Natur sie gesegnet hat

dazu bewog, mit vielen verschiedenen Dingen herumzuexperimentieren. Für einen ihrer ersten, hoffnungsvollen Versuche benutzte sie Frischzellenpräparate nach Niehan, die während der Pubertät angeblich den Busen wachsen lassen. Aber bei ihr blieb die Wirkung aus, vielleicht weil sie — wie Experten ihr geduldig erklärten — schon weit über die Pubertät hinaus war, als sie das Präparat zum erstenmal anwendete. Dann probierte sie ihr Glück mit der Antibaby-Pille und stellte voller Freude fest, daß ihr Busen tatsächlich von Woche zu Woche anschwoll. Doch schon bald reduzierte sich alles zu ihrem großen Bedauern wieder auf die Maße der Vor-Pillenzeit.

Heutzutage werden in Großbritannien und in Amerika weitaus drastischere Behandlungsmethoden angewandt: Immer mehr Frauen unterziehen sich einer sogenannten Schönheitsoperation, um ihre Figur zu verbessern. In *The Decorated Body* bringt Robert Brain sein Erstaunen darüber zum Ausdruck, wie radikal, ja primitiv wir sein können: »Es macht uns kaum etwas aus, unseren eigenen Körper aus Eitelkeit und dem jugendlichen Aussehen zuliebe zu verstümmeln ... Eine Frau, die gelernt hat, sich ihrer vollen Brüste zu schämen, läßt eine Operation über sich ergehen, die genauso unangenehm und primitiv ist wie eine Klitorisbeschneidung.«

Doch solche Operationen werden neuerdings immer häufiger gewünscht. Die Aussichten sind einfach zu verlockend. Die Frauen können einen natürlich aussehenden Busen genauso problemlos bestellen wie einen Artikel aus einem Versandhauskatalog. Als Lohn winkt — vorausgesetzt, daß alles gut geht — ein straffer, elastischer Körper. Aber das ist natürlich nicht immer der Fall.

Im Dezember 1988 bezeichnete ein Richter eine 43jährige Frau als »beinahe besessen von dem Wunsch, ihre Figur verändern zu lassen«. Nachdem sechs Brustoperationen fürchterliche Narben hinterlassen hatten, mußte sie sich neuerlich die formenden Implantate entfernen lassen, weil ihre linke Brust so hart geworden war, daß sie »beinahe platzte«. Sie verlor den Prozeß gegen den Schönheitschirurgen.

Bei einem der ersten Versuche, die Brust zu vergrößern, wurde Gewebe aus dem Gesäß entnommen und in die Brust verpflanzt. Doch der natürliche Resorptionsprozeß bewirkte, daß das neue Fett immer wieder vom Körper abgebaut wurde, und so dauerte es nicht lange, bis die Brust wieder die ursprüngliche Form aufwies.

Eine andere Idee kam aus der Welt der Transvestiten, die teilweise Büstenhalter mit echten Luftballons benutzen. Warum sollte man denn eigentlich keinen Ballon direkt in den Busen einsetzen können? Die Idee war gar nicht so schlecht, doch leider bestand die Gefahr, daß Luft ins Gewebe und vielleicht in kleine Blutgefäße entweichen würde, was fatale Folgen hätte haben können. Um dieses Risiko auszuschalten, versuchte man statt dessen, die Ballons mit Flüssigkeit zu füllen (Salz, Wasser und Dextran). Das bedeutete, man mußte die leeren Ballons in die Brust einführen, kleine Röhrchen anbringen und die Flüssigkeit hineinfüllen. Und dabei mußte man nach wie vor aufpassen, daß keine Luft entwich — weil die Luft in Verbindung mit der Flüssigkeit ein für das Ohr eines Liebhabers störendes ›Plitsch-Platsch‹-Geräusch verursachen konnte.

In den letzten Jahren verwendet man gern Silikonsäckchen zur Vergrößerung der Brust. Eine der chirurgischen Techniken besteht darin, einen kleinen, 2,5 cm langen Schnitt in die Hautfalte unter jeder Brust zu setzen. Dann wird vor den Rippen ein Silikonsäckchen eingepflanzt, um das natürliche Brustgewebe aufzufüllen. Einer Frau mit winzigen oder schlaffen Brüsten kann eine solche Prothese einen festen, stramm vorstehenden Busen bescheren, indem einfach die Haut in eine höhere, schmeichelhaftere Position geschoben wird. Eine Kom-

Die kretische Schlangengöttin Rhea mit üppig zur Schau gestellten Brüsten

plikation bei dieser Methode ist die sogenannte Kapselbildung, die Verhärtung von Narbengewebe um das Implantat herum.

Im Gegensatz zu den [heute verbotenen] Silikonspritzen, die den Busen manchmal unerwünscht ›stabil‹ und hart werden lassen, hat das Silikongel-Säckchen den Vorteil, daß es beweglich bleibt und beim Betasten ganz natürlich wirkt. Hydrophile Gels sind sogar noch geeigneter dafür. Das Implantat ›Même‹, neuer und teurer, hat eine schaumige Ummantelung, aber es ist komplizierter einzusetzen (und auch wieder zu entfernen, falls etwas schiefgeht). Aus diesem Grunde wollen viele Chirurgen ›Même‹ nicht verwenden.

Einige Ärzte sind der Ansicht, man solle prinzipiell keine solchen Materialien in die Brust einsetzen, weil in diesem Bereich häufig Tumoren auftreten, gutartige wie auch bösartige. Die Schönheitschirurgen sind sich dieser Tatsache sehr wohl bewußt und bestellen deshalb Patientinnen, deren Brust vergrößert wurde, zu regelmäßigen Kontrolluntersuchungen.

Ein zusätzlicher Vorteil solcher Brustvergrößerungsoperationen ist — vorausgesetzt, daß alles gut geht —, daß die meisten Frauen ihre Babys noch ganz problemlos stillen können.

Nach Brustverkleinerungen hingegen ist das Stillen nicht mehr möglich. Dabei handelt es sich um eine größere Operation, die teurer ist und manchmal auch schiefgehen kann. Eine Frau berichtet: »Als ich nach der Operation wieder zu mir kam, fühlte sich meine Brust an, als hätte man einen Topf kochendes Öl darübergeschüttet. Es dauerte elf Tage, bis die ersten Fäden gezogen wurden, und ich mußte all meinen Mut zusammennehmen, um hinzuschauen. Ich brach in Tränen aus, als ich sah, daß meine linke Brustwarze verbogen war; darunter bildete sich ein Knoten, weil ein Faden aus Versehen nicht gezogen worden war. Das Ganze endete mit einer Brustentzündung.«

Außerdem besteht bei Brustoperationen die Gefahr, daß die Brüste mangelhaft aufeinander abgestimmt werden. Vor ein paar Jahren zeigte bei einigen Italienerinnen nach der Operation eine Brust nach oben und die andere zur Seite; mitleidlose Zeitgenossen bezeichneten diese Asymmetrie scherzhaft als ›Picasso-Lifting‹. Bei den meisten Frauen stimmt die Größe ihrer beiden Brüste ohnehin nicht ganz genau überein; doch nach Schönheitsoperationen kam es oft zu solchen Abweichungen, daß es für die Patientinnen eine Qual war. Manchmal befanden sich die Brustwarzen nicht mehr auf einer Höhe. Hin und wieder tauchen auch Komplikationen auf, wenn sich nur in einer Brust das Gewebe um das Silikonimplantat herum verhärtet. Das ist nicht nur unangenehm, sondern läßt die Brüste auch ungleich groß erscheinen.

Doch trotz all dieser möglichen Risiken, Unannehmlichkeiten und Kosten unterziehen sich von Jahr zu Jahr mehr Frauen einer kosmetischen Brustoperation; eine Tatsache, die vielleicht ein wenig überraschend anmutet: Immerhin haben schon viele Vorkämpferinnen der Frauenbewegung versucht, die Aufmerksamkeit endlich von diesem besonders weiblichen Körperteil abzulenken. Doch Ratgebertanten wie Marjorie Proops bekommen in ihren Seufzerspalten nach wie vor Hunderte von Briefen, in denen sich Frauen über zu große oder zu kleine Busen beklagen. Daran ist die Werbung schuld. Marjorie Proops schreibt: »Im allgemeinen wird zwar immer das vollbusige Mädchen als begehrenswertes Sexobjekt hingestellt. (Aber) genau wie die kommerzielle Überbetonung des Busens mit dazu beigetragen hat, daß die Frauen wegen ihrer kleinen Brüste Komplexe bekommen, so hat auch die millionenschwere Schlankheitsindustrie das ihrige dazu getan, daß die molligen Frauen ihre Figur als problematisch empfinden.«

Germaine Greer hielt es für hoffnungslos, daß man sich beim Thema Busen jemals einigen könne, da die meisten Klischeevorstellungen heutzutage auf falschen Tatsachen und unrichtigen Annahmen beruhen. Die ›Wahrheit‹ bleibt hinter diesen prahlerischen, von Stäbchen und

Twiggy: Viel Lärm um möglichst wenig

viel Draht gestützten Apparaten verborgen, in die die Frauen sich nur allzu oft selbst hinein-
gezwängt haben. Klare Verhältnisse werden wir erst dann haben, wenn die Frauen sich wei-
gern, Unterkleidung zu tragen, die die Herren der Schöpfung so herrlich vom ›Siebten Kur-
venhimmel‹ träumen läßt. Männer bewundern an der weiblichen Brust einzig und allein die
äußere Form, und das auch nur so lange, wie keine Anzeichen ihrer eigentlichen Zweckbe-
stimmung zu erkennen sind. Männer betrachten den Busen nicht als funktionellen Teil des
weiblichen Körpers, sondern eher als Spielzeug, das man »wie Knetgummi drücken oder wie
Eis am Stiel genüßlich schmatzend ablutschen kann«. Sobald die Brüste dem recht strapaziö-
sen Saugen eines Babys ausgesetzt sind — wobei die Brustwarzen oft dunkler und länger werden —, fühlen die Männer sich eher abgestoßen als angezogen.

Doch das Liebkosen der weiblichen Brust ist auch für die Nase attraktiv: Selbst wenn die
Männer diese erotischen Düfte nicht bewußt wahrnehmen, so sind die Drüsen des Warzen-
hofs doch ursprünglich apokrine Drüsen, und apokrine Drüsen sind für die besonderen sexuellen Düfte der Achselhöhlen und des Genitalbereichs verantwortlich.

Niemand wird den Brüsten ernsthaft ihren Sex-Appeal absprechen wollen. Doch Mode-
schöpfer sind der Meinung, sie hätten trotz allem einen großen Nachteil — sie verhindern, daß
Stoffe ganz glatt am Körper hinabfließen. Twiggy demonstrierte in den legendären sechziger
Jahren, daß sich ein flachbrüstiges Mädchen hervorragend als Kleiderständer eignet. Die
Franzosen lassen sich von solchen Problemen allerdings nicht beirren: Für sie spielt der Busen
erst dann eine Rolle, wenn das Mädchen die Kleider auszieht, und nicht, wenn sie sie anzieht.
Nackt, im Schlafzimmer, kommen die Brüste voll zur Geltung. Angezogen, hinter Kleidern
verborgen, müssen sie mit dem zweiten Rang Vorlieb nehmen und den ersten Platz der alles
beherrschenden Linienführung des Kleides überlassen.

Doch welche Rolle spielt der Busen heute, in einer Welt, in der so viele Frauen anscheinend
wie Männer aussehen möchten? Und das mit so unklarer Zielsetzung. So wählen Anhängerinnen
der Gleichberechtigung zwar Unisex-Kleidung, doch oft sind die Brüste deutlich zu erkennen. Und Frauen, die sich für das kragenlose Hemd der Hafenarbeiter entscheiden, suchen sich oft genug transparente Stoffe dafür aus — in der Art, wie sie Yves Saint Laurent
1968 für seine durchsichtige Bluse verwendete. Und sie wissen ganz genau, daß man so auf jeden Fall die künstlichen Brustwarzen erkennen kann, die viele von ihnen tragen und die oft so
vielversprechend vorstehen, daß die provozierende Absicht eindeutig ist.

Versucht die post-feministische Frau jetzt, ihre Karriere dadurch voranzutreiben, daß sie
scheinbar maskuline Kleidung trägt, die gleichzeitig aber auch ganz unauffällig den alten biologischen Reizen und Signalen ihren Platz einräumt?

Die Minoerinnen vor 3000 Jahren hatten solch komplizierte Strategien nicht nötig. Sie hatten keine Probleme damit, sich zu ihren weiblichen Reizen zu bekennen, sie zu akzeptieren
und zu zeigen. Langärmelige Kleider mit engen, stark auf Taille gearbeiteten Oberteilen, bei
denen die Vorderseite komplett fehlte, gaben diesen hochzivilisierten Damen die Möglichkeit,
ihre Brüste ganz offen und wollüstig zur Schau zu stellen, so wunderschön wie Galionsfiguren
an alten Schiffen.

3.

TODSCHICK GEKLEIDET

BEIN ZEIGEN

Wꜰꜰꜱꜱꜱꜰꜱꜱꜰꜰꜰ WAHRSCHEINLICH DACHTE CECIL BEATON VOLLER NOSTALGIE an jene prachtvollen, femininen Kleider mit langen Röcken, die er für *My Fair Lady* kreiert hatte, als er sich so eindeutig und radikal zum Thema Minirock äußerte: »Noch nie ist in der Geschichte der Mode so wenig Material so hoch gezogen worden, um so viel zu enthüllen, was so dringend verdeckt werden müßte.«

Da gibt es natürlich auch ganz andere Ansichten. Für die meisten jungen Leute symbolisierte — und symbolisiert — der Minirock der heißen sechziger Jahre den Geist der neuerworbenen sexuellen Freiheit, und außerdem war er ganz einfach lustig. Er kündete von dem deutlichen Wandel der Moral, der sich in diesem Jahrhundert vollzogen hatte. Im Viktorianischen Zeitalter waren allein schon für das Wort ›Beine‹ Umschreibungen wie ›Gliedmaßen‹ erforderlich; Tisch- und Stuhlbeine wurden verhüllt, damit der Betrachter nicht moralisch verdorben würde; sogar Hühnerbeine wurden dezent als ›dunkles Fleisch‹ bezeichnet.

Als die Beine unter den vergleichsweise tugendhaften, knielangen Röcken der zwanziger Jahre dann schließlich eine gewisse Existenzberechtigung erlangten, gab es immer noch Leute, die darüber empört waren. Manche Chefs verboten die neuen, kürzeren Röcke am Arbeitsplatz: Diese ›halbnackten Oberschenkel‹ und die Seidenstrümpfe an den Beinen waren provozierend und konnten die Gedanken auf Abwege bringen.

Der Anblick nackter Männerbeine in knielangen Khaki-Shorts, wie sie etwa die Briten der Kolonialzeit in Indien trugen, ließ indes nur wenige Herzen höher schlagen. Die Bermuda-Shorts der achtziger Jahre hingegen sind da schon wesentlich interessanter, stellen allerdings auch höhere Anforderungen an den, der sie trägt. So athletengerecht, wie sie geschnitten sind — oft sogar aus Stretchlycra mit Beinabschluß direkt über dem Knie —, haben sie modebewußte New Yorker schon dazu gebracht, sich die Knie liften zu lassen, nur damit die Beine besser aussehen.

In den Zeiten der engen Hosen und Jacketts mit kurzem Rock waren Männer, die ein wohlgeformtes Bein zeigen wollten, sogar noch mehr gefordert. Im achtzehnten Jahrhundert, als die hohen ›Kavaliersstiefel‹ aus der Mode gekommen waren, konnten sie die Mängel ihrer Beine nicht länger verbergen: Wer keine strammen Waden hatte, mußte zu Attrappen greifen, wenn er eine gute Figur abgeben wollte. Doch wie sollte ein Mann diesen Trick vor der Dame seiner Wahl geheimhalten, und wo sollte er die Apparate lassen, wenn im Boudoir die Stunde der Wahrheit gekommen war? Ein echtes Problem für den dünnbeinigen Rokoko-Gecken. Bis er sein Korsett ausgezogen hatte und seine zwei Paar engen Strümpfe und seine Wadenpolster und seine Perücke, konnte die Dame es sich anders überlegt haben. Solche Sorgen kennt der moderne Mann nicht, denn seine Hosen sind im großen und ganzen bequem und vorteilhaft diskret geblieben. Das heißt, bis die Jeans in Mode kamen.

Diese enganliegenden Jeans sind genauso verführerisch wie Mona Lisas Lächeln, lautet die
Aussage dieser Werbung aus dem Jahre 1978 für ›Foster 2 Jeans‹, Paris

1976 wurden achtunddreißig Millionen Exemplare dieses Kleidungsstücks verkauft; Anfang der achtziger Jahre ging der Umsatz zwar drastisch zurück, aber schon Mitte der achtziger Jahre war die Nachfrage wieder sehr groß. Inzwischen gehören sie bereits zu den Modeklassikern und sind eindeutig nicht mehr nur Arbeitskleidung, als die sie 1930 auf den Markt kamen.

Um eindrucksvoll und richtig modern zu sein, müssen die Jeans eng an Beinen und Körper kleben. So gesehen ist es wahrscheinlich günstig, daß die Kombinationen und aufknöpfbaren Unterhosen aus der Herrenunterbekleidung verschwunden sind, denn sie würden unter den knallengen Jeans der heutigen Zeit nur auftragen. Seitdem Clark Gable 1934 in ›Es geschah in einer Nacht‹ sein Hemd auszog, kaufen harte Männer ärmellose Unterhemden. Vier Jahre nach diesem epochalen Ereignis tauchten die ersten Slips auf.

Aber wenn es heiß ist, kommt man in engen Slips unter knappen Jeans ziemlich ins Schwitzen, was zu Wundsein und Infektionen — oder drastischer gesagt — ›Schrittfäule‹ führen kann. Zu Dr. E. J. Moynaham im Guy's Hospital in London kamen 1976 so viele Männer mit diesem Problem, daß er dringend das Tragen von locker sitzenden Boxer-Shorts empfahl. Andere Experten haben sich ganz ernsthaft für Kilts und Röcke in der Herrenmode eingesetzt, denn sie halten sie für ein weitaus gesünderes Gewand, und das nicht nur wegen der ›Schrittfäule‹.

Mit noch gravierenderen Problemen ist zu rechnen, wenn die Männer diese sensible Körperregion weiterhin so stark überhitzen. Nicht umsonst hat es die Natur so eingerichtet, daß die Hoden sich außerhalb des Körpers befinden, wo normalerweise die Innentemperatur des Körpers von 36,8°C nicht erreicht wird. Die Spermaproduktion funktioniert in einer kühlen Umgebung wesentlich besser als unter Wärmeeinwirkung — der Beweis dafür wurde erbracht, als man feststellte, daß Männer, die an Fieber litten oder hohen Temperaturen ausgesetzt waren, vorübergehend steril wurden.

Primitive Völker haben das anscheinend instinktiv gewußt und als gängiges Verhütungsmittel eingesetzt: Vor dem Geschlechtsverkehr tauchen die Männer einige Tage lang in regelmäßigen Abständen ihre Hoden in sehr heißes Wasser. Zur Geburtenkontrolle ist dieses Verfahren eher riskant und nicht sehr zuverlässig. Aber Beduinenstämme finden es offenbar sehr nützlich. Da sie sich ständig auf Wanderschaft befinden, versuchen sie, die Empfängnistermine ihrer Frauen aufeinander abzustimmen, damit die Geburten dann alle ungefähr zum gleichen günstigen Zeitpunkt stattfinden — wenn ihre Karawanserei rastet. Die Männer bandagieren ihre Hoden mit heißen Kompressen. In Rommels Wüstenkrieg hatten einige unternehmungslustige englische Soldaten den Beduinen diese Methode abgeschaut und machten es sich zur Gewohnheit, mit Wasser, Primuskocher, Topf und Bandagen ausgerüstet zum Rendezvous zu erscheinen.

Die Männer des fünfzehnten und sechzehnten Jahrhunderts brauchten sich — in diesem Punkt zumindest — weniger Sorgen zu machen, daß sich ihre Spermienzahl verringern könnte. Im Gegensatz zu ihren überhitzten Nachkommen der Neuzeit hatten diese feschen Gentlemen in ihren heißen, engen Strumpfhosen den Vorteil, daß es in ihren Hosenbeuteln kühl war.

Um 1340 trugen die Männer den Saum ihrer Gewänder noch auf Kniehöhe, doch 1360 war er — was viele Leute befremdete — schon auf die Mitte des Oberschenkels hochgerutscht. Der Pastor in Chaucers *Canterbury-Erzählungen* brachte sein Mißfallen darüber unmißverständlich zum Ausdruck: »O weh! Einige von ihnen zeigen sogar noch die Rundung ihres Penis und die gräßlich vorstehenden Hoden, die aussehen wie ein in Strümpfe gewickelter Bruchsack.«

Mitte des fünfzehnten Jahrhunderts waren die Jacketts so kurz und die Strumpfhosen so eng geworden, daß nur noch wenig der Phantasie überlassen blieb. Dem Schamgefühl zuliebe mußte das männliche Genital daher irgendwie untergebracht werden. Schon die alten Ritter hatten sich im Krieg mit Hosenbeuteln geschützt — die jetzt plötzlich als elegante Kleidungsstücke salonfähig wurden. Doch zum Schluß hatte die Mode solch wunderliche Blüten getrieben, daß sie alles andere als ein einfaches Kleidungsstück waren. Sie wurden immer voluminöser und waren oft so prachtvoll mit Edelsteinen geschmückt, daß sie ihre Wirkung kaum verfehlen konnten und die Aufmerksamkeit genau auf das lenkten, was sie angeblich verdecken sollten. Gelegentlich wurden auch kleinere Kostbarkeiten oder ein paar Bonbons darin aufbewahrt. Um die Phantasie noch mehr anzuregen, wurden sie unnötigerweise auch noch ausgepolstert und symbolträchtig versteift. Auch heutzutage setzen männliche Popstars manchmal ganz gezielt Polstermaterial ein, um auf der Bühne besonders sexy — und gut ausgestattet — zu wirken. Wieder andere hieven sich — wie eine vollbusige Dame, die sich in ihren BH zwängt — unter größten Anstrengungen in hautenge Jeans hinein, damit sich im Schritt möglichst viel abzeichnet.

Solche Probleme haben die Frauen zwar nicht, doch auch zu enge Nylonstrümpfe haben schon oft genug die Zehen zusammengequetscht und die Füße verunstaltet. Und auch die Jeans bereiten den Medizinern Probleme. Damit die Hose hauteng sitzt, sind viele Frauen bereit, sich mühsam hineinzuzwängen (oft müssen sie in die Waagerechte gehen, um den Reißverschluß zumachen zu können), und dann legen sie sich in die halbvolle Badewanne, damit die Jeans einläuft und ja nichts verbirgt. Für die Kapillargefäße und Arterien dürfte das wohl kaum gesund sein.

So beklagen sich einige Frauen denn auch über wundgeriebene Hautstellen an den Oberschenkeln, und zu den Dermatologen kommen die Opfer eines neuartigen Eitelkeitspilzes: Frauen, die von Juckreiz geplagt werden und sich nur widerwillig überzeugen lassen, daß sie lediglich ihre Jeans zu lockern brauchen, um ihren Ausschlag loszuwerden.

Im August 1985 brach eine Urlauberin aus Cornwall in einem schottischen Moor zusammen. Die Nachforschungen der Polizei ergaben, daß ihre hautengen Jeans in den heftigen Regenschauern so stark eingelaufen waren, daß die Beine nicht mehr ausreichend mit Blut versorgt wurden.

DEN KÖRPER EINSCHNÜREN

Auch früher brachen die Frauen des öfteren zusammen. Beim Anblick einer zerbrechlich aussehenden Dame, die ganz offensichtlich mit großen Schwierigkeiten zu kämpfen hatte und deren Busen auf- und niederging, hat manch mitfühlender Betrachter des neunzehnten Jahrhunderts vielleicht angenommen, sie sei innerlich sehr bewegt. Höchstwahrscheinlich hatte sie jedoch ganz einfach Atembeschwerden. Ihr enggeschnürtes Korsett drückte vermutlich so stark nach oben auf ihre Lungen und so heftig nach unten auf ihren Bauch, daß normales Atmen nicht mehr möglich war. Auf einer Röntgenaufnahme wäre sicherlich eine beschädigte Leber und die eine oder andere verschobene Rippe zu sehen gewesen. Doch im neunzehnten Jahr-

Gegenüber: Ursprünglich waren sie nur als Bedeckung der männlichen Genitalien gedacht, doch dann wurden die Hosenbeutel unnötigerweise noch wattiert und verheißungsvoll gesteift. Das Bild zeigt Prinz Don Carlos von Spanien (1545—1568)

hundert mußte die Taille nun einmal zusammengeschnürt werden, weil es die Mode so wollte. Und nur wenige Frauen hätten sich dagegen aufgelehnt.

Eine Zeitschrift formulierte es damals folgendermaßen: »Werden die verschiedenen Organe daran gehindert, eine bestimmte Form anzunehmen oder in eine bestimmte Richtung zu wachsen, so werden sie sich problemlos an alles anpassen.«

Da ist die moderne Medizin aber ganz anderer Ansicht. Heute ist völlig klar, daß die enggeschnürten Wespentaillen zu vielerlei Verstümmelungen, Verletzungen innerer Organe, Lungenkrankheiten und manchmal sogar zum Tode geführt haben. Und in einem Punkt sind sich jetzt alle einig: Der Hauptschuldige war diese Krönung aller Zwangsjacken, das Korsett. Denn von all den zahlreichen Hilfsmitteln, mit denen man versuchte, die Schönheit in Form zu bringen, war das Korsett mit Sicherheit der übelste Erfüllungsgehilfe der Mode. Doch das Korsett regierte sechshundert tyrannische Jahre lang mit seiner Rute aus Eisen, Stahl, Holz und Walfischknochen — dieses Folterinstrument ließ die Frauen in Ohnmacht fallen, nach Luft schnappen, umkippen und buchstäblich den Atem anhalten.

Doch die Frauen waren schon seit jeher bereit, um der schmalen Taille willen ihren Körper zu mißhandeln. Im antiken Griechenland umwickelten die Mütter ihre Babys, damit sie dünn blieben und größer wurden. Bis zum Ende des sechsten Monats konnte das Kind die Arme überhaupt nicht bewegen. Selbst Plato — doch sonst so weise — sprach sich dafür aus, diesen Zustand bis zum Alter von zwei Jahren beizubehalten. Einige besonders eitle Mütter wickelten noch Binden aus Wolle oder Leinen um den Rumpf ihrer kleinen Töchter, wenn sie schon längst aus dem Babyalter herausgewachsen waren, in der Hoffnung, die Mädchen würden dadurch groß und schlank.

Zu Chaucers Zeiten galt die Wespentaille als besonders vornehm. Um dieses Ideal zu erreichen, benutzten die Damen ein verstärktes Leinenmieder, das mit seinen zwei Lagen Stoff und der Paste dazwischen an ein Sandwich erinnerte. Dieses ›Knochendrücker-Sandwich‹ namens ›Cotte‹ (von dem französischen Wort côte abgeleitet) war die erste Form von Korsett.

Irgendwann wurden dann Stäbchen aus Holz — ungefähr 5 cm breit — in die eng anliegenden Stoffmieder eingearbeitet; außen wurden zusätzlich Bänder befestigt, mit deren Hilfe man die Taille der Frau noch enger zusammenschnüren konnte. Damit die V-Form noch spitzer verliefe, legten die Frauen sich sogar Bleiplatten auf die Brüste. Viele konnten plötzlich ihre Babys nicht mehr stillen. Andere fielen in Ohnmacht, wenn die Apparate wieder entfernt wurden, und trugen ihre bleiernen Begleiter sicherheitshalber rund um die Uhr, auch im Bett.

Aber diese Orgie des Masochismus genügte den Frauen noch nicht. Sie bürdeten sich noch zusätzlich gewaltige Kleider aus schweren, kunstvoll gearbeiteten Stoffen auf. Dieser Extraluxus brachte wieder neue Probleme mit sich: Damit die schweren Stoffe richtig zur Geltung kamen und elegant fielen, brauchte man eine Art Gestell um die Taille herum. Zuerst probierte man es mit schweren, sperrigen Gerüsten, bis plötzlich aus Spanien eine viel raffiniertere Lösung kam: Der sogenannte Reifrock, der in verschiedenen Ausführungen dreihundert Jahre lang in Mode blieb.

Die ersten Reifröcke stützten sich für gewöhnlich auf ein kegel- oder glockenförmiges Gestell. Dann folgten mehrere Petticoats und wattierte ›Mieder‹. Die modebewußte Dame polsterte außerdem noch die Schultern und Arme aus und trug sogar ein Paar Strümpfe oder Socken dazu. Wenn sie voll bekleidet war, summierte sich das Ganze zu einem schier unerträglichen Gewicht. Zuweilen wird behauptet, Queen Elizabeth die Erste sei im Alter launisch geworden, weil sie immer diese ungeheuer schweren Amtsgewänder tragen mußte.

Bei all der Aufmerksamkeit, die allein der Kleidung gewidmet werden mußte, ist es kein

Wunder, daß die Damen des sechzehnten Jahrhunderts nervös wurden. Sie mußten ständig aufpassen, daß alles richtig saß. Aber es gab auch noch einen anderen, viel näherliegenden Grund für ihre allgemeine Ruhelosigkeit: In ihrem Gewand hatten sich ungebetene, äußerst lebhafte Gäste niedergelassen. Die Kostüme mit all den Polstern und Stoffmassen waren ein Paradies für Läuse und Flöhe.

Doch auch wenn sie vor Ungeziefer nur so strotzten, erschienen die Frauen doch unverzagt und prachtvoll bekleidet zu Festen, Balletten und Maskenbällen, und es heißt, sie seien dabei oft »so mit Edelsteinen beladen gewesen, daß sie sich kaum noch von der Stelle rühren konnten«.

Das Korsett, das die Grundlage für all diese Eleganz bildete, war der Bewegungsfreiheit auch nicht gerade zuträglich, denn mittlerweile hatte es sich zu »einer harten, widerstandsfähigen Preßform entwickelt, in die der Körper hineingequetscht werden mußte, um dort zu verweilen und zu leiden, auch wenn Holzsplitter sich ins Fleisch bohrten, die Taille enthäutet wurde und die Rippen sich übereinanderschoben«.

»Unter größten Anstrengungen schnüren die Frauen sich immer enger ein, um die ersehnte Wespentaille zu erreichen, und solange sie ihre Taille nicht umfassen können, halten sie sich für zu plump«, schrieb der Dramatiker John Bulwer im Jahre 1650. »Zu diesem Zweck werden die Taillen bis aufs Äußerste zusammengepreßt und mühevoll in Walfischkäfige gesperrt; das öffnet der Schwindsucht und einer ausdörrenden Fäulnis Tür und Tor.«

Der Philosoph John Locke griff dasselbe Thema vierzig Jahre später noch einmal auf: »Eingeschrumpfte Brüste, Kurzatmigkeit und Mundgeruch, Lungenkrankheiten und Buckeligkeit sind die natürlichen und beinahe unumgänglichen Nebenwirkungen von harten Miedern und zu engen Kleidern.«

Doch die Frauen schenkten ihren zahlreichen Kritikern kein Gehör. Sie waren viel zu beschäftigt mit einem neuen Rocktyp namens ›Panier‹. Bei diesem Stil war die Breite wichtiger als der Umfang. Wer wirklich elegant sein wollte, zog die Petticoatreifen rücksichtslos immer weiter nach rechts und links in die Breite, bis es die Damen — die alle Warnungen in den Wind geschlagen hatten und sich auch um Platzprobleme keine Sorgen machten — auf die Spitze trieben und in bis zu zwei Meter breiten Röcken loszogen. Ein Beobachter berichtete aus Frankreich: »Alle lachten. Da standen nun mehrere Damen, die in einer Kutsche untergebracht werden sollten, doch wegen dieser Ballonröcke paßte nur eine hinein. Alles war zu klein; die Straßen waren zu eng und die Salontüren mußten verbreitert werden, damit die Damen hindurch konnten, genauso wie es später erforderlich wurde, die Türen höher zu machen, damit die gigantischen Frisuren jener Zeit keinen Schaden nahmen.«

Die Männer fingen schon an zu murren. Erst hatten die Damen ausgesehen, als hätten sie ›Hintern wie Fässer‹, und jetzt spazierten sie herum ›wie in einem Laufstall‹. Doch als die Frauen dann dünnere Materialien über ihren Reifröcken trugen, brachte der heimtückische Wind oft Unordnung in die leichtgewichtigen Stoffe — manchmal wurde sogar der ganze Rock hochgepustet. Plötzlich waren die Gentlemen ganz besorgt und interessiert und eilten den Damen zu Hilfe. In ihrem Bericht im *Female Spectator* von 1744 brachte eine Mrs. Haywood ganz unverblümt ihre Verwunderung zum Ausdruck: »Wie manche Damen in der Öffentlichkeit auftreten — sie laufen nicht normal, sondern mit gespreizten Beinen, manchmal rennen sie auch und machen dabei einen kleinen Satz oder einen Luftsprung; Leuten, die ihnen entgegenkommen, werfen sie ihre riesigen Reifröcke fast ins Gesicht.« Und sie fuhr fort: »Die Männer sind derzeit merkwürdig glücklich. Immer auf dem Sprung.«

Gegen Ende des achtzehnten Jahrhunderts kam es zu einigen Veränderungen, als auf ein-

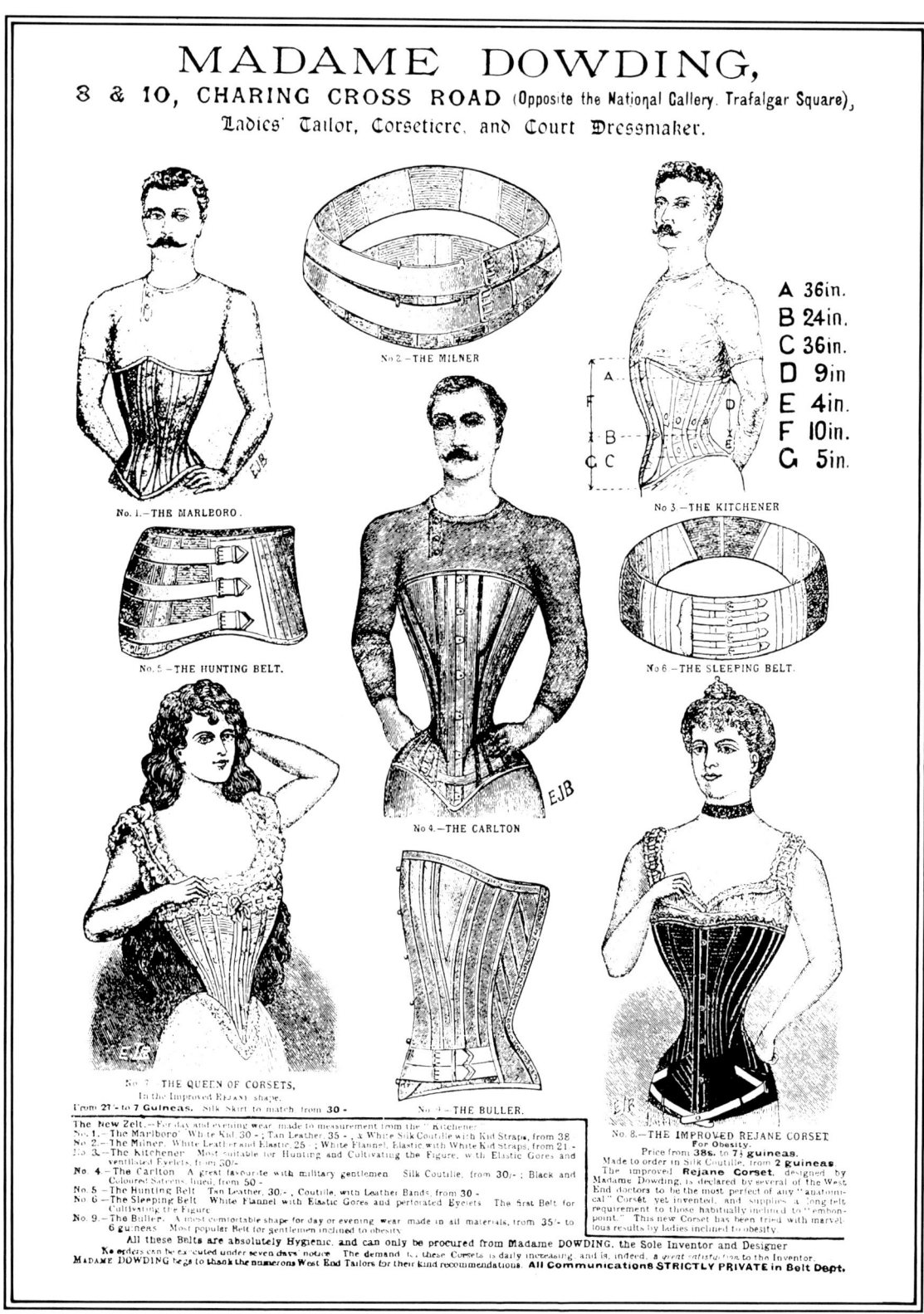

Zu König Eduards Zeiten eiferten Männer und Frauen gleichermaßen dem Ideal der Sanduhr-Figur nach, wobei sie oft das Risiko eingingen, daß die inneren Organe Schaden nahmen

mal — eine der abrupten Kehrtwendungen, die es in der Mode häufiger gibt — hoch taillierte Musselinkleider der letzte Schrei waren. Da sie sehr leicht waren und sich eng an den Körper anschmiegten, trugen die Frauen häufig nur sehr wenig darunter, damit viel zu sehen war. Um das Ganze noch ein wenig prickelnder und abwechslungsreicher zu gestalten, befeuchteten manche Frauen ihre Baumwoll- und Musselinkleider, damit sie aufreizend am Körper klebten — obwohl alle Welt wußte, daß sie damit das Risiko einer Erkältung oder Lungenentzündung eingingen.

Als Napoleon sich auf dem Gipfel seiner Macht befand, galt ein Taillenumfang von 33 cm als Ideal. Es war nichts Ungewöhnliches, hieß es in einem Bericht aus dem Jahre 1810, »wenn eine Mutter ihre Tochter auf den Teppich legte, ihr einen Fuß auf den Rücken stellte und bei dem Versuch, das Korsett so eng wie möglich zu schnüren, ein halbes Dutzend Bänder zerriß«.

Ein wütender Geschäftsmann klagte 1828: »Meine Töchter sind lebende Beispiele für die üblen Folgen dieser grausamen Mode, die Taille bis auf Ameisenformat zusammenzuquetschen. Sie sind nicht in der Lage, zu stehen, zu sitzen oder zu laufen, wie es sich für Frauen ehemals geziemte. Meine Tochter Margaret hat es neulich versucht: Ihr Korsett gab nach, man hörte einen fürchterlichen Knall, und sie fiel zu Boden. Ich dachte, es hätte sie zerrissen.«

Nachdem die junge Queen Victoria den Thron bestiegen hatte, erregte eine neue Modeerscheinung, die Krinoline, großes Aufsehen. Ihr ungeheures Volumen wurde von unzähligen Petticoats getragen, darüber hinaus war sie aber auch noch mit vielen anderen raffinierten Hilfsmitteln versehen, die den Rock noch weiter ausdehnten. Man probierte es mit luftgefüllten Schläuchen, die sich zu einer riesigen Glocke formierten. Im Mai 1856 wurde ein aufblasbares Kleidungsstück patentiert, bei dem ganz problemlos die Luft wieder abgelassen werden konnte, falls die Trägerin sich zu setzen wünschte. Doch früher oder später würde die Dame ja auch wieder aufstehen und frische Luft schnappen wollen, und dabei war der schwere Blasebalg, den sie für diesen Fall immer mit sich herumschleppen mußte, um den Rock wieder aufzupumpen, doch äußerst hinderlich. Außerdem gaben die damit verbundenen Geräusche Anlaß zu Verwechslungen.

In den Salons waren die Krinolinen als lebensgefährlich verschrieen. Sie waren berühmt-berüchtigt dafür, daß sie, ohne daß die Trägerin es bemerkte, in den offenen Kaminen Feuer fingen. Bei diesen leicht entflammbaren Materialien war sofort die Hölle los, und man konnte kaum etwas dagegen tun — das sperrige Gestell machte es unmöglich, das Opfer in eine Decke, einen Teppich oder ähnliches einzurollen.

Doch die Krinolinen nahmen immer gewaltigere Ausmaße an und auch von den enggeschnürten Korsetts darunter wollten die Frauen nicht lassen, obwohl inzwischen ganz offiziell vor den schädigenden Auswirkungen auf ihre inneren Organe gewarnt wurde. Große Aufmerksamkeit erregten die Arbeiten des preußischen Anatomen Samuel Thomas von Sömmerring, der sich 1788 in einem Aufsatz mit den gefährlichen Folgen von Korsetts befaßte. Er hatte das Skelett der Venus von Medici mit dem Skelett einer enggeschnürten Frau verglichen; der Unterschied war beachtlich. Seitdem ist das ›Enggürtel-Syndrom‹ in der Medizin unter dem Namen ›Sömmerring-Syndrom‹ bekannt.

Ein sehr interessanter Denkanstoß kam von David Kunzle. Hielten diese Frauen vielleicht so eisern an ihrem Korsett fest, damit sie nicht ständig Kinder gebären mußten? Es steht außer Zweifel, daß das viktorianische Korsett die Gebärfähigkeit der Frauen beeinträchtigte. Die britische medizinische Fachzeitschrift *The Lancet* von 1868 formulierte es ganz klar und deutlich: »Der Schaden, der durch diese Praxis [ein Korsett zu tragen] angerichtet wird, kann kaum überschätzt werden. Mit der Zeit werden die wichtigsten Organe des Körpers allesamt verschoben, und der starke Druck, der auf sie ausgeübt wird, muß sie zwangsläufig in ihrer Funktion beeinträchtigen.« Ein gewisser ›Luke Limner‹ (John Leighton) führte in seinem Buch aus dem Jahre 1874 nicht weniger als 97 Krankheiten auf das Tragen von Korsetts zurück.

Schließlich ergriffen die Frauen selbst wirkungsvolle Gegenmaßnahmen. Lady Harberton gründete 1881 die ›Gesellschaft für vernünftige Kleidung‹, um »der Sache der Gesundheit, der Bequemlichkeit und der Vernunft in der Bekleidung zu dienen«. Die Zeitschrift *The Gazette,* die von dieser Gesellschaft herausgegeben wurde, hatte den engen Korsetts, den Krinolinen und den hohen Absätzen rigoros den Kampf angesagt und setzte als maximales Gewicht für die Unterkleidung nicht mehr als sieben Pfund an, was wir heutzutage als viel zu schwer empfinden würden.

Doch genau wie die chinesischen Frauen torkelten und zu Boden fielen, als sie ihre Fußbinden abnahmen (s. Kap. 9), so entdeckten auch die Korsett-Frauen, wie abhängig sie inzwischen von ihren Fesseln geworden waren. Das unnachgiebige Material und das enge Zusammenschnüren des Korsetts — dazu noch die unbequemen Bretter zur Verbesserung der Haltung, die viele viktorianische Frauen auf dem Rücken trugen — gaben zweifelsohne eine Art Stütze ab, auch wenn es weh tat. Es war ein Teufelskreis. Ohne ihre Korsetts fühlten sich die Frauen schwach und verloren.

Erst als Dr. Jaeger das ›elastische Gesundheitskorsett aus Wolle‹ erfand, konnten die Damen endlich »all die Vorteile gegürteter Lenden genießen, ohne dafür büßen zu müssen«. Es wurde aus ungefärbter weißer und grauer Schafwolle und Kamelhaar hergestellt; gleichzeitig hatte es am oberen Ende aufknöpfbare Korsettstäbchen, so daß diese zum Waschen herausgenommen werden konnten. In der Beschreibung war zu lesen, das Jaeger-Korsett sei »flexibel, elastisch und strapazierfähig, mit Uhrfeder-Korsettstäbchen«. Und überall hießen die Frauen es willkommen.

Doch dann kam 1911 ein ganz besonders enger, wadenlanger Rock in Mode. Dieser ›Humpelrock‹ war eine Idee Paul Poirets, der scheinheilig erklärte, er habe »dem Korsett den Kampf angesagt, um den Bauch zu befreien«, dann aber triumphierend hinzufügte, dafür habe er »die Beine gefesselt«. Die Frauen beklagten sich, sie könnten ihre Kutschen nicht mehr besteigen. Doch ihre Klagen schienen die Popularität dieser perversen Mode nur noch anzuheizen.

Ende der fünfziger Jahre hatte die Damenmode einige Veränderungen hinter sich, von der flachbrüstigen Maid bis hin zu großen Busen und engen Taillen. Gina Lollobrigidas vielgepriesene 48-cm-Taille wurde zu einem wichtigen Bestandteil ihres Images. Dior verlangte — zu Beginn der Nachkriegszeit — von seinen Mannequins einen Taillenumfang von 43 cm. Dieses Ziel, so erklärte er, müsse um jeden Preis erreicht werden, »auch wenn die Mädchen in Ohnmacht fallen«. Die Zeitschrift *Le Corset de France* zeigte sich da 1949 mit ihrer Empfehlung von 51 cm etwas vernünftiger.

In den fünfziger Jahren trugen die Mannequins der Couturiers häufig Büstenhalter mit Fischbeinstäbchen und verkürzte Korsetts. Manchmal wurden die Stäbchen auch direkt ins Kleid eingearbeitet. Penelope Portrait, damals eines der Top-Models, berichtet, sie habe ein wahres Monstrum von Kleid tragen müssen, das sie ›Eiserne Jungfrau‹ nannte. Von Jacques Fath erzählt man sich, er habe seine Mannequins gnadenlos hungern lassen und sie noch dazu in enge Korsetts gesperrt. Es heißt, sie hätten nach Luft geschnappt, wenn die Garderobieren sie für ihren Auftritt zurechtmachten.

Heute, Ende der achtziger Jahre, gibt es vor allem in den westlichen Ländern viel weniger

Nach der Krinoline kam die Tournüre, für die man außerdem noch ein sperriges, schweres Gestell als Stütze brauchte

Modezwänge. »Alles ist erlaubt«, heißt die Devise, die es den Frauen ermöglicht, ihren ganz persönlichen Stil zu entwickeln; die Konventionen haben sich gelockert. Auch die lästigen Accessoires sind verschwunden. Hüte sind bei offiziellen Anlässen kein ›absolutes Muß‹ mehr — und wenn es nicht gerade sehr förmlich zugeht, können Hosen zu jeder Gelegenheit getragen werden. Röcke können lang oder kurz, Kleider eng oder weit sein.

Ein Korsett um den Hals ist eigentlich unvorstellbar. Doch der Schönheit zuliebe lassen sich Burmesinnen freiwillig Messingringe um den Hals legen. Schon als Kinder beginnen sie mit fünf Ringen, und als Erwachsene bringen sie es auf 22 bis 24 Stück. Ihre Hälse werden allmählich immer länger, wobei die Halswirbel dermaßen auseinandergezogen werden und das Schlüsselbein so tief in den Körper gepreßt wird, daß sogar schon eine Rekordlänge von 40 cm erreicht wurde. Nähme man diesen ›Giraffenhalsfrauen‹ ihre Ringe ab, so könnten sie das Gewicht ihres Kopfes nicht mehr tragen und würden mit ziemlicher Sicherheit sterben.

Zur Zeit Elizabeths der Ersten betonten die Damen ihren Hals gern durch Halskrausen. Je größer die Halskrause, desto aristokratischer die Frau; folglich gingen die Halskrausen dermaßen in die Höhe und in die Breite, daß auch hier eine Stütze notwendig wurde. Da kam ihnen die Wäschestärke, die die Holländerin Madame Dingham Vander Plasse 1564 erfunden hatte, gerade recht. Doch nach einer gewissen Zeit hatte sich der steife, gestärkte Graben um das Kinn herum zu einer solch riesigen, uneinnehmbaren Festung entwickelt, daß die Damen Schwierigkeiten mit dem Essen bekamen. Katharina von Medici mußte sich ein extra-langes Spezialbesteck anfertigen lassen.

Die Idee, eine aristokratische Abstammung durch bestimmte Kleider und Körperformen kenntlich zu machen, ist nichts Neues. Riesige Halskrausen, schmale Taillen, winzige Füße, kunstvolle Frisuren, glatte Haut und äußerst unpraktische Fingernägel dienten sämtlich schon einmal als Hinweis auf einen hochwohlgeborenen Lebensstil voller Müßiggang.

Im alten China ließen sich sowohl die Männer als auch die Frauen aus Prestigegründen ihre Fingernägel wachsen und bemalten sie golden. Dann stützten sie sie noch stundenlang untätig auf Kissen. Als sie es später vorzogen, ihre Hände doch wieder mehr zu benutzen und trotzdem auf dieses Merkmal adeliger Herkunft nicht ganz zu verzichten, schlossen sie einen Kompromiß und beschränkten diesen Brauch auf die Nägel der kleinen Finger. In einigen Mittelmeerländern lassen junge Männer noch immer den Nagel des kleinen Fingers wachsen, um zu beweisen, daß sie sich ihren Lebensunterhalt nicht mit schwerer, manueller Arbeit verdienen müssen. Doch den absoluten Längenrekord hält der Inder Shrindhar Cillal aus Poona, der die Fingernägel seiner linken Hand dreißig Jahre lang gehegt und gepflegt hat. Insgesamt erreichen seine Nägel eine Länge von fast drei Metern, wobei allein der Daumennagel schon 75 cm mißt. Mr. Cillals linke Hand kann sich herrlich auf die faule Haut legen, während die Rechte alle alltäglichen Verrichtungen erledigen muß.

Gegenüber: Manche Burmesinnen sollen bei ihrem Bemühen, den Hals in die Länge zu ziehen, Rekordergebnisse von bis zu 40 cm erreicht haben. Ohne die Ringe könnte der Hals das Gewicht des Kopfes nicht mehr tragen

BILDER AUF DER HAUT

Viele unbekleidet lebende Völker dekorieren ihre Körper aus ästhetischen Gründen; gleichzeitig spielt aber auch die tiefe symbolische Bedeutung der Muster eine Rolle. Vor allem bei dunkelhäutigen Völkern sind die komplizierten Muster, die durch schmerzvolles Einritzen der Haut und Narbenbildung entstehen, wesentlich wirkungsvoller als jede Tätowierung.

Die alten Griechen und Römer widmeten der Hautpflege unendlich viel Zeit. Sie bewunderten den nackten Körper, fanden ihn aber schöner, wenn er glattgeschliffen und haarlos wie eine Statue war. Und das war oft ein äußerst schmerzvolles Unterfangen — da wurde gezupft, mit Bimsstein gescheuert oder sogar versengt.

Die Japaner haben da ganz andere Vorstellungen. Für sie ist ein Nackter weder prachtvoll noch schön. Der Anthropologe Robert Brain faßt die japanische Sichtweise folgendermaßen zusammen: »Der Anblick eines nackten Körpers ist furchtbar abstoßend. Er hat nicht den geringsten Reiz.«

Vielleicht ist dieser Mangel an Wertschätzung auch dafür verantwortlich, daß auf erotischen Zeichnungen nur selten entblößte Körper zu sehen sind. Bei den Japanern ist es nicht der nackte Körper, der sie sexuell erregt; richtig stimuliert werden sie erst, wenn ein Körper reichlich tätowiert ist. Das erklärt auch, warum Männer sich sogar die Genitalien tätowieren lassen — einige wählen zum Beispiel Pflaumen oder Auberginen als Vorbild. Das kann allerdings sehr schwierig werden: Da das Gemälde nur richtig zur Geltung kommt, wenn der Penis erigiert ist, muß das Glied über lange Zeiträume hinweg steif bleiben, damit der ›Künstler‹ sein Werk vollenden kann. Auch japanische Prostituierte lassen sich manchmal kunstvoll tätowieren; bei ihnen sind es zumeist Bilder von Schlangen, die sich wollüstig auf ihren Oberschenkeln räkeln — die erotische Botschaft ist unmißverständlich.

Für einen Maorihäuptling war seine aufwendige Gesichtstätowierung von fundamentaler Bedeutung — sie war seine Unterschrift. Um ein Dokument — zum Beispiel den Verkauf von Land — zu ›unterzeichnen‹, malte er seine ganz persönliche ›Moko‹-Tätowierung. Und diese komplexen Bilder wurden so hoch geschätzt, daß man einem toten Krieger auf dem Schlachtfeld oft den Kopf abschnitt, um ihn sorgfältig aufzubewahren; Gefallene mit undekorierten Gesichtern wurden außer acht gelassen.

In Neuguinea begleiten Tätowierungen die jungen Mädchen auf ihrem Weg zum Erwachsenendasein. Schon als Kinder werden ihnen Hände und Arme tätowiert; später dann — wenn sie im heiratsfähigen Alter sind — auch noch die Hinterbacken und das Gesicht. Auf den Trobriand-Inseln Melanesiens werden Mädchen oft rund um die Vagina herum tätowiert, wenn sie zum erstenmal ihre Menstruation bekommen.

In Ägypten wurden tätowierte Mumien aus dem Jahre 2000 v. Chr. gefunden. In Großbritannien wurde auch im Mittelalter hin und wieder tätowiert, obwohl die Kirche strikt dagegen war. Selbst König Harold hatte sich ›Edith‹ über seinem Herzen eingravieren lassen, was erst ans Tageslicht kam, als er 1066 in der Schlacht bei Hastings fiel.

Doch es war Captain Cook, der 1769, auf einer seiner Reisen nach Tahiti, die Tätowierungen für die westliche Welt wieder neu entdeckte. Er kehrte in Begleitung des aufsehenerregenden ›Great Omai‹, eines auffallend dekorierten Polynesiers, nach London zurück, zeigte sich dort mit ihm in den erlesensten Kreisen —, und plötzlich interessierte man sich wieder für diese Kunst. Als der berühmte und hochtalentierte George Burchett seine Praxis in London eröffnete, war die britische Aristokratie gerade auf den Geschmack gekommen. Burchett, der

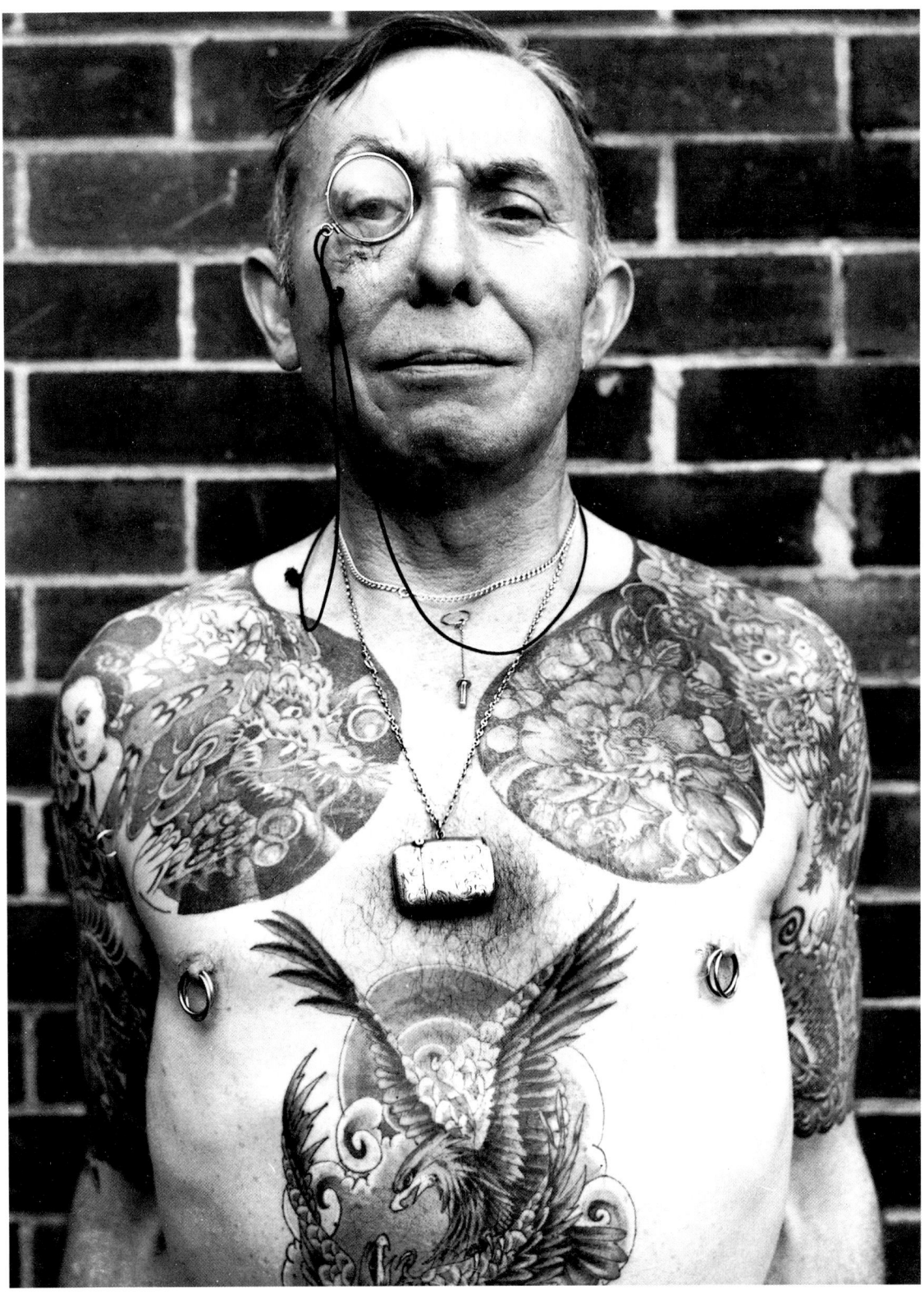

Für seine Tätowierungen hat dieser britische Beamte 137 qualvolle Stunden über sich ergehen lassen. Sein Körper ist nahezu vollständig mit bizarren Bildern bedeckt

sich seine Fähigkeiten in Japan angeeignet hatte, wurde schon bald die große Ehre zuteil, für den Herzog von York (den zukünftigen König George V.), den russischen Zaren Nikolaus und viele andere arbeiten zu dürfen — nicht zu vergessen Lady Randolph Churchill, die auf diese Weise die Krönung Edwards VII. feiern wollte.

Heutzutage finden junge Leute in ganz Europa wieder Gefallen daran und lassen sich hübsche Bilder, romantische Liebesbeteuerungen, Huldigungen an verehrte Popstars oder — dem Zeitgeist entsprechend — auch provokative und aggressive Slogans auf Körper und Gesicht tätowieren.

In den siebziger Jahren fand eine ganze Reihe von internationalen Zusammenkünften statt, bei denen die Tätowier-Fans Ideen austauschen konnten. Und dabei handelt es sich nicht etwa nur um junge Leute. 1988 bekannte ein hoher Beamter, daß er gern ein offenes Hemd über seinen Tätowierungen trage, um damit die Leute zu schockieren — besonders effektvoll sei es, wenn er dazu noch sein Monokel in den Augenwinkel klemme. Sein alternder Körper ist nahezu vollständig mit bizarren Bildern bedeckt, die ihn 2000 britische Pfund und 137 Stunden Schmerz gekostet haben.

Es ist unvermeidlich, daß das Tätowieren weh tut. Und ganz gefahrlos ist es auch nicht. Noch um 1890 verwendete man für gewöhnlich aus Blei, Kadmium und Quecksilber gewonnene Farbstoffe. Die Pigmente, die einige der sogenannten ›unterentwickelten‹ Völker benutzten, führten ganz sicher nicht so oft zu Hautproblemen, doch dafür war ihr ›Operationsbesteck‹ — Stücke von Knochen und Haifischzähnen — in den seltensten Fällen steril und verursachte unglaubliche Schmerzen. Häufig wurde Opium eingesetzt, um die Leidenden von den schlimmsten Qualen zu erlösen.

In den letzten fünf Jahren hat die Angst vor Aids die Zahl der Enthusiasten schrumpfen lassen. Viele Kunden sind schwer zu überzeugen, daß eine Nadel wirklich neu oder richtig sterilisiert ist, und fühlen sich nicht mehr sicher. In den AIDS-Beratungsstellen wird ganz offiziell vor der Infektionsgefahr gewarnt; doch es gibt nach wie vor Kandidaten, die vor nichts zurückschrecken. Ein junger Mann, der sich gerade einen großen Adler und einen Totenkopf eingravieren ließ, drückte es folgendermaßen aus: »Manche Leute sammeln Van Gogh oder Rembrandt. Ich sammele Tätowierungen.«

Das große Problem bei allen Tätowierungen ist, wie man sie wieder loswird. Eine Möglichkeit ist natürlich, die Namen der ›Ehemaligen‹ mehr oder weniger geschickt zu ›übermalen‹. Der Liebhaber von Marie könnte aber, nachdem er ihrer überdrüssig geworden ist, auch nach einer Rosemarie Ausschau halten, was seiner Haut wesentlich zuträglicher wäre.

Zum Entfernen von Tätowierungen benutzt man eine rotierende Drahtbürste, mit der die sogenannte Dermabrasion erfolgt — bei der auch tiefer liegende Hautschichten, in die Pigmente vorgedrungen sind, erreicht werden. Das ist natürlich ein äußerst unangenehmes Verfahren, und oft kommt es dabei nachträglich zu Vernarbungen. Bei einer anderen Methode, die Clabaughin 1968 in den USA bekannt machte, werden die Hautsegmente, bevor sie entfernt werden, vereist. Wird das Ganze dann mit Enzianblau eingepinselt, das auf der Wunde eine Kruste entstehen läßt, so gibt es manchmal Erfolge zu verbuchen. Doch das Entfernen von Pigmenten durch Stimulation des körpereigenen Säuberungsmechanismus — auf dieser Annahme beruht die Methode — ist ein Eingriff, der nicht allenthalben gebilligt wird.

Tätowierungen — diese ›Pigmente der Phantasie‹, wie es der Photograph Chris Wroblewski

Gegenüber: Das Werk des führenden Londoner Tätowierers Dennis Cockell

ausdrückte — sind nicht ganz problemlos. Wo die Schönheit buchstäblich unter die Haut geht, können ein Meinungswechsel oder eine neue Liebe schmerzvolle Folgen haben.

EINE VIERTE DIMENSION — DER GERUCH

Die alten Griechen benutzten für jeden Körperteil einen ganz speziellen Duft: Das Haar roch nach Majoran, die Hände nach Apfelsaft. Bei großen Festessen hatten Athener Jugendliche die Aufgabe, Tauben mit allen möglichen aromatischen Ölen zu durchtränken. Im passenden Moment wurden die Vögel dann freigelassen, kreisten über der Festtafel und erfüllten die Luft mit dem parfümierten Geflatter gestutzter Flügel.

Die Römer benutzten menschliche Duft-Sprayer — ihre Sklaven füllten sich den Mund mit süßlich duftenden Wässerchen, die sie dann den Mätressen und Gästen über den Kopf pusteten. Kaiser Nero — der ja eher der Technik zugeneigt war — ließ Sprühvorrichtungen an den Decken seines Bankettsaals anbringen, damit Poppäa und ihre Gäste beim Essen von angenehmen Düften berieselt wurden.

Die Zeitgenossen Elizabeths der Ersten waren da schon wesentlich schlechter dran. Ihre Kleider waren oft so kunstvoll gearbeitet, daß man sie nicht waschen konnte; sanitäre Anlagen waren nur im Ansatz vorhanden und Badewannen fast gänzlich unbekannt. Doch sie machten das Beste daraus, indem sie duftende Parfümkugeln schwangen und sich die Zeit damit vertrieben, kräftig auf Gewürznelken herumzukauen, um damit den Gestank fauliger Zähne zu beseitigen.

Heutzutage haben wir zwar eigentlich das Gefühl, blitzsauber zu sein, greifen aber dennoch auf künstliche Düfte zurück; ›Körpergeruch‹ ist uns ein Graus. Die Achselhöhlen, die Schamgegend, der Atem und das Haar sind allesamt Brutstätten für Sorgen und Ängste unserer Psyche. So bekämpfen wir die Natur mit Seifen, Lotionen — ja sogar Chlorophyll-Tabletten —, um auch noch die letzte Spur unserer schmählichen Ausdünstungen zu beseitigen. Doch das Schwitzen ist ein lebenswichtiger, natürlicher Vorgang, dessen Unterdrückung mittels Chemikalien zur Blockierung oder gar zum Aufplatzen der Schweißkanäle führen kann. Die Anwendung von Schweißhemmstoffen auf weiten Teilen des Körpers ist, vor allem in heißen Klimazonen, absolut unangebracht. Doch allein in Großbritannien werden pro Jahr für über 170 Millionen Mark Deodorants und Anti-Perspirants verkauft. Die Tatsache, daß diese Produkte in Form von Spraydosen vertrieben werden und so zur Zerstörung der Ozonschicht beitragen, hat die Umweltschützer auf die Barrikaden gebracht. Doch zum Glück gibt es Alternativen.

Die Werbung erinnert uns unaufhörlich an unsere körpereigenen Düfte; selbst der Intimbereich bleibt davon nicht verschont. Doch in dieser Körperregion kann ein chemischer Eingriff recht unerfreuliche Folgen haben. Intimdeodorants enthalten Chlorhexidine Hydrochloride, die bei manchen Frauen sehr unangenehme Reaktionen hervorrufen können.

Unsere Schweißabsonderungen, vor allem die der Achselhöhlen und des Schamhaarbereichs, sind insofern problematisch, als sich darin auch Bakterien befinden, die scharf riechende Buttersäure produzieren. Wenn der Schweiß nicht rechtzeitig von der Haut und aus der Kleidung entfernt wird, kann also allzuleicht eine Geruchsbelästigung entstehen. Es gibt allerdings auch Menschen, die das gar nicht als unangenehm empfinden. Einige prominente Persönlichkeiten trennten sich — aus verschiedenen Gründen — nur äußerst ungern von ihren ganz persönlichen Gerüchen. So bestieg James Dean, Kultstar der fünfziger Jahre aus »... *denn sie wissen nicht, was sie tun«,* sein Lebtag keine Badewanne. Der Boxer Alan Minter wusch sich eine

James Dean: ... denn sie wissen nicht, wie gut ein Bad tut

ganze Woche lang nicht, um seine Gegner ›fertigzumachen‹ — niemand wollte längere Zeit von ihm umklammert werden. Der Franzose Joey Girondelle wandte eine ähnliche Strategie an: Er zerkaute eine Knoblauchzehe, bevor er den Ring betrat. Und auch Marilyn Monroe war im Kreise ihrer engsten Vertrauten dafür bekannt, daß sie der Natur freien Lauf ließ.

Vielleicht wußte sie, was sie tat: Die apokrinen Drüsen produzieren einige recht interessante Substanzen. Mutter Natur hat diese komplexen Chemikalien — die Pheromone — entwikkelt, damit wir einander körperlich anziehend finden und uns näherkommen. Selbst wenn wir sie gar nicht bewußt wahrnehmen, können sie doch eine Signalwirkung auf unser Unterbewußtsein ausüben. Im gesamten Tierreich spielen sie eine entscheidende Rolle bei der Übermittlung wichtiger Botschaften. Schon ein Millionstel eines Millionstel Gramms ist ausreichend, um eine Reaktion und Paarungsverhalten auszulösen. Motten zum Beispiel lassen sich noch aus einer Entfernung von über 1 km herbeilocken.

Bei den menschlichen Gerüchen hat die Natur noch mehr Raffinesse ins Spiel gebracht. So wurde beispielsweise festgestellt, daß männliche Pheromone unter gewissen Umständen sogar den weiblichen Zyklus beeinflussen können.

Ätherische Öle — Moschus und Parfüms, die ursprünglich nur den Körpergeruch überdecken sollten — werden zur Zeit als ›sexy‹ vermarktet. Sie versprechen Liebe, Lust und Leidenschaft. Verklärten Blickes führt uns eine Evastochter da vor, wie berauschend es ist, sich den exotischen Freuden des Parfüms ›Opium‹ hinzugeben. Das Haus Worth erfand für seine Produkte eine geheimnisvolle Fortsetzungsgeschichte. ›Je Reviens‹ versprachen sie zuerst. ›Vers toi‹ fügten sie dann hinzu. Und wie zu erwarten, folgte als drittes Kapitel nach ›Ich komme wieder‹ und ›Zu dir‹ die Serie ›Dans La Nuit‹ (›In der Nacht‹), wie sollte es auch anders sein.

Inzwischen sind auch die Männer nicht mehr gegen die Verführungskünste der Kosmetikindustrie gefeit. In den achtziger Jahren haben sie in Großbritannien 70 Millionen Pfund und in den USA fast 1000 Millionen Dollar für Duftwässerchen mit so männlichen Bezeichnungen wie ›Chaps‹, ›Macho‹ oder ›Brut‹ ausgegeben.

Solche Namen sind natürlich nicht jedermanns Sache: Für den eher schüchternen Herrn, der sich an den verführerischen Spritzer hinter das Ohr noch nicht heranwagt, sind ›Badezusätze‹ vielleicht geeigneter. Das ›Herbal Bath‹ [Kräuterbad] von Radox beispielsweise hört sich recht gesund an. Und Badedas verspricht geheimnisvoll, daß »nach einem Bad mit Badedas vieles passieren kann«. Vielleicht stimmt das sogar, denn beide Produkte enthalten Roßkastanien, die — wie der Marquis de Sade in einer seiner deftigeren Geschichten bemerkt — einen besonders eindringlichen Duft verbreiten. Roßkastanienblüten riechen nämlich wie Sperma.

Parfümspezialisten sind fast immer Männer. Es heißt in dieser Branche, daß sie bessere Nasen haben als Frauen. Bei den ätherischen Ölen, die aus gepreßten Blütenblättern hergestellt werden, spüren sie selbst die feinsten Unterschiede auf, und auch bei der Qualität tierischer Produkte kennen sie sich sehr gut aus — bei den Sekretionen der Zibetkatze und des Moschustiers oder beim Amber des Pottwals. In diesem Bereich haben die Frauen allerdings ein ganz spezielles Talent: Wenn es darum geht, moschusartige Gerüche aufzuspüren, haben sie bei weitem den besseren Riecher. Werden einer Frau die Eierstöcke entfernt, so kommt ihr dieser Spürsinn abhanden. Verabreicht man ihr daraufhin das Sexualhormon Östrogen, kann sie die Witterung wieder aufnehmen — ein weiterer eindeutiger Beweis für das subtile Wechselspiel zwischen Sex und Geruch.

Gegenüber: Kosmetik für Männer hat sich inzwischen zu einem bedeutenden Industriezweig entwickelt, der wohl auch in Zukunft weiter expandieren wird

4.

DAS GESICHT: FARBVERÄNDERUNGEN

I N DER WESTLICHEN WELT WERDEN JEDES JAHR über 1500 Millionen Pfund für Schönheitspflege ausgegeben — und allein die Werbung für diese Produkte kostet noch einmal 50 Millionen Pfund. Und die Zahlen steigen weiter. Daraus kann man nur schließen, daß dem Menschen ein unkontrollierbarer Trieb innewohnt, sich zu verschönern und vor allem zu bemalen, auch wenn damit noch so große Risiken, Gefahren und Kosten verbunden sind.

Doch dieses Phänomen trifft natürlich nicht nur auf die westlichen Gesellschaften zu. Auf der ganzen Welt haben sich Frauen und Männer seit nunmehr Tausenden von Jahren auf diesen merkwürdigen Liebeshandel mit Schminke und Zaubertrank eingelassen. Im alten Ägypten legten alle Pharaonen großen Wert darauf, daß sich in ihren Gräbern sieben Töpfchen mit verschiedenen Salben und zwei Töpfchen Rouge befanden, damit sie für den Moment, wenn der Geist in den Körper zurückkehren würde, gerüstet wären; in der Jungsteinzeit stellte man den Toten Behälter mit rotem Ocker ins Grab, damit sie für das Leben nach dem Tod genügend Farbe hatten.

Und es ist seit jeher das Gesicht, das die Experimentierfreudigkeit am meisten anregt. Aufgrund seiner exponierten Lage eignet es sich am besten für Verschönerungsversuche. Also haben wir haufenweise Cremes, Lotionen, Bleifarbe, Schwefel, Quecksilber, Blut, Exkrete und alle möglichen tierischen Eingeweide daraufgeschmiert. Aber warum?

Die Zoologen Konrad Lorenz und Desmond Morris vertreten den Standpunkt, daß die elementare Kraft, die uns zu all diesem Wahnsinn teibt, dieselbe ist wie diejenige, die für den Fortbestand der Art sorgt: Kosmetika sprechen den Sexualtrieb an. Robert Brain jedoch hielt dagegen, daß die Frauen in den westlichen Ländern zwar sexbetonte Make-ups auflegen, damit aber noch längst keine Bereitschaft signalisieren — sie folgen lediglich der Mode. Die westliche Kosmetik erfüllt soziale, nicht sexuelle Bedürfnisse.

In unserer mehr und mehr visuell orientierten Welt zerbrechen wir uns den Kopf darüber, wie wir der Schönheit immer wieder neue Ausdrucksformen verleihen können. Das alles entspringt unserem instinktiven Bedürfnis nach Kreativität. Doch all unserer Erfindungsgabe zum Trotz haben sich einige Idealvorstellungen erstaunlich gut gehalten. Mit ihrem weißen Teint, den blauen Augen und dem blonden Haar haben Marilyn Monroe und Madonna eine uralte Tradition fortgesetzt: die ›Goldene Göttin‹.

BLEICH UND INTERESSANT

Ein strahlend weißer Teint galt schon im Mittelalter als viel schöner und unendlich viel weiblicher als eine dunkle Haut. Der helle Teint ließ darüber hinaus auf einen damenhaften oder sogar aristokratischen Lebensstil schließen, denn die Bäuerinnen auf dem Feld konnten sich ein derart vornehmes Aussehen nicht leisten: Ihre von Wind und Wetter gegerbte Haut betrachtete man als vulgär. Es gab jedoch auch noch einen anderen, viel triftigeren Grund dafür, jegliche Farbe von der Haut fernzuhalten: Der blasse Teint unterschied die echten Damen von gewissen »Damen aus der Stadt«. Nur Prostituierte legten Rouge auf.

Die Damen des 14. Jahrhunderts, die aus gutem Hause und auf ihren Ruf bedacht waren, verbargen sich folglich hinter den hohen Mauern ihres Schlosses und paßten auf, daß ihr Gesicht möglichst wenig oder gar nicht mit Sonne oder Wind in Berührung kam. Um eine sofortige Blässe zu gewährleisten, malten sie ihr Gesicht zusätzlich noch mit Bleiweiß an. Damit erreichten sie nun anscheinend den bleichsten und aristokratischsten aller Teints in höchster Vollendung.

Doch stimmte das auch? Die Paste, die die meisten Frauen benutzten, war ein Gemisch aus Essig, Eiweiß und Bleiweiß. Die Arbeiter, die es herstellten, »verrenkten sich den Magen, bekamen Schwindelanfälle, litten unter Kurzatmigkeit; manche wurden sogar blind«.

Und das Kosmetikum, das am Ende herauskam, war für die Anwenderinnen genauso schädlich. Der einzige Unterschied bestand darin, daß die Frauen — allerdings nur für kurze Zeit — die spektakuläre Wirkung des Bleichmachers genießen konnten, bevor sie von den Giften zerfressen wurden.

Cerusium, wie die Grundmixtur oft genannt wurde, gab es in verschiedenen Qualitäten. Die edelste, teuerste und gefragteste Sorte, die zugleich auch den höchsten Bleianteil hatte, kam aus Venedig. Britisches Bleiweiß, das normalerweise mit ganz gewöhnlicher Schlämmkreide gestreckt wurde, war zwar auch nicht gerade gut für die Haut, richtete aber weniger Schaden an als die Sorten mit hohem Bleianteil. Doch die Kosmetiksnobs konnten über Britannien nur lächeln und wandten sich ehrfurchtsvoll Venedig zu. Bleiweiß war im wahrsten Sinne des Wortes mörderisch. Das darin enthaltene Blei wurde ständig vom Körper aufgenommen und gespeichert. Außerdem zerfraß es die Haut. Doch die Frauen ließen sich nicht davon abbringen; es war so strahlend weiß und so glatt, und man konnte so wunderbar kleine Schönheitsfehler, Falten und Pockennarben darunter verstecken. Die Männer prangerten die Gefahren an, liebten und bewunderten aber gleichzeitig diese bezaubernden weißen Teints.

Elizabeth I. regierte die Welt mit ihrem ›Elfenbeinglanz‹. Sie ging mit der weißen Schminke sehr verschwenderisch um, doch im Laufe der Zeit mußte sie die Paste immer dicker auftragen, weil das Blei sich immer tiefer in ihre Haut einfraß. Es hieß, sie habe das Bleiweiß gegen Ende ihres Lebens »gut einen Zentimeter dick« aufgetragen.

Obwohl die Gefahren des Bleis mittlerweile hinreichend bekannt sein dürften und es gesetzlich verboten ist, in der Kosmetikindustrie giftige Bestandteile oder Reizstoffe zu verwenden, wurden in Billig-Make-ups aus Taiwan Bleiverbindungen nachgewiesen. Sie waren für Kinder gedacht und passierten die britische Grenze unter den Markenbezeichnungen Meyssa und Aroma Fashion Blenders. Ihr Bleigehalt war so hoch, daß es zu Blasenbildung auf der Haut kam; manche Kinder trugen sogar Gehirnschäden davon. Unglücklicherweise absorbieren nämlich Kinder Blei fünfmal schneller als Erwachsene. Ein Mädchen bekam Übelkeitsanfälle und Depressionen, nachdem sie eines dieser Sets benutzt hatte. Sie magerte ab, bekam Pockennarben im Gesicht, und ihre Oberlippe war fast gelähmt. Bei einem anderen Opfer verschlechterte sich die Sehkraft. Nachdem sich mehrere solcher Fälle ereignet hatten, wurde Alarm gegeben, und die Produkte mußten aus dem Verkehr gezogen werden.

Doch Blei war nur eines der vielen Hilfsmittel, mit denen man versuchte, den Teint zu bleichen. Im sechzehnten Jahrhundert gab es einige besonders wagemutige Frauen, die sich nicht mit Bleiweiß begnügen mochten; sie waren bereit, »Kies, Asche, Kohlenstaub und Talgkerzen

zu verspeisen und sich notfalls sogar einmal anzustrengen und abzuplagen, nur damit ihnen schlecht wurde und der Teint die gewünschte Blässe bekam«, berichtete Michel de Montaigne. Für ein anderes, recht beliebtes Rezept benötigte man Schafsfüße, die »gut abgehackt sein mußten, damit man an das Knochenmark herankam«. In Dänemark setzten die Damen ein Jahrhundert später ihre ganze Hoffnung auf ein Schönheitswässerchen, das unter dem Namen ›Taubenwasser‹ bekannt wurde. Um eine Flasche davon herzustellen, mußten sieben oder acht weiße Tauben gerupft und durch den Fleischwolf gedreht werden.

Doch das allergefährlichste Gemisch kam wohl aus dem Hause der Signora Toffana, die für die italienischen Damen des siebzehnten Jahrhunderts ein Gesichtspräparat aus flüssigem Arsen entwickelt hatte. Das Endergebnis waren viele gebleichte Gesichter, aber anscheinend auch sehr viele Witwen. Es heißt, sechshundert italienische Ehemänner seien — nach intensivem Kontakt mit dem Gesicht ihrer Angebeteten — dahingerafft worden, bevor die Signora festgenommen und hingerichtet wurde. (Doch selbst im Viktorianischen Zeitalter wurde noch arsenhaltige Seife verkauft.)

Die meisten Frauen blieben allerdings treuergebene Bleiweißanhängerinnen. Eine der berühmtesten und schönsten Frauen des achtzehnten Jahrhunderts, Lady Maria Coventry, wollte sich unter keinen Umständen von ihrer Bleiweißsucht abbringen lassen. Am Ende verbarg sie sich hinter den geschlossenen Vorhängen ihres Bettes und verbannte jegliches Licht aus ihrem Zimmer, damit niemand die fürchterlichen Verwüstungen zu Gesicht bekäme, die das Bleiweiß angerichtet hatte. Sie war erst siebenundzwanzig, als sie starb.

Oben: Ein schmeichelhaftes Porträt der älteren Elizabeth I. mit Perücke, angefertigt von einem unbekannten Hofmaler

Gegenüber: Elizabeth I. (hier dargestellt von Glenda Jackson) ging mit der weißen Schminke sehr verschwenderisch um, doch im Laufe der Zeit mußte sie die Paste immer dicker auftragen, weil sich das Blei immer tiefer in ihre Haut fraß

Horace Walpole berichtete 1766 vom Schicksal der schönen Lady Fortrose: »Wie schon Lady Coventry und andere vor ihr, wurde auch sie ein Opfer des Bleiweiß, von dem sie nichts und niemand abbringen konnte.« Im Jahr darauf starb eine weitere Schönheit, die berühmte junge Schauspielerin und Kurtisane Kitty Fisher, an den Folgen des Bleiweiß-Gebrauchs.

Die Männer, die in den wilden Tagen der Restauration selbst zu Farben und Kosmetika gegriffen hatten, bekamen es plötzlich mit der Angst zu tun und führten Prozesse gegen die Frauen und ihre wahnwitzigen Verschönerungspraktiken. Sie beklagten, daß sie von den vielen ›künstlichen und betrügerischen Hilfsmitteln‹, die die Frauen einsetzten, zur Heirat verführt würden. Einer der Geschädigten schrieb 1711 an die englische Zeitschrift *The Spectator* und forderte mehr oder weniger sein Geld zurück. Gab es rechtliche Möglichkeiten, so fragte er, wenn ein Ehemann feststellen mußte, daß seine Frau nicht die Person war, die er ursprünglich hatte heiraten wollen? Er war der Meinung, daß bei ihm ein triftiger Grund vorliege, denn »wenn sie morgens aufwacht, sieht sie so alt aus, daß sie vielleicht gerade noch die Mutter der Frau sein könnte, die ich am Abend zuvor zu Bett getragen habe. Ich werde mir die Freiheit nehmen, mich bei erster Gelegenheit von ihr zu trennen, es sei denn, daß sich die Mitgift ihres Vaters nach ihrem realen Wert richtet und nicht nach dem trügerischen Schein.«

Im Jahre 1770 wurde dann endlich ein Gesetz zum Schutze der Männer verabschiedet, das den Frauen ein Strafmaß androhte, wie es sonst für Hexerei üblich war. Obwohl es nicht vollstreckbar war, hielt es die Frauen doch für kurze Zeit davon ab, Kosmetika zu benutzen. Und wahrscheinlich trug es auch dazu bei, dem tödlichen Blei ein Ende zu bereiten.

Zu Queen Victorias Zeiten puderten sich die geckenhaften Herren mit allzu gesunder Gesichtsfarbe die Wangen mit parfümiertem Kalk, um blasser auszusehen; doch den viktorianischen Damen war jeglicher Verschönerungtrick untersagt. Insgeheim bleichten sie ihre Haut natürlich trotzdem. Unter dem Ladentisch wurden Flaschen mit einer geheimnisvollen Substanz namens *Bloom* verkauft, obwohl bekannt war, daß auch dieses Produkt seine Nachteile hatte. Es maskierte und emaillierte das Gesicht so gründlich, daß warmes Wasser der strahlend weißen Oberfläche höchstens kleine Risse zufügen konnte; kaltes Wasser konnte ihr gar nichts anhaben. Und angeregte Konversation war sicherlich auch nur noch in beschränktem Umfang möglich. Ereiferte sich die Dame im Gespräch oder strapazierte sie ihre Gesichtsmuskeln allzu sehr, so konnte die Maske feine, unschöne Risse bekommen, die Falten verdächtig ähnlich sahen.

Trotz alledem gab es einige unbeirrbare Damen, die den maskenhaften Effekt dieses Kosmetikums sehr schätzten und ihr *Bloom* insgeheim weiterverwendeten — auch wenn sie dafür in der Öffentlichkeit mit starrer Miene auftreten mußten.

Auch heute noch werden Hautaufheller benutzt, die genauso schädlich sind, nur daß die Motive einen ernsthafteren sozialen Hintergrund haben: Rassenvorurteile. Ihr ganzes Leben lang bemühte sich Merle Oberon, ihre eurasische Abstammung geheimzuhalten. Auf dem Höhepunkt ihrer Schönheit litt sie unter einer schrecklichen Hautkrankheit, die lebenslängliche Narben hinterließ. Man weiß nicht, wodurch ihre Hautprobleme verursacht wurden, doch es war bekannt, daß sie fortwährend versuchte, ihren dunklen Teint aufzuhellen. Und in Highams und Moseleys Biographie *Merle* ist nachzulesen, daß sie ›giftige Kosmetika‹ benutzte.

Bis jetzt gibt es noch keine Pille, die die Melaninproduktion stoppen und aus schwarzer Haut weiße machen könnte. Doch mit Hilfe von Hydrochinon, einer wirkungsvollen Chemikalie, die Hautpigmentierungen entfernen kann, bleicht man dunkle Hautflecken aus, wenn jemand unter Vitiligo leidet. Bei dieser unangenehmen und störenden Pigmentanomalie bewirkt ein Melaninmangel, daß dunklere bzw. gebräunte Haut von weißen Flecken verunstaltet wird.

Ihr ganzes Leben lang bemühte sich Merle Oberon, ihre eurasische Abstammung zu verbergen.
Am Ende war ihre Haut völlig vernarbt

Diese Flecken sind oft so zahlreich, daß es leichter ist, zu versuchen, die verbliebenen schwarzen Flächen auszubleichen als die weißen zu repigmentieren.

In Großbritannien vertreibt ein führender Chemiker ein hydrochinonhaltiges Produkt namens *Fade Out* zur Anwendung bei ›Leberflecken‹. Dr. Vernon Coleman, ein bekannter Medizinjournalist, warnte, daß die Wirkungen von Hydrochinon nicht immer angenehm und nicht wieder rückgängig zu machen seien. »Es ist gut möglich, daß die Depigmentierung ungleichmäßig erfolgt, und das kann zu einer kosmetischen Katastrophe führen, an die man noch lange denken wird. Meiner Meinung nach sollten hydrochinonhaltige Produkte nicht frei verkäuflich sein, da sie großen Schaden anrichten können. Wenn Sie Ihren Teint dauerhaft ›ausbleichen‹ wollen, sollten Sie zuerst mit einem Arzt sprechen.«

In Südafrika werden pro Jahr schätzungsweise 30 Millionen Päckchen Hautaufheller als Creme oder Lotion verkauft — ein Marktwert von ca. 70 Millionen DM. Die britische Firma Reckitt and Colman verkauft ihre Aufheller unter der Markenbezeichnung *Softlite*, mit Produktnamen wie *Superman Day Cream* und *Special*. Der aktive Wirkstoff ist Hydrochinon, und man schätzt, daß mittlerweile 40% der schwarzen Südafrikanerinnen unter den Auswirkungen zu leiden haben.

Schwarze Hausangestellte sind diesen Anfechtungen anscheinend besonders ausgesetzt. Ellen Kuzwayo, die Präsidentin der *Black Consumer Association* (Verbraucherverband der Schwarzen), meint: »Sie halten es für besonders schick, so auszusehen wie die gnädige Frau, mit ihrer weißen Haut, und können der Versuchung, diese Produkte einmal auszuprobieren, kaum widerstehen. Zu Anfang sind die Resultate auch recht ermutigend, denn die Haut bleicht tatsächlich aus. Doch dann wird sie auf einmal dunkel und rauh, und unter der Oberfläche erscheinen kleine schwarze Knötchen, die mit der Zeit immer größer werden und schließlich miteinander zu großen klumpigen Flecken verschmelzen.« Die Dermatologin Dr. Hilary Carman kann einfach nicht begreifen, daß die Frauen so hartnäckig an diesen Erzeugnissen festhalten. »Sie kaufen diese Produkte weiter, obwohl sie wissen, daß genau diese Cremes die Haut ihrer Freundinnen verschandelt haben.«

Auch Quecksilber gehört zu den Substanzen, die schon eine lange Geschichte voller Katastrophen hinter sich haben. Ursprünglich wurde es dazu benutzt, Filzhüte in Form zu bringen, doch dann stellte man fest, daß es die Haut der Arbeiter ausbleichte und außerdem Nieren und Gehirn schädigte — daher der alte englische Ausdruck »verrückt wie ein Hutmacher«. Dennoch waren quecksilberhaltige Seifen in Großbritannien auf dem Markt, bis sie endlich die Aufmerksamkeit der Gesundheitsbehörden erregten. Es hieß, das darin enthaltene Quecksilberjodid verursache Schlaflosigkeit, Übelkeit, Erbrechen und Nierenprobleme. 1984 wurden sie in Großbritannien schließlich aus dem Verkehr gezogen; einige Hersteller hatten sie bereits freiwillig vom Markt genommen. Doch im Ausland wurden quecksilberhaltige Seifen, wie in der Sendung *Bandung File* des vierten TV-Programms berichtet, munter weiterverkauft, vor allem an dunkelhäutige Menschen, die ihre Haut aufhellen wollten. Schließlich wurde 1988 auch die Herstellung solcher Seifen für den Export von der britischen Regierung untersagt.

BLACK IS BEAUTIFUL

In den sechziger Jahren erscholl plötzlich der Ruf »Black is beautiful« [Schwarz ist schön]. Doch in der großen Kosmetikpalette fand sich damals nur wenig, was für schwarze Haut geeignet gewesen wäre. Erfolgreiche Gruppen wie die Supremes mit ihrem Star Diana Ross versuchten, mit scharlachrotem oder orangefarbenem Lippenstift und Perücken aus glattem Haar

Wird Michael Jacksons Gesicht bald zerfallen? Ein Schönheitschirurg aus Pretoria meint, wenn transplantierte Knochen nicht richtig zusammenwüchsen, würden sie zerbröckeln, und es müsse weiteroperiert werden

im europäischen Stil das Beste daraus zu machen. Heute stellt sich die Situation ganz anders dar. Es steht außer Frage, daß schwarz wirklich schön ist. Viele modebewußte Europäerinnen haben (nicht sehr erfolgreich) versucht, den Afro-Look nachzuahmen; auf den Straßen sieht man zusammengedrehte Haarsträhnen und andere traditionell afrikanische Stilrichtungen, vor allem Frisuren (siehe Kapitel 8), durch die das Gesicht einen plastischeren Ausdruck bekommt.

Doch es gibt einen schwarzen Superstar, der ganz offensichtlich nicht mit seiner natürlichen Hautfarbe einverstanden ist und — zumindest bisher — alle anderen weit überflügelt hat, was das riskante Geschäft mit der Veränderung des eigenen Körpers angeht: Michael Jackson. Seine schwarze Haut wurde dermaßen ausgebleicht, daß sie jetzt fast weiß ist. Nachdem er mit den Schönheitsoperationen an seinem Gesicht viel sensationelle Publicity eingeheimst hat, behauptet er heute, er habe sich lediglich eine Spalte in sein Kinn machen lassen, und die Nase sei zweimal operiert worden. Doch seine neue weiße Haut und sein verfeinerter Knochenbau sind schwerlich auf eine vegetarische Diät zurückzuführen. Da klingt das, was Michaels Freunde berichten, schon glaubwürdiger: »Wenn wir zu ihm sagten, er sähe blaß und krank aus, konnte er nicht mal Rouge auflegen, um wieder ein bißchen Farbe ins Gesicht zu bekommen.« Es kann gut sein, daß die vielen Schönheitsoperationen dazu geführt haben, daß jetzt kein Make-up mehr auf der Haut hält. Doch es gehört schon fast zu Michaels Lebensstil, »den Teufel mit dem Beelzebub auszutreiben«. Unerschrocken wie er war, sann er angeblich sofort darüber nach, wie er wieder mehr Farbe in sein Gesicht bekommen könnte. Sobald er die Lösung gefunden hatte, gab es kein Zögern mehr: Er ließ sich einfach die Wangen tätowieren, um permanent einen rosigen Schimmer auf der Haut zu haben.

LUST AUF BRÄUNE

Heutzutage ist eine ›gesunde‹ Sonnenbräune ein ›Muß‹. Obwohl inzwischen allgemein bekannt ist, daß Sonnenstrahlen Krebs erzeugen können, strömen Jahr für Jahr Abertausende von Menschen an schattenlose Strände, um sich grillen zu lassen. Fein säuberlich aufgereiht liegen sie mit verrenkten Gliedern in der prallen Sonne und nehmen glühende Hitze, rauhe Haut — die sich zumeist danach schält — und Moskitostiche in Kauf, und das alles für eine nahtlose Bräune.

Doch inzwischen arbeiten die Chemiker an der Entwicklung neuer Produkte, die Sonnenbräune verleihen sollen, ohne daß man sich dem fragwürdigen Effekt ultravioletter Strahlen aussetzen muß. Wenn sich im großen Spiel um die Schönheit ein Verfahren als gefährlich herausstellt, so steht zumeist schon das nächste auf Abruf bereit, um in die Bresche geworfen zu werden. Aus Frankreich kamen die Orobronze-Kapseln. Die Anwendung ist ganz einfach: Sie schlucken die Pille, setzen sich gemütlich hin, und nach ein paar Tagen sind Sie braun. Und um die Bräune aufrechtzuerhalten, brauchen Sie nur die Tabletten weiterhin einzunehmen.

Es können allerdings Probleme auftreten: Die aktive Substanz in Orobronze ist Canthaxanthin, das in den USA häufig auch in Fruchtsaftgetränken, Ketchups und Suppen enthalten ist. Leider kann die Einnahme von Canthaxanthin aber dazu führen, daß man in der Dämmerung schlechter sieht und das Auge sich der Dunkelheit nicht mehr so gut anpassen kann. Die Weltgesundheitsorganisation hat zwar eine Tageshöchstmenge festgelegt, und die von Orobronze empfohlene Tagesdosis beträgt weniger als ein Zehntel davon, doch Dr. George Mitchell vom Welsh College of Medicine ist da eher skeptisch: »… Wer weiß, was das über einen längeren Zeitraum für Auswirkungen hat? Vielleicht greift es die Nieren an … Wir wissen es nicht. Es wäre nicht das erste Mal, daß ein Farbstoff erst als unbedenklich deklariert und später verboten wird. Ich würde es auf keinen Fall einnehmen.«

In den USA dürfen Orobronze-Kapseln heute nicht mehr frei verkauft werden.

Doch der moderne Mann hält die Bräune als Statussymbol auch weiterhin für absolut notwendig, um in einer zunehmend wettbewerbsorientierten Welt erfolgreich auszusehen und bei den Frauen bessere Chancen zu haben. Es gibt zwei verschiedene Sorten von Bräunungsmitteln — die Instantcremes, die man vor dem Zubettgehen wieder abwäscht, und die chemischen Cremes, die erst auf der Haut ihre Wirkung entfalten. Die Werbung hat sich wissenschaftlich abgesichert und eine bestechende Logik für ihre Verkaufsstrategie entwickelt: Die Sonne ist unsere Feindin geworden. Zuviel Sonneneinstrahlung kann Krebs erzeugen. Eiligst versichern sie uns dann, daß wir natürlich trotzdem immer schön gebräunt sein müssen. Also bleibt uns nichts anderes übrig, als Bräunungscremes zu kaufen.

DIE MACHT DER FARBE

In den sechziger Jahren stellte Mary Quant fest, daß wir am liebsten mit immer weniger Aufwand immer schöner aussehen würden. Sie experimentierte mit einer Pille herum, die den Menschen eine gesunde Gesichtsfarbe verleihen sollte, doch schließlich gab sie das Projekt wieder auf. Wer weiß, vielleicht konnten solche Ideen der Kosmetikindustrie in die Quere kommen?

In den Zeiten von Charles II. stand die Farbe hoch im Kurs. Die ›perfekte‹ Frau hatte ein blendend weißes Puppengesicht mit strahlenden, gut geröteten Wangen. Auch die Männer gingen mit Kosmetika nicht gerade sparsam um: Der berühmt-berüchtigte Richter Judge Jeffreys, der mit dem Todesurteil immer rasch bei der Hand war, »schmierte sich Unmengen von Make-up ins Gesicht«. Es gab natürlich auch Männer, die von zuviel Rouge eher abgeschreckt wurden. Samuel Pepys, der den schönen Damen ganz und gar nicht abgeneigt war, gefiel es überhaupt nicht, wenn die Frauen sich allzu sehr bemalten. Andere, wie der Earl of Chesterfield, fanden es wiederum geradezu abstoßend, wenn Frauen kein Rouge auflegten. Doch die Mehrheit der feinen Damen — insbesondere am Hof — gab damals der französischen Mode den Vorzug: Die ideale ›Maquillage‹ war ausgesprochen farbenprächtig. Und, wie immer, waren die Frauen bereit, für dieses hohe Ziel alles Mögliche auszuprobieren.

Sehr beliebt zur Verschönerung der Wangenknochen war ein Kosmetikum namens *Spanish Red*. Dabei handelte es sich um ein Rouge in Puderform, das großzügig verteilt wurde.

Im darauffolgenden Jahrhundert — dem achtzehnten — ergänzten die Frauen ihr ohnehin schon grauenerregendes Arsenal um ein weiteres Gift. Eine Zeitlang war Rotblei der große Renner. Auch andere Farben, die giftige Schwermetalle enthielten, erfreuten sich großer Beliebtheit, obwohl es an eindringlichen Warnungen vor den Gefahren nicht mangelte. In *The Art Of Preserving Beauty [Die Kunst, Schönheit zu erhalten]* von 1754 erklärte Antoine Le Camus, wie man Schwefel und Quecksilber in einem marmornen Mörser zu Pulver zerstampft, welches dann: »… eine solch kräftige und rosige Farbe annimmt, daß es Zinnoberrot genannt wird. Einige Damen vermischen es mit Farbe und reiben sich dann damit die Wangen ein. Das ist allerdings sehr gefährlich, denn bei häufiger Anwendung könnten sie ihre Zähne verlieren, aus dem Mund stinken und vermehrt Speichel absondern.«

Die rosigen Wangen als Kontrast zum makellosen Weiß von Stirn, Hals und Brüsten erlebten in Großbritannien ihre Blütezeit in den 1750ern, verloren allerdings im Laufe des Jahrhunderts wieder an Beliebtheit. Genau wie im vierzehnten Jahrhundert überließen die modebewußten Damen das Rouge plötzlich den Prostituierten.

Dann waren die Männer wieder einmal an der Reihe: Als ›Makkaronis‹ stolzierten sie ungefähr fünfzig Jahre lang, auffällig und reichlich geschminkt und mit kunstvollen Frisuren, in England herum, ähnlich wie später die Punker. Auch wenn sie im Grunde als lächerlich empfunden wurden, so beeinflußten diese ›Gecken‹ die Mode doch ganz erheblich.

In Griechenland interessierten sich damals die Frauen, die ihre Wangen immer noch rosa anmalten, für ein neues, vielversprechendes Produkt. Es hieß Sulama und rötete nicht nur die Wangen, sondern verlieh der Haut zusätzlich noch einen wunderschönen, porzellanartigen Glanz. Doch die Damen liefen dabei ständig Gefahr, dieses Tricks überführt zu werden. Irgendein neugieriger oder eifersüchtiger Begleiter konnte — wenn er eine Gewürznelke zerkaute und dann der Dame ins Gesicht hauchte — die Probe aufs Exempel machen: Einmal kurz gepustet, und die Wangen der Dame wurden plötzlich gelb.

Die Französinnen röteten sich die Wangen noch, als die britischen Damen ihre Rouge-Töpfchen schon längst weggestellt hatten. 1781 verbrauchten die französischen Frauen im Laufe des Jahres zwei Millionen Töpfe Rouge. Horace Walpole schrieb: »Eine Pariserin, die es versäumte, Rouge aufzulegen, wurde automatisch für eine Engländerin gehalten.« »Oder für eine Prostituierte«, hätte er ruhig noch hinzufügen können, denn nachdem die moderne Pariserin Ende des achtzehnten Jahrhunderts ein kalkweißes Gesicht und feuerrote Wangen zur Schau stellte, versuchten die französischen Freudenmädchen sich durch ein natürliches Aussehen davon abzuheben. Das stand nun wiederum in krassem Gegensatz zur britischen Mode und wird wohl so manch reisenden Gentleman ziemlich verwirrt haben.

Das damalige Rouge wurde für gewöhnlich aus giftigen Metallverbindungen hergestellt. Einem Bericht zufolge »brachte selbst die harmloseste Sorte die Gesichtsmuskeln zum Zittern, was am Ende zur Lähmung führte«. Einige dieser Schwermetall-Präparate hatten zudem noch den Nachteil, daß sie auf Gase in der Luft reagierten. So konnten zum Beispiel die Schwefeldämpfe eines Kohlenfeuers rosa Wangen ganz schnell schwarz werden lassen.

Zu Beginn des Viktorianischen Zeitalters, wie auch schon in den Tagen der Makkaronis und in den lüsternen Zeiten unter Charles II., waren die Männer der Kosmetik durchaus nicht abgeneigt. Wer ein rötliches Gesicht hatte, puderte sich blaß. Wer sich für zu bleich hielt, legte Rouge auf. Und das schadete dem männlichen Image kein bißchen. Lord Malmesbury trug ein kunstvolles Rouge, und Disraeli verbürgte sich trotzdem für seine Maskulinität. Disraeli sagte: »Die zwei männlichsten Personen, die ich je kennengelernt habe, Palmerston und Lyndhurst, legten beide Rouge auf.«

Die viktorianischen Frauen sehnten sich noch immer nach einem weißen Teint; die ungesunde Blässe der ›Bleichsüchtigen‹ hingegen erregte allgemeines Mißfallen. Es hieß, diese nur allzu häufig auftretende Form der Anämie komme vom engen Einschnüren. Die betroffenen Frauen, die dermaßen in der ›Klemme‹ saßen, daß sie in Ohnmacht fielen und eine merkwürdig bleiche Gesichtsfarbe bekamen, versuchten heimlich, ihren grau-grünen Gesichtern einen ganz leichten, natürlich aussehenden Anstrich zu geben. Die neueste Erfindung, *Schnouda*, ein flüssiges Rouge, das aus der Chemikalie Alloxan hergestellt wurde, erfreute sich großer Beliebtheit; es war allerdings schwierig herauszufinden, wann genau es anfangen würde zu wirken und wie intensiv sich die Farbe dann auf der Haut entwickeln würde. Um gute Erfolge zu erzielen, brauchte man Fingerspitzengefühl, Zurückhaltung und viel Übung. Die Strafe — und Schmach — der ungeschickten Anfängerin war, daß ihre roten Wangen sie ganz plötzlich in arge Verlegenheit bringen konnten, wenn sie im unpassenden Augenblick zu leuchten anfingen und viel zu rot wurden. Und viele viktorianische Frauen mußten die unangenehme Erfahrung machen, daß man die Schamesröte, die einem *Schnouda* ins Gesicht trieb, nie als das züchtige Erröten junger Mädchen hinstellen konnte.

Irgendwann schließt sich dann der Modekreis wieder. Veruschka — das Mannequin der sechziger Jahre aus Antonionis Film *Blow up* — dekorierte ihr Gesicht mit Streifen und Mustern, die einem Papua-Häuptling alle Ehre gemacht hätten. Schabloniert und bemalt mit Phantasieblumen unterschiedlicher Farben gab sie mit den außergewöhnlichen Bildern auf ihrem Gesicht und ihrem Körper schon einen Vorgeschmack auf die wundersamen Erscheinungen, die dann in der Punk- und Rockmusikära der siebziger Jahre folgen sollten. Trotzdem löste die Popsängerin Toyah Willcox Anfang der achtziger Jahre mit ihrem Regenbogen im Gesicht und dem Haar, das schon an die Proportionen eines Pfauenrades heranreichte, fast einen Schock aus. Doch das psychedelische Kunstwerk auf Toyahs Gesicht, für das eine ganze Palette ungefährlicher Kosmetikprodukte des zwanzigsten Jahrhunderts verwendet wurde, hat vieles gemeinsam mit den wilden und aufsehenerregenden Experimenten, die Neros Frau Poppäa seinerzeit unternahm. Ihre Schönheit war das Ergebnis harter Arbeit: Das Gesicht bemalte sie sich mit Bleiweiß, die Wangen und die Lippen mit glänzendem, purpurrotem ›Blasentang‹ (dem tödlichen Gift, das aus Quecksilber gewonnen wird) und die Augenlider mit Antimonsulfid. Zu guter Letzt griff sie dann noch zu leuchtend blauer Farbe, um die Adern ihrer Brüste hervorzuheben, und polierte sich die Zähne mit Bimsstein.

Fast zweitausend Jahre später kamen, wie von einem anderen Planeten, die Punker mit ihren gefärbten Hahnenkämmen, bemalten Gesichtern, Lederschmuck und Ketten. Das Lexikon klärt uns auf, daß ›Punker‹ unbedeutende, arme Irre seien. Nun, in der Realität waren sie vielleicht gar nicht immer derartig unglückselige Kreaturen, doch die Botschaft der Punker drück-

Links: Im siebzehnten Jahrhundert schmierte sich Richter Jeffreys, der für seine Brutalität bekannt war, »Unmengen von Make-up ins Gesicht«

Rechts: Boy George. Bei dieser ungewohnten Explosion der Farben auf männlichen Gesichtern weiß niemand mehr so genau, welchem Geschlecht sie nun eigentlich angehören, was ja auch seine Reize hat

Bei den Punkern steht das kreidebleich geschminkte Gesicht in krassem Gegensatz zum dick
aufgetragenen Mascara

te tatsächlich Verzweiflung aus — No Future [Keine Zukunft]. Und sie hatten das Gefühl,
nicht viel dagegen unternehmen zu können, außer ihren Protest kundzutun — durch ihre Kleidung, ihr Make-up und vor allem ihr Haar.

Manche behängten ihre Gesichter mit bedrohlichen Symbolen — Rasierklingen, Ketten und
Nägeln. Das kreidebleiche Gesicht — ein häufig gewähltes Make-up — stand in krassem Gegensatz zu der dick aufgetragenen Wimperntusche und der furchteinflößenden Augenbema-
lung, wodurch die Blässe noch mehr zur Geltung kam. Auch Tätowierungen waren sehr beliebt. Auf Hälse, kahlrasierte Schädel und Wangenknochen wurden Namen und Botschaften
eingraviert. Bedrohliche Ketten rasselten vom Ohr bis zur Nase; die Haarfarben leuchteten
grell und psychedelisch. Doch der echte Punker-Stil erforderte Individualität. Schwarzes Leder kann spröde und sauber oder wie ein zerschlissener Sack aussehen — oder am besten bei-
des zugleich. Und ein solch individueller Kleidungsstil kann sich als wirksame Therapie erweisen. Das Leben ist doch so viel schöner, wenn man seinen ganz persönlichen Stil verwirklichen
kann.

Obwohl die Punker in Großbritannien schon mehr oder weniger von der Bildfläche verschwunden sind, breitet sich die Punker-Kultur immer noch weiter auf Länder wie beispiels-

weise Polen aus — vielleicht weil so manche andere unabhängige Organisation dort verboten ist. Junge Leute fühlen sich sehr zu dieser farbigen Protestform hingezogen. Polnische Punks leben nur dem Augenblick. Die Vision von einem nuklearen Holocaust in nicht allzu ferner Zukunft ist einfach zu entsetzlich. Ihr Make-up, ihre gefärbten Haare und die ritualistische Kleidung bieten ihnen einstweilen einen gewissen Schutz. Fragte man sie, was wohl passiert, wenn ein Punker in die Jahre kommt, so würden sie sicherlich die gleiche Antwort geben wie ein junger Mann aus Yorkshire: »Ich glaube nicht, daß ich lang genug lebe, um alt zu werden.«

Die heutige Sensationsgier hat einige Männer auf wilde kosmetische Exkursionen geführt. Doch das ist eigentlich nichts Neues: Heinrich III. spazierte ›geschminkt wie eine alte Kokotte‹ durch die Straßen von Paris. Und die Dandies des achtzehnten Jahrhunderts — die Makkaronis —, die riesige, kunstvoll gearbeitete Perücken trugen und ebenso viel Puder verwendeten wie ihre Frauen und Mätressen, hinterließen einen ähnlichen Eindruck wie David Bowie in den siebziger Jahren und Boy George in den achtziger Jahren. In der heutigen Popmusik sind grelle Farben und schockierende Bilder ein wesentlicher Faktor; sie sind unverzichtbar. Lieder werden nicht mehr einfach nur gesungen, sondern ›aufgeführt‹, und die Fans kaufen mehr und mehr Videos, die sie anschauen können, und immer weniger Schallplatten, auf denen lediglich die Musik zu hören ist. Bei dieser ungewohnten Explosion der Farben auf männlichen Gesichtern weiß niemand mehr so genau, welchem Geschlecht die Jugendlichen eigentlich angehören, was ja auch seine Reize hat. Die Popstars haben ganz klar erkannt, was es mit der Zwitterhaftigkeit auf sich hat: Sie rücken automatisch in den Mittelpunkt des Interesses, und wir alle beginnen, die Frage der Männlichkeit und Weiblichkeit neu zu überdenken. 1973 wagte Bowie — in der Rolle des *Aladin Sane* — einen unerhörten Schritt. Das Verwirrende daran war, daß er sein Make-up nicht nur auf die Bühne beschränkte; er trug es immer und überall und meinte es ganz ernst damit. Auf diese Weise vermittelte er uns einen Vorgeschmack auf die Pop-Androgynie. Später dann, nachdem er das Publikum für sich gewonnen hatte, konnte er es sich leisten, ein wenig konservativer, ja sogar konventionell auszusehen, blieb jedoch allem Neuen gegenüber stets aufgeschlossen. Er läßt uns weiterhin im Ungewissen. Boy George macht da weiter, wo Bowies *Aladin Sane* aufhörte — er überrascht und erfreut seine Fans mit innovativen Make-ups und Klamotten und pfeift auf die starren Trennungslinien zwischen den Geschlechtern. Ganz bewußt wird da die geheimnisvolle Faszination, die Zwitterhaftigkeit auf uns ausübt, als wirksame Waffe eingesetzt, um die Aufmerksamkeit des Publikums zu erringen.

5.

DAS GESICHT: GEWEBEVERÄNDERUNGEN

RUBBELN UND GLÄTTEN

DIE HAUT WIRD OFT ALS ›DRITTE NIERE‹ BEZEICHNET, weil auch sie eine ausscheidende Funktion hat. Tote Hautzellen schüttelt sie einfach ab und dient ganz generell als Abtransportweg für abgenutztes Gewebe, damit der Teint wieder in alter Frische erstrahlen kann. In der äußeren Schicht — der Epidermis — reproduzieren sich die Zellen, wandern an die Oberfläche, sterben ab und werden schließlich abgestoßen. Das Ganze dauert ungefähr einen Monat. Dieser Häutungsprozeß verlangsamt sich allerdings mit zunehmendem Alter, und der Teint wird dann häufig trüb und blaß. Da kann natürlich Abhilfe geschaffen werden, und es wurden drei bedeutende Therapiemethoden entwickelt, um der Haut und ihren widerspenstigen Abfällen zu Leibe zu rücken.

Bei der ersten, dem sogenannten chemischen Peeling, wird die Hautoberfläche — oft mit Hilfe starker Chemikalien wie Phenol — geschält. Die zweite Methode wurde unter dem Namen ›Dermabrasion‹ bekannt und verfolgt genau das gleiche Ziel. Wie der Name schon sagt, wird hier die lästige Epidermis einfach abgeschliffen, um nicht zu sagen abgeschmirgelt oder abgehobelt. Dazu verwendet man elektrisch betriebene Instrumente, die den Drahtbürsten unserer Haushaltsgeräte nicht unähnlich sind. Man darf damit allerdings nicht zu tief schürfen. Dringt man im Eifer des Gefechts zu weit in die darunter liegende Hautschicht ein, so kann das häßliche Narben und ungleichmäßige Hautflecken zur Folge haben — deshalb probieren es New Yorker Schönheitschirurgen jetzt mit sorgfältig programmierten Computern, bei denen man die gewünschte Zeit und Tiefe genau eingeben kann.

Wem das zu riskant erscheint, dem stehen inzwischen auch eine ganze Reihe ›Rubbelcremes‹ zur Verfügung, die sich in Verbindung mit Wasser zu sandigem Schaum entwickeln. Auch diese ›Faltenschrubber‹ oder ›Hautpolierer‹, wie sie im Volksmund genannt werden, scheuern die Haut wirkungsvoll ab; gewiß eine wesentlich sanftere Methode.

Will man die Haut lieber aufquellen lassen als abrubbeln, so gibt es noch eine weitere Methode: Unter der Epidermis liegt die wohldurchblutete, lebendige Haut mit ihrem weitverzweigten und komplizierten Faserlabyrinth, das hauptsächlich aus dem wichtigen Protein Collagen besteht. Die Haut bezieht ihre Spannkraft in erster Linie aus diesem ›Fasernetz‹. Krankheit, Vitaminmangel, Sonneneinstrahlung oder auch Erbfaktoren können die Fasern angreifen. Wird das empfindliche Netzwerk aber gestört, so verändert sich die Dermis (Lederhaut), und die Epidermis verliert an Elastizität. Sie sackt ab, bricht zusammen, bekommt Risse — und schon hat man eine Falte. Ziel der modernen Kosmetik ist es nun, die gestreßten Fasern wieder aufzubauen, indem man versucht, ihnen künstlich hergestelltes Collagen einzuverleiben.

Doch dazu braucht man einen Schönheitschirurgen und sogenannte Collagen-Implantate. Versuche, einfach nur collagenreiche Feuchtigkeitscremes in die Hautoberfläche einzumassieren, werden skeptisch beurteilt. Malcolm Greaves, Professor für Dermatologie am St. John's Hospital in London, hält die meisten Verjüngungscremes für unwirksam. Er meint, sie würden die Haut vielleicht kurzfristig mit Feuchtigkeit versorgen und somit straffer erscheinen lassen, hätten aber wenig oder gar keinen Langzeiteffekt. »Die beste und einfachste Methode, seine Haut jung zu halten, ist, Sonne und extreme Hitze oder Kälte zu meiden«, sagt er.

Aus den Werbetexten geht zumeist nicht klar hervor, daß die Moisture-Cremes den Feuchtigkeitsverlust nur einzudämmen vermögen; sie liefern keine zusätzliche Feuchtigkeit, sondern verhindern lediglich, daß die Haut ausdunstet.

Auch von anderer Seite wurde Kritik laut. Eine Zellverjüngungscreme, die in den achtziger Jahren für knapp 200 DM pro Töpfchen verkauft wurde, warb mit dem Namen eines bekannten Herzchirurgen. Von Carmel Fitzsimmons erfuhren wir dann, daß das darin enthaltene Schafsfett (Lanolin) bekanntermaßen sehr häufig Allergien auslöst.

An der Boston University School of Medicine in den USA wurde eine Anti-Falten-Creme, Retin-A, getestet — angeblich mit guter Aussicht auf Erfolg. Auch am University Hospital of Wales brachte eine Pilotstudie vielversprechende Resultate, doch die Experten sind sich darüber einig, daß es noch zu früh ist, sich über diese neue Verjüngungscreme zu freuen: Jetzt wird sie auf mögliche Nebenwirkungen getestet. Da Vitamin-A-Aknepräparate schon mit vorgeburtlichen Schädigungen in Verbindung gebracht wurden, ist die Anwendung von Retin-A für schwangere Frauen wohl kaum empfehlenswert.

Aber auch natürlichere Mittel und Wege wurden unter die Lupe genommen. Liz Tilberis, Herausgeberin der *Vogue*, glaubt ganz fest, daß es hilft, große Mengen von Wasser zu trinken. Die *Volvic*-Tafelwasser-Hersteller können sich dieser Meinung natürlich nur anschließen; ihr Wasser wird allerdings in Flaschen geliefert und ist um einiges teurer als Leitungswasser. Es handelt sich hier, wie sie sagen, um ein Mineralwasser von ungewöhnlicher Reinheit direkt aus der Auvergne, das »abwechselnd durch Schichten von feinporigem Fels und hartem Vulkangestein gefiltert wird«. Doch auch hier ist das richtige Maß entscheidend. Mit einer Wasservergiftung ist nicht zu spaßen. Kürzlich berichtete *The British Medical Journal* von dem Fall eines Mannes, der seinen schmerzenden Zahn ständig mit Wasser spülte, um sich Linderung zu verschaffen. Nach Aussage seiner Frau schluckte er »eine Badewanne voll Wasser«, woraufhin er in Ohnmacht fiel und ins Krankenhaus eingeliefert werden mußte. Die Ärzte schließen inzwischen nicht mehr aus, daß man sich mit Wasser auch umbringen kann, wenn man zuviel davon trinkt — und der Körper gibt keinerlei Warnsignal, daß es an der Zeit wäre, aufzuhören.

Die meisten Kosmetikfirmen bedauern es außerordentlich, daß so viele Leute ihr Gesicht immer noch mit Wasser und Seife waschen, und empfehlen statt dessen Reinigungslotionen und anschließend Feuchtigkeitscremes. Darüber gibt es aber auch andere Ansichten — nicht nur das sogenannte Massagestrahl-Bad, sondern auch »das computergesteuerte Weltraumzeitalter-Bad, um sich der abgestorbenen Hautzellen im Gesicht zu entledigen«, haben zeitweilig großen Anklang gefunden. 1979 verkündete eine Frauenzeitschrift ganz begeistert, die Frauen hätten »die Kraft des Wassers wiederentdeckt«, und zu unserer Beruhigung folgte noch die sensationelle Neuigkeit, daß »die Anwendung von Wasser im Gesicht völlig unschädlich sei«. Im selben Jahr brachte man in einem Londoner Schönheitssalon sogar die mächtigen Ozeane mit ins Spiel. Es wurde eine ›Seeseifen-Gesichtsbehandlung‹ mit ›Tiefseetang-Reinigungsspray‹ angeboten, und gekrönt wurde das Ganze von einer echten ›Schlick-Packung‹.

Einmal pro Jahrzehnt scheint die Kosmetikwelt die Qualitäten des Wassers neu zu entdek-ken — fast wie mit der Wünschelrute. Im April 1988 brachte das Magazin *Das Beste* einen großen Bericht über ›das Wunder des Wassers‹ und lobte, daß es ›kalorienfrei‹ und sehr trin-kenswert sei. Um den Kreislauf in Schwung zu bringen, empfahlen sie, »die Badewanne mit kaltem Wasser zu füllen, mit einem wärmenden T-Shirt bekleidet hineinzusteigen und eine Minute lang auf der Stelle zu treten. Danach sollte man ein Paar warme Socken anziehen.«

Doch diese kur-ähnlichen Zurück-zur-Natur-Bewegungen haben gegen eine starke Kon-kurrenz anzukämpfen. Schließlich stehen wir kurz vor der Jahrhundertwende und verfügen über immer raffiniertere Techniken, die uns bei der Verschönerung helfen. Biotherm hat einen Apparat herausgebracht, mit dem sich das ›biologische Alter‹ der Haut feststellen läßt, was natürlich das tatsächliche Alter in alarmierender Weise überschreiten kann. Das ›Bioskop‹ macht zuerst einen Abdruck von der Haut und zeigt dieses Bild dann unbarmherzig vergrö-ßert auf einer Leinwand. Der *Skin Imaging Computer* von Shiseido aus Japan ermöglicht ei-ne Latex-Nachbildung der Haut, die dann in vergrößerter Form auf einem Bildschirm zu se-hen ist. Lancôme stellt elektronische Sonden her, die unter die Hautoberfläche schauen kön-nen, um den Feuchtigkeitsgehalt zu ermitteln. Wieder ein anderes Gerät mißt die Spannkraft und Elastizität der Haut mit Hilfe eines Saugröhrchens. Die Resultate werden erbarmungslos an ein Sichtbildgerät übermittelt. Helena Rubinstein — die sich auch mit der Hautfeuchtig-keit beschäftigt — verwendet eine eigene elektronische Sonde zur Ermittlung des Feuchtig-keitsgehalts.

Die Sache hat allerdings einen Haken. Moderne Innenarchitekten sind ja bereits zu der Erkenntnis gekommen, daß neuzeitliche Küchen, die inzwischen die Sterilität eines NASA-La-bors erreicht haben, mit Hilfe einer simulierten Feuerstelle, Körben voller Holzscheite und einer freundlichen alten Katze wieder humaner gestaltet werden müssen. Es fehlt die menschliche Note. Der *Image Analyser* von Elizabeth Arden konnte zwar die Hautkrater mit Lichtstrahlen abtasten und dann — nachdem ihm die Kundin noch weitere Informationen gegeben hatte — ein detailliertes Diagramm des Hauttyps mit den dazugehörigen Produkt-empfehlungen ausdrucken, doch er konnte leider nicht sprechen und landete deshalb schon bald auf dem Schrotthaufen für kosmetische Apparate, wo schon viele seiner Artgenossen lagen.

Und wie steht es mit der Glaubwürdigkeit der Herstellerfirmen, wenn sie behaupten, ihre Produkte würden die Haut verbessern? Wo bleibt, falls es überhaupt einen gibt, der konkrete wissenschaftliche Beweis? Um Seriosität bemühte Kosmetikunternehmen tun ihr Bestes, um diesen Beweis zu erbringen. Die versprochenen Verschönerungseffekte werden freiwilligen Tests unterzogen. Revlon hat einen Haut-Test erarbeitet, bei dem unmittelbar vor und zehn Tage nach Anwendung eines ihrer Produkte Teststreifen auf Wangen, Stirn und Hals geklebt werden. Dann wird beurteilt, ob sichtbare Veränderungen in der Hautstruktur stattgefunden haben. Professor Ronald Marks vom University Hospital of Wales hat einen Dehnungsmes-ser entwickelt, mit dessen Hilfe man die Elastizität der Haut überprüfen kann — vor und nach der Behandlung.

Neuesten Forschungsergebnissen zufolge ist es unter Umständen tatsächlich sinnvoll, die Haut über Nacht mit Cremes zu behandeln. Eine Erklärung dafür lautet, daß die chemischen Prozesse, die für Wachstum und Reparatur der Zellen verantwortlich sind, während des Schlafens schneller abliefen und somit ›energiegeladener‹ seien. Inzwischen gibt es die verschiedensten Hi-Tech-Methoden, um jede verfügbare Information über den gegenwärtigen biologischen Zustand und die neueste Entwicklung der Haut eines bestimmten Mannes oder einer bestimmten Frau zu analysieren, zu speichern oder auf Wunsch abzurufen.

In Großbritannien hat die Advertising Standards Authority gesetzliche Vorschriften für die Werbung erlassen. Wer eindeutig behauptet, den Alterungsprozeß der Haut aufhalten zu können, muß auch in der Lage sein, zu beweisen, daß sein Produkt tatsächlich so wirkt.

Alle Kosmetika, die für sich in Anspruch nehmen, tiefgreifende Veränderungen zu bewirken, sind — per definitionem — keine Kosmetika mehr. Sie gelten bereits als Medikamente und unterliegen dem britischen Arzneimittelgesetz von 1968. Haben die Anti-Falten-Cremes die Grenze zwischen Kosmetik und Medikamenten überschritten?

Kürzlich hat das DHSS (Department of Health and Social Security, eine Art Gesundheitsbehörde, A.d.Ü.) neun Firmen angewiesen, zu testen, ob gewisse Cremes bei Tieren zu Hautkrebs führen können.

Die FDA in Amerika (Food and Drug Administration, entspricht etwa unserem Bundesgesundheitsamt, A.d.Red.) ist noch einen Schritt weiter gegangen. Zweiundzwanzig Firmen wurden gewarnt: Wenn sie weiterhin behaupteten, ihre Cremes könnten den Alterungsprozeß der Haut aufhalten, dann müßten sie dies auch wissenschaftlich belegen können und gleichzeitig nachweisen, daß die Cremes gesundheitlich unbedenklich seien. Andernfalls müßten sie die Behauptung fallen lassen, daß ihre Produkte die Haut verjüngen oder irgendwelche grundlegenden Veränderungen herbeiführen könnten. Nach einjährigem Gerangel wurden die Bezeichnungen ›Anti-Falten‹ und ›Anti-Aging‹ verboten; statt dessen heißt es in der Werbung jetzt »glättet die Falten« und »verbessert die Hautoberfläche«.

Und der Mediziner Prof. Greaves macht uns auf ein weiteres Problem aufmerksam. Wenn diese Cremes tatsächlich die Zellerneuerung und Zellteilung stimulieren, wie es die Werbung behauptet, welchen Langzeiteffekt werden sie dann haben — insbesondere bei Haut, die ohnehin schon durch zu starke Sonneneinstrahlung geschädigt ist?

DER GEPFLEGTE MANN

Vor fünfzig Jahren gehörte es zu den täglichen Pflichten eines Mannes, sein Gesicht einzuschäumen, sein Rasiermesser abzuziehen und die Bartstoppeln zu entfernen. Das war aber auch schon alles, was er seinem Gesicht an Pflege zukommen ließ. Ausnahmsweise erlaubte er dem Barbier vielleicht einmal, einen Hauch Eau de Cologne aufzutragen. Bei besonderen Gelegenheiten opferte er eventuell zwei Minuten, um sich mit irgendeinem geschenkten After Shave einzureiben, oder wagte gar einen Versuch mit dem Roll-on-Deodorant seiner Frau. Aber damit war seine Phantasie dann auch erschöpft. Der Geschäftsmann war da etwas großzügiger und unterzog sich von Zeit zu Zeit einer kosmetischen Behandlung, um Hautunreinheiten zu beseitigen. Diese Prozedur mit einem Handtuch und heißem Dampf dauerte in etwa dreißig Minuten und spielte sich oft im tiefsten Inneren eines der teureren Hotels der Stadt ab. Aber die Herren taten es — wie sie sagten —, um sich zu entspannen und bei dieser Gelegenheit Kollegen zu treffen und ein wenig zu plaudern — mit Schönheit habe das nichts zu tun. Es war allgemein bekannt, daß nur Schauspieler, Homosexuelle und diejenigen, die von Amts wegen her in der Öffentlichkeit auftreten mußten, Make-up auflegten oder auch nur im Traum daran dachten, sich zeitraubenden Ritualen zur Verbesserung ihres Teints hinzugeben.

Heutzutage gibt es viele Männer, die ebenso wie die Frauen bereit sind, der Verjüngung ihres Gesichts enorm viel Zeit zu widmen. Die Vorurteile gegenüber Rouge und Lippenstift sind zwar immer noch nicht ganz verschwunden, doch schickt es sich für den modernen Mann durchaus schon, seinen Teint zu parfümieren, einzucremen und zu tönen.

Diese Veränderungen kamen Schritt für Schritt: 1923 war der passende und traditionelle Toiletten-Geschenkartikel für den Mann das Herren-Set *Gentleman's Casket*, ein schlichtes Kästchen mit einer sterilen Bürste, einem Rasierstift, fester Haarpomade und einem Riegel durchsichtiger Seife. Es wurde von Pears hergestellt. Zwanzig Jahre später, während des Krieges, hatten sich amerikanische Soldaten so sehr daran gewöhnt, Geschenkpakete mit verlockenderen Toilettenartikeln zu erhalten, daß ihnen der schlichte Gesichtspuder (den sie lieber Talkumpuder nannten) und die Gesichtscreme (die sie Massagecreme nannten) schon bald zu langweilig wurden. Diese Einstellung griff um sich. 1964 interessierten sich sogar Eskimos, die normalerweise nur zweimal pro Jahr ihre Bärte mit Zangen ausrissen, für etwas raffiniertere Methoden. Die Kosmetikfirmen triumphierten. »Das Make-up für Männer ist da«, verkündete Paul D. Blackman von Fabergé. Jedoch: »Nennen Sie es bloß nicht Make-up!« Folglich verschwanden der *Gentlemen's Casket* und seinesgleichen still und heimlich in der Versenkung, und an ihre Stelle traten kraftvolle, virile, männliche Produkte, die sich *Waterloo*, *Tycoon*, *Gravel* oder *Brut* nannten. Und wer könnte sie besser anpreisen als ein ehemaliger Boxer? (Doch wer hätte damals gedacht, daß Fabergé 1987 von der *Brut*-Serie 12 Millionen Stück verkaufen würde?)

Jetzt wandte sich die Aufmerksamkeit anderen Körperteilen zu. Männer mit einem geheimen Faible für Make-up wurden ermutigt, ihr stilles Kämmerlein zu verlassen. Die Führungskräfte der Madison Avenue ließen sich bereits die Haare wellen und die Augenbrauen tönen.

Und damit war der ›Neue Mann‹ geboren — modisch gekleidet, glatte Haut, schlank, dezent geschminkt, das Haar im Friseursalon gestylt. Und er war sicherlich nicht abgeneigt, seinem Gesicht noch mehr Pflege angedeihen zu lassen. Er wagte sogar den Schritt in Schönheitssalons, die bis dahin ausschließlich den Frauen vorbehalten gewesen waren. Und zu guter Letzt fand er auch den Weg in jene hochmodernen Hi-Tech-Kliniken, wo die Wissenschaft ihre Seele an die Schönheit verkauft hat. Hier fühlt er sich heute schon ungemein zu Hause. Denn das Geschäft mit der Schönheit hat sich ein neues Image zugelegt. Es wird mehr und mehr vom Computer beherrscht und strotzt nur so vor scheinwissenschaftlichem Jargon und Apparaten. Viele Rituale und Vorschläge kommen heutzutage so geschickt unter einem wissenschaftlichen Deckmäntelchen daher, daß auch der Zauderer seine Schwellenangst beim Eintritt in die Welt der Schönheit leicht überwinden kann. Die Gesichtspflege erscheint — natürlich begleitet von vielen Laborausdrücken — irgendwie akzeptabler, nicht mehr so ›weibisch‹ und beschämend. In Kürze werden die Herren der Schöpfung auch die restlichen Hemmungen noch über Bord werfen und Computerausdrucke zur Hautpflege mit der gleichen Begeisterung lesen wie Auto-Handbücher und Bohrmaschinen-Kataloge.

Es dauerte nicht lange, bis dieser Trend kommerziell gefördert und ausgeschlachtet wurde. Schönheitsmagazine für Frauen enthielten plötzlich auch Beilagen für Männer. Die Kosmetikfirmen halten Produkte zur Schönheitspflege bereit, die zu ›ihm‹ genauso gut passen wie zu ›ihr‹. Auch für den Mann, der immer noch zögert, den Schritt in die Moderne zu tun, ist gesorgt. In der Werbung macht man sich humorvoll über ihn lustig, indem man ihm die alten männlichen Klischees anhängt. In den Zeitschriften kommen die Machos direkt von einer Bohrinsel oder gar einem Schlachtfeld daherspaziert und tragen dabei die Kosmetikprodukte, für die sie werben, auf ihren Schutzhelmen. In einem dezenten, schwarzen Büchlein vertraut *Aramis* den Männern das Geheimnis an: »Warum Ihr Gesicht gestreßt aussieht«. Harte Tage und lange Nächte fordern ihren Tribut, behaupten sie, »ebenso wie Umwelteinflüsse, geschlossene Arbeitsräume, Mangel an frischer Luft, Lärm und Flugreisen«. Deshalb haben sie mit Hilfe der ›Biotechnik‹ für ihre *Aramis Labor-Serie* Produkte zum Schutz der Haut entwickelt, z.B. *Razor Burn Relief* — »eine äußerst wirksame Lotion gegen Hautirritationen, die von der Rasur verursacht werden«. Ihre Produkte für Männer werden nicht als Schönheitspflegemittel vermarktet, sondern als Überlebenshilfen, mit denen sich wetter- oder bürogeschädigte Haut, Streß und Übermüdung bekämpfen lassen.

Guérlain hat jetzt ein Gesichtspuder für Männer auf den Markt gebracht. Es nennt sich *Terracotta* und ist in zwei Schattierungen zu haben, wahlweise auch mit einem zusätzlichen Applikator, der einem Rasierpinsel verdächtig ähnlich sieht. Der Pinsel kostet fast genauso viel wie das Puder. Die britische Firma Land and Burr vertreibt jetzt *Odalisk*-Parfüm für Männer in einer Zinnflasche. Die guten Ratschläge gehen nie aus; nie mangelt es an Erfindergeist oder neuen Ideen in diesem ewig wachstumsträchtigen Geschäft mit der Schönheit, das einmal so treffend als ›die Industrie ohne Rezession‹ bezeichnet wurde.

Schauspielerin Sarah Miles, eine Anhängerin der Urintherapie — Recycling in höchster Vollendung

URIN — DER GIPFEL DES RECYCLING

Dem Urin werden schon lange verschönernde Eigenschaften nachgesagt. Chinesische Damen haben jahrhundertelang besonders gern den Urin junger Männer getrunken. Heutzutage erklären begeisterte Anhänger in der westlichen Welt, daß die darin enthaltenen wertvollen Mineralien und Salze viele Krankheiten und Leiden kurieren könnten. Bei äußerlicher Anwendung können Urinpackungen ihres Erachtens Hautkrankheiten, Verbrennungen oder Wunden heilen und Sonnenbrand lindern. Im Krieg hatte sich herausgestellt, daß Urin, *in extremis*, als Erste Hilfe durchaus brauchbar war.

Dieser vielseitig verwendbare Ausscheidungsstoff ist, was vielleicht überraschen mag, völlig steril. [Es sei denn, die Person, von der er stammt, hat eine Harnwegsinfektion, A. d. Red.] Und er ist auf alle Fälle wesentlich vornehmer als die deftigen Gesichtspackungen aus Krokodilkot, die sich die alten Ägypter so gern ins Gesicht schmierten. Auch wenn er es an Annehmlichkeit nicht mit den Milchbädern aufnehmen kann, von denen Cleopatra so begeistert war, so bietet er doch viele praktische Vorteile. Er ist billig! Und er steht jederzeit zur Verfügung. Wenn er von einem gesunden Spender stammt, dürfte auch der Geruch nicht allzu unangenehm sein. Was den Geschmack anbetrifft, so behaupten überzeugte Anhänger(innen), er schmecke lediglich nach dem, was die betreffende Person kurz vorher gegessen oder getrunken habe. Einen Nachteil gibt es allerdings doch: Er tendiert dazu, sich ziemlich schnell zu zersetzen, weshalb die meisten Urin-Fans empfehlen, ihn zu verwenden, bevor er sich in ›Jahrgangselixier‹ verwandelt.

In Großbritannien trifft diese Art der Urintherapie in Medizinerkreisen nicht auf uneingeschränkte Zustimmung. In Hertfordshire gibt es jedoch ein gut laufendes Behandlungszentrum, das Urin verwendet — geleitet wird es von einem Osteopathen aus Kanada.

In Kalifornien erfreut sich der Urinkult größerer Beliebtheit. Die Schauspielerin Sarah Miles ist eine der überzeugten Anhängerinnen und Anwenderinnen. Sie schwört auf Urin, seit sie eine Therapieklinik in Los Angeles besucht hat, in der die Therapeuten ihr den eigenen Urin wieder in den Körper injizierten. Sarah meint dazu: »Es waren sehr teure Injektionen, wenn man bedenkt, daß das Zeug nichts kostet.« Noch dazu war es ihr eigener Urin.

Doch sie läßt sich in ihrem Glauben nicht beirren. Und sie braucht auch keine teuren Spritzen mehr. Statt dessen trinkt sie ganz einfach jeden Tag ihren eigenen Urin und findet, daß er nicht ›allzu furchtbar‹ schmeckt, obwohl sie zugibt, daß sie sich ihre tägliche Dosis lieber zusammen mit Apfelsaft verabreicht. »Aber ich trinke ihn nicht nur«, fügt sie hinzu. »Ich reibe auch mein Gesicht damit ein und benutze ihn zum Heilen von Schnitten und Wunden.«

Und viele andere teilen ihre Begeisterung. Auch im Osten wird Urin oft verwendet. Die öffentliche Erklärung des indischen Premierministers Desai, daß er aus gesundheitlichen Gründen regelmäßig seinen Urin trinke, löste eine lebhafte Diskussion in den indischen Zeitungen aus, wobei die meisten Leser ihre Zustimmung ausdrückten. Doch nicht alle Inder sind der Meinung, daß Urin heilsam sei. Im *Indian Express* vom Dezember 1978 erklärte Dr. Abraham Paul, es sei sinnlos, diese Flüssigkeit zu trinken, da die im Urin enthaltenen Hormone von den Verdauungssäften zerstört würden. Er räumte allerdings ein, daß die traditionellen Ayurveda-Ärzte mit der äußerlichen Anwendung von Urin Heilerfolge erzielt hätten: Sie setzten ihn zur Behandlung von Ekzemen und anderen Hautkrankheiten ein. Und vor noch gar nicht allzu langer Zeit benutzte man als altes Hausmittel gegen Sonnenbrand feuchte Babywindeln, die man sich auf die brennenden Wangen drückte.

Doch die meisten von uns haben eine natürliche Abscheu davor, eine Flüssigkeit zu trinken, die letztendlich ja doch ein Exkret ist. Warum hätte es die Natur denn sonst so eingerichtet, daß unser Körper sich dieses Stoffes entledigen kann? Es erscheint pervers, ihn dann wieder zu sich zu nehmen. Die angeblichen Vorteile müssen sorgsam gegen eventuell mögliche Schäden abgewogen werden.

Die Japaner haben noch genauer erforscht, ob man sich den Urin nicht zunutze machen könnte, stießen dabei allerdings auf praktische Probleme. In der *Japan Times* hieß es 1965, man habe mit einem neuen Medikament auf Urinbasis Erfolge bei der Auflösung von Blutgerinnseln erzielt. Sie habe allerdings den Nachteil, daß immerhin die Menge von 50 Litern keimfreien Urins nötig sei, um eine einzige heilsame Injektion zu produzieren: Der kommerziellen Nutzung stellten sich entmutigende Produktionsprobleme in den Weg.

Vor dreihundert Jahren, als es noch nicht so einfach war, sich der ständig fließenden menschlichen Exkrete so rasch zu entledigen, wurde Urin in großen Mengen gehortet, und Rezepte, wie man sich damit verschönern könne, gab es natürlich gleich dazu. Ein Buch aus dem siebzehnten Jahrhundert, *Artificiall Embellishments of Arts Best Directions,* sprudelte förmlich über vor Ideen. Eines der Rezepte empfahl »den Damen, die ihre juckende oder schorfige Haut wieder in alter Schönheit erstrahlen lassen wollen, soviel Männerurin zu sammeln, daß die Betroffene knietief darin stehen kann; man füge Holzkohle oder Eichenpulver und schwarze Nieswurz hinzu ...«. Es hieß, diese Methode habe nach fünfzehn morgendlichen Anwendungen oder bei Bedarf auch länger eine höchst heilsame Wirkung auf sämtliche Teile des Körpers. Es sei ein Allheilmittel für jede Art von Hautproblemen, »ob Flechte, Lepra, Juckreiz oder Krätze«.

TAUBENBLUT UND VITRIOL

Artificiall Embellishments of Arts Best Directions war der Bestseller des Jahres 1665 unter den Schönheitsbüchern. Es enthielt zahlreiche aufregende Ratschläge und lobte den Urin in höchsten Tönen. Der Autor, J. Jeamson, war mit dem Talent gesegnet, Unschönes, Unerfreuliches und total Absonderliches in solch schwärmerische und mitreißende Worte zu kleiden, daß wohl selbst die Damen, die sich ansonsten in scheuer Zurückhaltung übten und für Experimente absolut nichts übrig hatten, die Waffen strecken mußten. Er beschwor seine Leserinnen, »die Arzneimittel, die Ihnen in diesem Kapitel empfohlen werden, als Raritäten zu betrachten; sie ebnen die Hügel und Täler ungleichmäßiger Gesichter und verleihen Ihnen eine solch glatte Haut, daß der kleine Cupido — trotz seiner Blindheit — dort herumtollen kann, ohne auch nur ein einziges Mal zu stolpern«.

Bei Pickeln empfahl er eine Salbe aus »pulverisiertem Taubenkot, Leinkraut und französischer Gerste, eingeweicht in starkem Essig«. Bei Rötungen und entzündeten Pusteln riet er allerdings dringend dazu, »Blut abzulassen ... vor allem aus der mittleren Ellenbeugenvene in beiden Armen, wobei zwischendurch ein paar Tage pausiert werden sollte: dann kommt die Stirnvene an die Reihe und danach der Hals«. Darüber hinaus »setze man sich Blutegel auf Wangen und Kinn, um das Blut, das sich unter der Haut angesammelt hat, absaugen zu lassen«. Oder eine andere Möglichkeit: »Die Dame verstreiche das warme Blut einer Taube, eines Hühnchens oder eines Kapauns auf ihrem Gesicht. Sie achte darauf, daß es frisch ist und unter den Flügeln abgezapft wurde. Dann lasse sie das Blut die ganze Nacht über einwirken; am Morgen wasche sie es mit warmem Wasser, Seifenabsud, Hafermehl oder ähnlichem wieder ab, oder sie nehme frisches Fleisch aus einem Rinder-, Kalbs- oder Schafsnakken, schneide zwei oder drei dünne Scheiben ab und lege sie auf die geröteten Stellen; häufig wechseln, sonst fangen sie an zu stinken.«

Ein Jahrhundert nach Mr. Jeamson waren wieder einmal flüssige Schönheitsmittel bei den Damen im Gespräch. 1775 erregte eine sensationelle Gesichtslotion, die sich über zwanzig Jahre lang großer Beliebtheit erfreuen sollte, enormes Aufsehen: »Man nehme 5 Quart Brandy«, begann das Rezept. »Dann füge man Weihrauch, Gummiarabikum, Mastix, Benzoe, Gewürznelken, Muskatnuß, Pinienkerne, süße Mandeln und Moschus, alles in zerstampfter oder destillierter Form, hinzu«, und schon hatte man ein vielseitig verwendbares Produkt geschaffen, das unter dem Namen *Imperial Water* bekannt wurde und angeblich »Falten verschwinden läßt und die Haut extrem zart macht; es macht auch die Zähne wieder weiß und lindert Zahnschmerzen, versüßt den Atem und stärkt das Zahnfleisch. Ausländische Damen sind begeistert.«

Die Herzogin von Newcastle hatte eine etwas radikalere ›Kur‹ anzubieten, bei der die Haut regelrecht abgezogen wurde: Es war doch viel besser, die darunter liegende frische und neue Hautschicht an die Oberfläche zu befördern. Dazu mußte allerdings erst einmal die unliebsame alte Haut mit Vitriolöl (konzentrierte Schwefelsäure — wesentlich stärker als Akkumulatorensäure) entfernt werden.

Wild entschlossene Frauen des achtzehnten Jahrhunderts schreckten auch vor dieser Art der Häutung kaum zurück. Lady Mary Wortley Montagu »behandelte ihr Gesicht mit 60% Salzsäure«. Eine ganze Woche lang litt sie an Verätzungen, doch dann war es ihr ganzer Stolz, daß ihre Freunde meinten, ihr Teint sehe jetzt so »außerordentlich vornehm« aus, obwohl »ein Typhusanfall weniger gefährlich und viel wirkungsvoller gewesen wäre, um dieses Ziel zu erreichen«.

Lady Mary, seinerzeit berühmt als Reisevogel und Trendsetterin, war eine recht energische und experimentierfreudige Person. Schon einmal hatte ihr ein anderes Kosmetikum namens *Balm of Mecca* beträchtlichen Schaden zugefügt — bei britischen Damen bestand eine rege Nachfrage nach diesem Produkt, denn aus dem Ausland waren ihnen wunderbare Dinge über dessen verschönernde Eigenschaften zu Ohren gekommen. Sie hatte es auf ihren Reisen durch die Türkei ausprobiert, war aber so schockiert von den verheerenden Folgen, daß sie eine Warnung an die Damen daheim verfaßte: »Am nächsten Morgen ... war mein Gesicht so geschwollen, daß es schon ungewöhnliche Ausmaße annahm. Dieser bedauernswerte Zustand hielt drei Tage an, und Sie können mir glauben, daß ich mich währenddessen sehr krank fühlte.«

1911 wurde in den Vereinigten Staaten ein giftiges Kosmetikum namens *Klintho Cream*, das Quecksilber enthielt, von der Regierung verboten. Doch einfallsreich, wie sie waren, ließen die Hersteller einfach das ›absolut unschädlich‹ vom Etikett verschwinden, und schon war das Produkt wieder auf dem Markt. Noch schlimmer wurde es, als ein Arzt einem der Opfer Kaliumjodid zur Behandlung seines ernstlich entzündeten Gesichts verschrieb. Dies reagierte auf das Quecksilber in der Creme, und das Gesicht der Unglückseligen erstrahlte in einem leuchtenden Zinnoberrot. Ein zweiter Arzt, den man in der Not herbeigerufen hatte, verschrieb Schwefelsalbe. Als diese mit dem Quecksilber in Berührung kam, verfärbte sich das Gesicht schwarz.

Ungefähr zur gleichen Zeit waren in Großbritannien Elektrobehandlungen der letzte

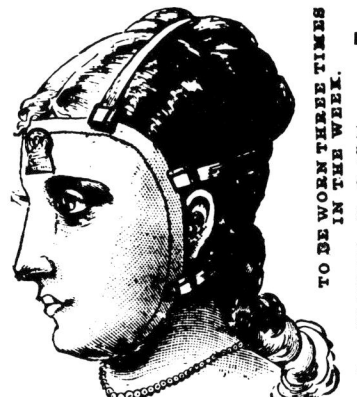
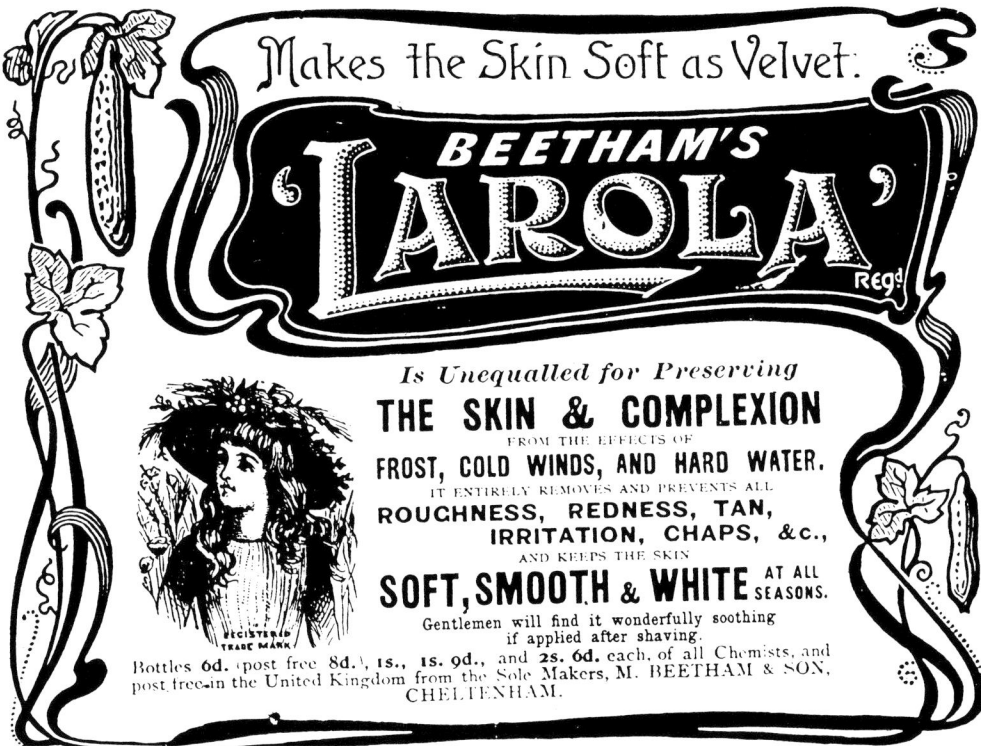

Schrei. 1909 wurde die *Davis Electric Medical Battery* als größte Erfindung des Jahrhunderts gefeiert. Es hieß, sie »zerstöre die Altersmikroben« und lasse das Blut »hüpfend, springend und prickelnd« durch die Adern fließen. Auf den Werbeplakaten lächelte eine strahlende junge Frau aus einer Steckdose heraus.

Zu einer noch schrecklicheren Verzweiflungstat ließ sich die Mutter der Countess of Thanet hinreißen: Diese Dame des achtzehnten Jahrhunderts glaubte offensichtlich ganz fest daran, daß der Beischlaf das größte Stimulans für die Schönheit sei. Die resolute alte Dame war wild entschlossen, den therapeutischen Effekt eines erfüllten Liebeslebens voll und ganz auszuschöpfen. Als die Kräfte ihres Ehemanns schließlich zur Neige gingen — wenn wir dem Bericht des englischen Pfarrers Glauben schenken dürfen —, machte sie einen jungen Mann ausfindig, den sie kurzerhand umbrachte, nachdem er seine Talente unter Beweis gestellt hatte. Dann verfütterte sie die destillierten Überreste dieses einst so virilen jungen Mannes an ihren alternden Gatten, um so seine erlahmten Lenden wieder in Schwung zu bringen. Der Pfarrer ließ sich jedoch offenbar nicht darüber aus, welche Wirkung das zeitigte.

Während des gottesfürchtigen Viktorianischen Zeitalters war man, wie auch später zeitweise im zwanzigsten Jahrhundert, fasziniert vom Wasser. Eine Fünfzigjährige, von der es hieß, sie habe eine Haut wie ein junges Mädchen, sagte, ihr ganzes Geheimnis sei ..., daß sie sich immer mit heißem Wasser wasche. Doch eine ihrer Freundinnen, die gleichermaßen gesegnet war, nahm ihr den Wind aus den Segeln, indem sie behauptete, eine bessere Methode zu kennen — sie wusch sich ›nach russischer Art‹ zuerst mit heißem Wasser, hinterher aber auch noch mit kaltem. Eine andere meinte, sie persönlich bevorzuge es, sich morgens mit heißem und abends mit kaltem Wasser zu waschen. Eine für die damalige Zeit ziemlich gewagte Zeitschrift des neunzehnten Jahrhunderts stellte sie allesamt in den Schatten und empfahl: »Waschen Sie sich mit Wein!« Aber der richtige mußte es sein. Blonde sollten immer einen guten Rheinwein verwenden, Brünette hingegen einen Medoc. Der Teint ließe sich nämlich nicht so einfach abspeisen. Wieder anderswo wurden den Damen, die ihr Wasser in ›eindringlicherer‹ Form bevorzugten, mit Hilfe von riesigen Kesseln, Frotteetüchern und ausgeklügelten Rohrkonstruktionen ein Dampfbad bereitet.

Alles in allem waren die Ansichten der Countess of Thanet, die an die Liebe als wirksamstes Schönheitsmittel glaubte, vielleicht gar nicht so abwegig. Filmstar Ursula Andress kann der Countess nur beipflichten. »Die Liebe ist das größte Stimulans für die Schönheit«, sagt sie. Joan Collins ist derselben Meinung: »Sex ist eines der billigsten Schönheitsmittel.« Sie sieht nicht ein, daß gutes Aussehen das Wichtigste im Leben einer Frau sein soll. Aus diesem Grunde ist sie auch gegen Schönheitsoperationen und sagt, sie habe selbst keine einzige an sich vornehmen lassen. Sie ist jetzt Mitte fünfzig und trainiert jeden Tag in ihrem privaten Gymnastikraum eine Viertelstunde lang mit Gewichten; außerdem macht sie täglich 50 Kniebeugen und 25 Liegestütze. Talitha Getty ist da vorsichtiger: »Wenn du einen guten Mann hast, brauchst du keine Schönheitskuren ... zumindest am Anfang nicht!« Man kann mit ziemlicher Sicherheit behaupten, daß Sex tatsächlich gut für die Schönheit ist. Das Hormonsystem des Menschen, das durch sexuelle Betätigung stimuliert wird, dürfte auch das Erscheinungsbild der Haut positiv beeinflussen. Die Produktion der weiblichen Sexualhormone nimmt

Gegenüber oben: Ursula Andress: »Die Liebe ist das größte Stimulans für die Schönheit.«

Gegenüber unten: Für so manches afrikanische Mädchen begann das Hauteinritzen in der Pubertät und wurde dann alle paar Jahre wiederholt und vervollkommnet

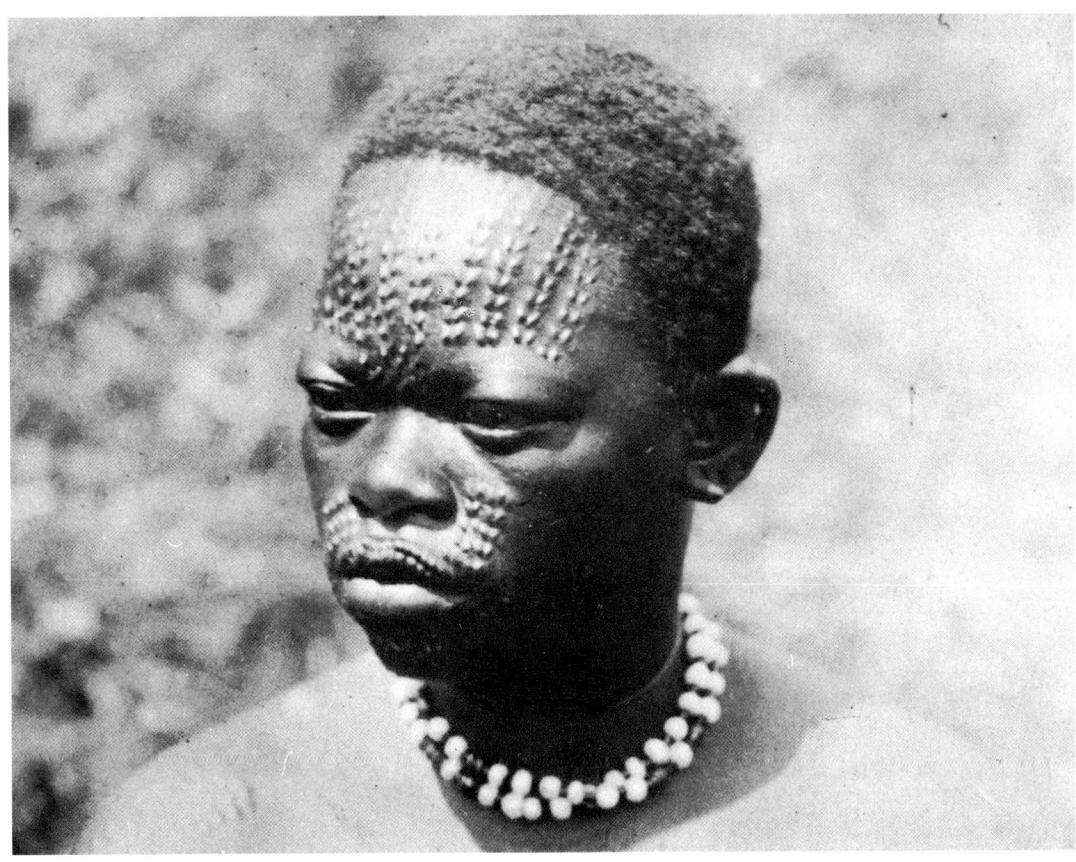

zwar nach fünfzig langsam ab, doch es gibt ja immer noch die Möglichkeit, selbige durch eine Hormonbehandlung künstlich zu ersetzen. Dabei sind allerdings die beträchtlichen Vorteile gegen eventuelle krebsfördernde Nebenwirkungen abzuwiegen.

SCHNITTE UND NARBEN

Während in der westlichen Welt viele Generationen Zeit und Geld investiert haben, um ihre Gesichter zu glätten, haben andere Kulturen sich exotische Muster in die ihren geschnitzt. Die Hautoberfläche im Gesicht und auch am Körper einzuritzen, um Narben zu erzeugen, erfreute sich vor allem bei dunkelhäutigen Völkern schon immer großer Beliebtheit. Auch für eine andere Farbe ist dabei gleich gesorgt, denn die Narben bieten den Vorteil, daß sie das darunter liegende helle Fleisch zum Vorschein bringen.

Doch das ursprüngliche Motiv für diesen Brauch, die Haut zu ritzen, ist keinesfalls das Einbringen von Farbe als ästhetische Neuerung: Die Narben sollen in erster Linie Auskunft darüber geben, wer oder was man ist. Diese hochkomplizierten Muster erlauben es, ein Individuum mit absoluter Sicherheit einer speziellen Gruppe zuzuordnen. Auch der soziale Status kann in die Haut eingeritzt werden: So läßt sich beispielsweise Königswürde leicht erkennen. Auch an wichtige Ereignisse kann erinnert werden, indem man entsprechende Zeichen in die Haut von Gesicht und Körper ritzt.

Doch die Narben sollen vor allem deutlich machen, daß die betreffende Person wichtige Initiationsriten erfolgreich hinter sich gebracht hat. In Westafrika wurde den Jungen oft bei Erreichen der Pubertät zum erstenmal das Gesicht geritzt. Dann wurden zusätzliche Verzierungen notwendig, da sich ihre Persönlichkeit mit zunehmender Reife ja zwangsläufig änderte. Dafür gab es dann neue Kratzer oder auch ein nochmaliges Einritzen alter Narben, was natürlich entsetzlich weh tat. Das Gewebe schwoll immer mehr an und bot so das physische Spiegelbild für die psychologische Entwicklung des Jungen. Ähnlich verhielt es sich mit den Nuba-Mädchen im südlichen Sudan, wo die Narben den jeweiligen Stand der physiologischen Entwicklung anzeigen sollten: Das Hauteinritzen begann in der Pubertät und wurde dann alle paar Jahre wiederholt und vervollkommnet.

Sehr häufig entstellten die Menschen sich das Gesicht freiwillig, um ihren Kummer oder ihre Trauer kundzutun. Als deutlich sichtbares Zeichen ihres Schmerzes kratzten sich im alten Griechenland und in Rom die Frauen mit den Fingernägeln ihre Wangen blutig — bis es per Gesetz verboten wurde. Manchmal hatten die Hauteinritzungen auch religiöse Hintergründe; sie sollten zeigen, daß jetzt die richtige Beziehung zu Göttern und Geistern hergestellt sei.

Doch was auch immer das Motiv sein mag, auf jeden Fall ist das Einritzen der Haut und des darunterliegenden Fleisches eine höchst schmerzvolle Angelegenheit, insbesondere wenn das ›Operationsbesteck‹ primitiv ist. In Neuguinea wird auch heute noch ein gebogener Dorn verwendet, mit dem man zuerst einmal die Haut anhebt, bevor man mit einer Rasierklinge hineinschneidet; je mehr man die Haut vor dem Schneiden in die Höhe ziehen kann, desto beeindruckender sieht später die Narbe aus. Der Stamm der Abipone in Südamerika benutzte ebenfalls scharfe Dorne und eine Mischung aus Blut und Asche, um möglichst hohe Hautwülste zu erzielen — ein besonderes Kennzeichen ihrer Sippe. Und dann vergrößerten sie diese Wülste noch, indem sie immer tiefer hineinschnitten und Pfropfen in die Ritze stopften, damit das Fleisch sich noch mehr aufrichtete.

Solcherlei Verstümmelung kommt in der westlichen Welt nur selten vor, ist aber dennoch nicht gänzlich unbekannt. Einst genossen Narben, die von Tapferkeit im Duell zeugten, hohes Ansehen in Europa, vor allem in Deutschland. Die Studenten schätzten solche Trophäen und gossen sich Wein in ihre Wunden, um die Heilung hinauszuzögern und so die Wirkung zu verstärken.

Lord Arlington, dem Kammerherrn von Charles II., gefielen zerfurchte Männergesichter besonders gut: »Narben im Gesicht«, sagte er, »verleihen einem Mann ein wildes und kriegerisches Aussehen, das ihn sehr vorteilhaft erscheinen läßt.«

Afghanische Reiter vertreiben sich auch heute noch die Zeit mit dem Buzkashi-Spiel; die Narben, die die Kämpfenden sich dabei mit teuflischen Peitschen zufügen, halten sie dann ihr Lebtag in großen Ehren. In Südvenezuela vergnügen sich die Yanomamo-Indianer an Festtagen mit einer Abwandlung des schottischen Baumstammwerfens — nur daß sie dem Gegner ihre knapp zwei Meter langen Geschosse an den Kopf schleudern. Danach halten die Männer die Oberfläche ihres Kopfes immer säuberlich geschoren, damit alle Welt ihre imposanten Narben bestaunen kann.

Die britischen Punker und Punkerinnen der siebziger Jahre durchbohrten sich Wangen, Nasen und Ohren mit Sicherheitsnadeln, um so ihre antiautoritäre Botschaft zu verkünden. Diese schmerzvolle Aufspießerei nahm erst ein Ende, als die imitierten Sicherheitsnadeln auf den Markt kamen. In erster Linie wollten sie ja die Leute schockieren, und da sahen die in der Nähe der Ohren herumbaumelnden Nadelimitate und funkelnden Rasierklingen schon bedrohlich genug aus.

Natürlich spielt auch Sex eine nicht unerhebliche Rolle bei dieser Art der Gesichtsbehandlung. Jede Tiv-Frau in Nigeria weiß, daß ihr Gesicht kunstvoll eingeritzt, geölt und mit Henna eingerieben werden muß, wenn sie als Schönheit gelten will. Um diesen Effekt noch zu verstärken, gönnt sie sich oft noch eine Art vorübergehender Tätowierung. Sie sticht sich mit dem Zweig eines bestimmten Baumes in die Haut, um weiße Flecken zu erzeugen, die wie ausgebleichte Sommersprossen aussehen. Dabei wird ein festgelegtes Muster erzeugt, das sich höchst wirksam von ihrer schwarzen Haut abhebt.

Eigenartigerweise verändern die Tiv ihre Muster immer wieder ein wenig im Abstand von ungefähr zehn Jahren, doch damit soll eher deutlich gemacht werden, welcher Generation ein Individuum angehört, als daß man einer Mode frönen wollte. In den Augen der Tiv-Frauen gilt das jedoch auch als zusätzliche Attraktion, denn sie geben eindeutig den jungen, hübschen Männern mit neuartig dekorierten Körpern den Vorzug. Für die Männer bedeutet dies leider, daß sie für die schöneren Muster normalerweise auch größere Schmerzen in Kauf nehmen müssen; doch sie meinen, daß man darauf mit Recht stolz sein könne.

»Natürlich tut es weh«, sagte einer der Männer, als er von dem amerikanischen Anthropologen Paul Bohannan befragt wurde. »Doch welches Mädchen würde schon einen Mann anschauen, den seine Narben keine Schmerzen gekostet haben?«

Schließlich möchte der Tiv-Mann ja gefallen. Seine Haut ist sein Aushängeschild, und um seinen Sex-Appeal noch zu steigern, wird er immer weiter daran herumschnippeln, solange das Fleisch es zuläßt. Dabei schreckt er selbst vor Eisennägeln nicht zurück.

Es sieht also tatsächlich so aus, als ob wir wieder in dieselbe alte Tretmühle geraten, sobald das Gesicht weniger aus sozialen oder religiösen Motiven heraus mit Narben verziert wird, als um in erster Linie für Abwechslung zu sorgen und den Sex-Appeal zu erhöhen. Und schon sind wir wieder beim rastlosen Streben nach ständigem Wandel, auch wenn man dafür noch so große Unannehmlichkeiten und Schmerzen erdulden muß.

6.

DAS GESICHT:
DIE AUSDRUCKSSTARKEN PARTIEN

Wenn wir ein Gesicht als schön empfinden, so entsteht dieser Eindruck aus dem Zusammenwirken aller Partien. Jeder Teil beeinflußt auf subtile Weise alle anderen, so daß sich immer wieder eine einzigartige Zusammenstellung ergibt. Doch schon geringfügige Veränderungen eines Bestandteils können dazu führen, daß man einen völlig anderen Gesamteindruck bekommt.

TIEFSCHWARZ ODER STRAHLEND BLAU?

Von vielen als ausdrucksstärkster Teil des Gesichts angesehen, sind die Augen geradezu prädestiniert für Verschönerungsversuche. Gegen Ende des Zweiten Weltkriegs ließen sich modebewußte junge Japanerinnen die Augen europäisieren, um den dort stationierten amerikanischen Soldaten zu gefallen. Gelang es ihnen trotz der veränderten Augen nicht, einen Ehemann zu ergattern, wurden sie zum Gespött ihrer Angehörigen. Auch heute noch lassen sich japanische Großmogule und Geschäftsleute die Augen operieren, weil sie sich von dieser Angleichung an internationale Standards größeren beruflichen Erfolg versprechen. Der Hautlappen über dem Oberlid, der Epikanthus, der den orientalischen Augen die Mandelform verleiht, ist beim menschlichen Fötus aller Rassen vorhanden, wird aber nur von den orientalischen Völkern bis ins Erwachsenenalter beibehalten.

Doch auch die Augen der westlichen Menschen werden im Laufe der Jahre immer mehr vom Oberlid verdeckt und bekommen Tränensäcke. So suchen auch sie ihr Heil in der sogenannten Blepharoplastik und lassen sich die Augenlider operieren, um in einer zunehmend wettbewerbsorientierten Welt auch weiterhin das Image der ewigen Jugend aufrechtzuerhalten. Manchmal ist es auch pure Eitelkeit; man will ganz einfach ›jung und schön‹ bleiben. Pop-Star Michael Jackson — unermüdlich in seinem Bestreben, die Zeiger der Uhr zurückzudrehen und als ewiger Peter Pan in die Geschichte einzugehen — ließ sich die Augen runder machen, um ›kindlicher‹ auszusehen. Vidal Sassoon ließ seine Augen vom Hollywood-Chirurgen Stephen Zax operieren — das knabenhafte Aussehen gehört ja schließlich zu seinem Geschäft.

Doch ein solcher Eingriff ist nicht ohne Risiko. Wenn er nicht wirklich gut gemacht wird, gibt es oft häßliche Narben und fast immer recht langlebige Blutergüsse — das erklärt auch, warum so mancher Prominente plötzlich an abgelegene Strände entschwindet. Und es besteht immer die Gefahr, daß die ganze Operation sich als komplette Zeitverschwendung herausstellt, wenn hinterher gar kein großer Unterschied festzustellen ist, weil zu zaghaft korrigiert wurde. Wird allerdings eine zu großzügige Korrektur vorgenommen, kann es passieren, daß man permanent mit weit aufgerissenen Augen herumläuft oder sogar einen verzweifelten Gesichtsausdruck bekommt. Manche Patienten müssen nach der Operation zu ihrem Entsetzen feststellen, daß sie ihre Augen nicht mehr schließen können; selbst das Blinzeln funktioniert bei einigen nicht mehr. Andere haben am Ende nach außen gekehrte oder umgestülpte Augenlider. Manchmal dreht auch die Natur selbst den Spieß um: Viele Leute bekommen Depressionen, weil ihnen ihre neuen Augen nach der Operation nicht gefallen. Manche können nicht einmal mehr richtig weinen, weil sie am postoperativen ›Syndrom des trockenen Auges‹ leiden: Ihre Tränendrüsen sondern zu wenig Flüssigkeit ab. Andere wiederum wurden vor ganz unerwartete Konsequenzen gestellt — wie zum Beispiel Robert Mitchum, der seine Rolle in einem Film verlor, weil er ohne seine Tränensäcke unter den Augen nicht mehr rauhbeinig genug aussah!

Die Augen zu verzieren ist auf alle Fälle ein ungefährlicheres Unterfangen. Ob instinktiv oder bewußt — oder einfach nur der Mode und Konformität zuliebe — haben die Frauen jahrhundertelang Kosmetika auf ihre Augen und Augenbrauen aufgetragen, um ihre Weiblichkeit zu betonen, und die Männer haben sich die Augenbrauen ausgezupft. Die alten Ägypter wollten ihre Augen mit malachitgrüner Augenpaste eigentlich nur vor Licht schützen, doch schon bald schätzte man diese attraktive grüne Substanz allein wegen ihres dekorativen Wertes. Erst vor kurzem, in den siebziger Jahren, fing David Vanian von der Gruppe *The Damned* an, auf der Bühne und auch im Privatleben auffälliges Augen-Make-up zu tragen, wobei er um das ganze Auge herum riesige (oft purpurrote) Schatten malte. Bei der Gruppe *Kiss* war das aufsehenerregende Make-up, insbesondere im Augenbereich, so eng mit ihrem Image verbunden, daß sie sich weigerten, ungeschminkt zu Interviews zu erscheinen.

Im neunzehnten Jahrhundert pflegten die Beduinenstämme — Männer wie Frauen — das Weiße in ihren Augen mit Hilfe von Kajal oder Antimon blau zu färben. Sie behaupteten, das schärfe den Blick, doch in Wirklichkeit verfolgten sie eindeutig kosmetische Ziele. Schon seit Jahrhunderten hatten die Ägypter, Römer, Asiaten und Perser ihre Augen mit Hilfe von Antimonsulfid erstrahlen lassen: eine gefährliche Sache, denn es konnte die Tränenkanäle austrocknen und am Ende sogar zu Blindheit führen. Nachdem Antimon heutzutage angeblich knapp geworden ist, verwendet man für ein Produkt namens *Surma* neuerdings Bleisulfid. In Großbritannien ist es zwar verboten, doch in Asien findet es immer noch Anwendung, wenn wohlmeinende Freunde und Verwandte es von ihren Reisen als Geschenk mitbringen. Es hat in Großbritannien bereits zwei Todesopfer gefordert, und die Applikatorstäbe, die es auf dem Auge verteilen sollen, haben zu Hornhautabschürfungen geführt.

Auch für die äußerliche Verschönerung des Auges verwendete man Antimonsulfid in Form von Kajal, zum Nachziehen der Lidränder und Augenbrauen oder als Lidschatten, was wesentlich harmloser ist, als die Substanz direkt ins Auge zu bringen.

Wie die Beduinen, so waren auch die Frauen des sechzehnten und siebzehnten Jahrhunderts bereit, ihre Gesundheit aufs Spiel zu setzen. Sie tröpfelten sich Belladonna ins Auge, damit die Pupillen sich weiteten und ihrem Gesicht vorübergehend einen erregten Ausdruck verliehen. Sie glaubten, dieser begierige, fiebrige Blick lasse sie in den Augen des anderen Geschlechts attraktiver erscheinen. Und wahrscheinlich stimmte das auch, denn dadurch, daß Belladonna die Pupillen erweiterte, verwandelte es die Augen in große, schwarze Seen — ein starkes Signal der Weiblichkeit. Leider nahm es dem Auge aber auch gleichzeitig seinen natürlichen Schutzreflex gegen Helligkeit und förderte insofern die Entstehung des Grünen Stars. Hätten diese Damen der Natur freien Lauf gelassen, so hätten wahres Vergnügen und echte Erregung ihre Pupillen wahrscheinlich ganz von selbst erweitert, ohne daß sie mit künstlichen

Mitteln hätten nachhelfen müssen. Sowohl bei Männern als auch bei Frauen weiten sich die Pupillen, wenn sie etwas Angenehmes erblicken — eine Reaktion, die sich unserer Kontrolle entzieht. Auch wenn wir uns dessen nicht bewußt sind, so sehen wir doch sehr wahrscheinlich, indem wir einer geliebten Person tief ins Auge blicken, unser Gegenüber durch erweiterte Pupillen und somit durch eine größere Blende. Und wie jeder moderne Fotograf weiß, kommt dadurch ein leicht verschwommenes Bild zustande. Folglich erscheint das Gesicht des geliebten Partners aufgrund der mangelnden Schärfe attraktiver, als es tatsächlich ist — ein netter kleiner Trick der Natur, vielleicht um den Fortbestand der Art zu sichern.

Die orientalischen Jadehändler wußten schon vor tausend Jahren, daß die Augen vieles verraten können. Deshalb trugen sie bei Preisverhandlungen über ein besonders schönes Schmuckstück immer eine dunkle Brille, um ihre Aufregung zu verbergen.

Doch ob der Blick nun von der Liebe oder von Belladonna verschleiert wird, die Augen drängen sich für Verschönerungsversuche förmlich auf. Elizabeth Ardens Make-up-Künstler Pablo erklärte einmal, sie seien »der einzige Körperteil, bei dem sich ein Make-up wirklich lohnt«. Auf der anderen Seite tat er aber ziemlich erstaunt darüber, daß es tatsächlich Frauen gab, die seine exotischen Augen-Designs nachahmen wollten, denn teilweise dauerte es fünf Stunden, bis sie fertig waren. Ende der sechziger Jahre waren gesprenkelte Augen recht beliebt. Das mutet allerdings etwas sonderbar an, wenn man bedenkt, wie viele Frauen sich größte Mühe geben, ihre natürlichen Sommersprossen loszuwerden. Für getüpfelte Augen stand eine reiche Auswahl zur Verfügung — da gab es braune oder schwarze Punktmuster rund um die Augen herum, oder auch helle Punkte, die ganz zwanglos um die Wangenknochen herum verstreut wurden. Den Anwenderinnen wurde ernsthaft empfohlen, nicht gleichzeitig Lippenstift zu tragen, weil es insgesamt um einen möglichst »natürlichen, ländlichen« Look ging.

In den siebziger Jahren kamen ›Day-glo‹-Make-ups in Mode. Die Gesichter der Frauen waren mit bunten Tränenpünktchen übersät wie in einer Filmtragödie in bestem Technicolor. Und David Bowie rühmte sich seiner verschiedenfarbigen Augen (die hatte ihm eine Schlägerei in seinen Kindertagen eingebracht, denn seitdem war eine seiner Pupillen ständig geweitet). Die optischen Wissenschaften haben es inzwischen allen Leuten ermöglicht, sich künstlich ein grünes und ein violettes Auge zuzulegen. In den siebziger Jahren kamen ganze Orgien bizarrer Designs in Mode. Ein Mannequin malte sich einen Regenbogen um ihre Augen, färbte sich die Wimpern rot und machte sich grüne Streifen ins Haar. Bei Augenstiften und Lidschatten wurden Rekordumsatzzahlen erreicht. 1981 gerieten Revlon und Maybelline aneinander. Maybelline bezweifelte, daß der Augenfarbstift *Formula 2* von Revlon tatsächlich »keine Fältchen sichtbar mache«, wie die Firma behauptete. Revlon war empört. Wir meinen doch nur, protestierten sie, daß die Farbe sich mindestens sechs Stunden lang nicht in den Lidfalten sammelt. »Kein Mensch würde von einem Lidschatten erwarten, daß er ewig unverändert bleibt«, sagten sie. Schließlich entschied das National Advertising Review Board [vergleichbar mit dem Deutschen Werberat, A.d.Red.], daß diese Form der Werbung tatsächlich mißverständlich sei.

Den Augenwimpern kommt von Natur aus die Aufgabe zu, unsere Augen zu schützen. Dabei wurden die Frauen großzügiger bedacht als die Männer, denn ihre Wimpern sind länger und stärker, obwohl das Alter leider auch hier seinen Tribut fordert. Bei beiden Geschlechtern werden die Wimpern im Alter nicht weiß, doch viele Frauen färben sie trotzdem, um einfach einmal etwas Neues auszuprobieren. Twiggys Freund Justin de Villeneuve kam auf die glorreiche Idee, ihr Wimpern unter die Augen zu malen. »Er hatte es von einer seiner Puppen

David Vanian von der Gruppe *The Damned* machte es sich zur Gewohnheit, auf der Bühne und auch im Privatleben auffälliges Augen-Make-up zu tragen

abgeschaut«, sagte Twiggy. Modedesignerin Zandra Rhodes tat das gleiche, nur in Rot. Doch unabhängig von der Farbe galten lange, kräftige Wimpern stets als begehrenswert, und die Frauen haben seit jeher versucht, sie zu verschönern. In den fünfziger Jahren empfahl Elizabeth Arden, mit einer Rasierklinge an einem schwarzen Samtband zu schaben und dann eine mit Mascara befeuchtete Bürste in diesen Staub einzutauchen, bevor man sich die Wimpern schminkte, damit sie ›wie Samt‹ aussahen. Im alten Rom vermischten trickreiche Damen Bleipulver mit Wasser, um dunkle, üppig wirkende Wimpern zu erhalten. In Großbritannien verließ sich die Schönheitskolumnistin Celia Cole 1919 lieber auf die ›Marke Eigenbau‹. Sie empfahl eine gute Petroleumgelatine für die Nacht und Salzwasserbäder am Tag. Ungefähr zur gleichen Zeit pries Mrs. Pomeroy noch eine andere Methode an: Sie betrieb ein blühendes, kleines Transplantationsgeschäft in der Bond Street, wo sie mickrige Wimpern verstärkte, indem sie Kopfhaar an die Augenlider nähte. Wären sie nicht so weit voneinander entfernt gewesen, so hätte sich zwischen den Trobriandern im Westpazifik und Mrs. Pomeroy sicherlich eine fruchtbare Zusammenarbeit ergeben. Die Trobriander betrachteten die Augenwimpern nämlich als ›Pforte der sinnlichen Begierde‹. Befand sich ein Trobriand-Liebhaber beim Geschlechtsakt in höchster Erregung, so biß er seiner Angebeteten für gewöhnlich ein Stück von den Wimpern ab. Dieses spielerische Knabbern wurde unter dem Namen ›Mitakuku‹ bekannt.

HOCH DIE AUGENBRAUEN

Die Augenbrauen — diese beweglichen Torpfosten am Eingang zur Schönheit — waren im Lauf der Moden schon hoch, tief, gebogen, gerade, dick, dünn und sogar ganz verschwunden. In den dreißiger Jahren wollten alle gotische Brauen: Alle wollten wie Greta Garbo aussehen. Also wurden die Brauen erbarmungslos ausgezupft und zurechtgemalt. Margaret Lockwood rasierte sich die ihren ganz ab und mußte dann feststellen, daß sie nicht wieder nachwuchsen. Doch sie war nicht die einzige. Viele Frauen erkannten diese Gefahr unglückseligerweise erst, als es schon zu spät war. Zu Cleopatras Zeiten rasierte man sich die Augenbrauen ab und malte sich dann neue auf. Die Briten des achtzehnten Jahrhunderts hatten die gleiche Idee, wählten als Ersatz dann allerdings künstliche Brauen aus Mäusefell. Das brachte wiederum ganz spezielle Risiken mit sich: Da die Klebstoffe damals noch nicht so ausgereift waren, liefen die Damen mit lebhafter Mimik ständig Gefahr, ihre Mäusefell-Brauen bei angeregter Konversation versehentlich abzuschütteln. Manche Frauen behielten da doch lieber ihre eigenen Brauen, färbten sie allerdings gern mit dem Saft reifer Holunderbeeren. Andere, denen die Holunderbeersaison zu kurz war, zwangen ihre Brauen mit primitiven Pinzetten in die richtige Form und schwärzten sie dann mit Bleikämmen. Dabei war es ihnen völlig gleichgültig, daß das giftige Blei von der Haut absorbiert wurde. Sophia Loren — die in Sachen Schönheit mit einem ungewöhnlich gesunden Menschenverstand gesegnet ist — plädiert dafür, bei den Augenbrauen die Natur walten zu lassen. Doch sie gibt offen zu, daß sie ihre Brauen gezielt einsetzt. Sie sagt, sie betone sie sehr stark, wenn sie andere einschüchtern wolle. »Wenn ich ein bißchen aggressiver wirken möchte, nehme ich mehr Farbe; wenn ich gutgelaunt und sanftmütig bin, tut es auch ein Hauch von Augenbrauenstift.«

GUTE AUSSICHTEN FÜR SCHLECHTE AUGEN

Auch wenn sich mit Hilfe der Augenbrauen noch so gut das Gesicht verschönern oder die jeweilige Stimmungslage ausdrücken läßt, so müssen sie doch manchmal mit dem zweiten Rang hinter einem Brillengestell Vorlieb nehmen. Bedauerlicherweise können die meisten Leute über fünfundvierzig nämlich nicht mehr so scharf sehen, weil die Augenmuskulatur erschlafft ist.

Heutzutage kann man fast alle Fehler und Schwächen durch Augengläser korrigieren; doch die meisten Brillenträger(innen) machen sich ohnehin viel größere Sorgen um das Gestell. Die Idee, zu verschiedenen Anlässen auch verschiedene Brillengestelle zu tragen, findet immer mehr Anklang. Die Komikerin Su Pollard zum Beispiel ist stolze Besitzerin von zweiundzwanzig Brillen, darunter viele prachtvolle ›Dame Edna‹-Modelle. Sie räumt allerdings ein, daß diese Sehhilfen ihr bei zärtlicheren Begegnungen manchmal Probleme bereiten. Frontalzusammenstöße mit scheppernden Brillen können recht unangenehm sein. »Aber wenn ich sie nicht tragen würde«, meint sie, »wüßte ich nicht einmal, wen ich da gerade geküßt habe.«

Getönte Gläser dienen nicht nur zum Schutz der Augen: sie verleihen auch dieses ›gewisse Etwas‹. In den sechziger Jahren nannte der amerikanische Modedesigner Joan ›Tiger‹ Morse eine Sammlung von achtzig exotischen Brillen sein eigen. Imposante Sonnenbrillen dieser Art werden oft den ganzen Tag lang getragen — drinnen wie draußen. Das Wetter spielt dabei keine Rolle. Doch Experten auf diesem Gebiet — die Photobiologen — weisen darauf hin, daß unsere Augen mindestens eine Stunde pro Tag unverfälschtes Licht brauchen, sonst werden wir gereizt und nervös.

Für so manche Brillenträgerin stellt das Augen-Make-up ein großes Problem dar. Wie soll sie den Lidschatten auftragen, wenn sie ohne Brille nicht sehen kann, was sie tut? Um hier Abhilfe zu schaffen, gibt es seit neuestem Modelle mit einzeln ausklappbaren Gläsern. So kann das linke Auge beobachten, was mit dem rechten geschieht.

Sehhilfen kennen keine Klassenschranken. Queen Elizabeth trägt nüchterne, zweckmäßige Brillengestelle. Prince Philip, Geoffrey Boycott und weitere eineinhalb Millionen Briten und knapp 20 Millionen Amerikaner bevorzugen Kontaktlinsen. Und das nicht nur aus Eitelkeit. Vor allem Sportler und Frauen entscheiden sich für diese Lösung, weil ihnen so die lästigen Gestelle und die beschlagenen, verspritzten Brillengläser erspart bleiben. Bis jetzt haben nicht einmal die Segler — die von diesem Problem ja besonders betroffen sind — als Alternative dazu eine Brille mit Scheibenwischern erfunden.

Früher einmal waren alle Kontaktlinsen ›hart‹. Die Tragezeit war begrenzt, und sie mußten jeden Tag gereinigt werden. Zu Anfang erzählte man sich viele Schauergeschichten über die ›harten‹ Linsen. Ein Mann hatte seine Kontaktlinsen eine Woche lang nicht entfernt, und als sie ihm dann schließlich herausgerissen wurden, war seine kostbare Hornhaut nach Aussage des behandelnden Arztes unter dem Mikroskop betrachtet »so pockennarbig und voller Krater wie die Mondoberfläche«.

Heutzutage hat man die Wahl zwischen ›harten‹ und ›weichen‹ Linsen. Inzwischen gibt es auch ›harte‹ Linsen, die ›sauerstoffdurchlässig‹ sind. Man kann sie notfalls sieben Tage lang ohne Unterbrechung tragen, und das Auge wird trotzdem ausreichend mit Sauerstoff versorgt. Doch alle Kontaktlinsen verlangen von ihren Trägern strenge Disziplin. Werden die Linsen, die nur für eine begrenzte Zeit pro Tag gedacht sind, einfach länger getragen, dann bekommen die Augen nicht mehr genug Sauerstoff. Die Hornhaut beginnt anzuschwellen, was jedoch nicht unbedingt gleich zu spüren ist. Selbst wenn die Vergeßlichen zu guter Letzt doch noch daran denken, sie herauszunehmen, bevor es ungemütlich wird, so kann es gut sein, daß sie zwei oder drei Stunden später unter starken Schmerzen zu leiden haben — und oft trübt zudem noch eine Bindehautentzündung den Blick. Das kann einem schon einen gehörigen Schrecken einjagen, und es kommt des öfteren vor, daß verängstigte Linsenträger(innen) Beruhigungsmittel brauchen, manchmal sogar bis zu zwei Tage nach diesem traumatischen Erlebnis.

Es lauern aber noch viele andere Gefahren. Die Geschichten von verlorengegangenen Linsen sind ja schon Legion. Sitzt man gemütlich im Sessel oder auf dem Sofa, so kann es nur allzu leicht passieren, daß man unvorsichtigerweise einnickt und die Linse unter das Oberlid rutscht, wo sie dann steckenbleibt. Oft wird in solchen Fällen ein Optiker zu Hilfe gerufen, doch meistens hat der besorgte Linsenträger zuvor schon stundenlang Teppiche und Polstermöbel nach seinen kostbaren Stücken abgesucht.

Es ist natürlich Pech, wenn man sich für Kontaktlinsen entschieden hat und sich dann herausstellt, daß man auf seine eigenen Tränen allergisch reagiert. In diesem Fall ist peinlichste Linsensauberkeit ein absolutes Muß. Doch selbst dann bleibt immer noch das Problem, daß die Augen oft sehr empfindlich auf die — übrigens ziemlich teuren — chemischen Lösungen reagieren, die zur Reinigung, Desinfektion und Lagerung der Linsen benutzt werden. Es ist auf jeden Fall ratsam, einen Arzt zu konsultieren. Manchmal kann allein dadurch Abhilfe geschaffen werden, daß man zum Benetzen eine andere Lösung nimmt, die mitunter zu 99,9% aus Wasser und zu 0,1% aus Salz besteht, aber dennoch sehr teuer sein kann.

Doch trotz aller Probleme scheinen die Kontaktlinsen sich nach wie vor großer Beliebtheit zu erfreuen. Der Markt expandiert, die Hersteller machen gute Geschäfte und haben ihre Produkte inzwischen sogar noch weiter verbessert. Bei einigen ›weichen‹ Linsen wird jetzt damit geworben, daß sie für die Anwendung über ›ausgedehnte Zeiträume‹ hinweg geeignet seien — theoretisch könnte man sie einen ganzen Monat lang im Auge lassen, ohne sie auch nur ein einziges Mal zu reinigen. Doch die meisten Optiker sind da lieber etwas vorsichtig. Das Risiko einer Infektion ist auf jeden Fall wesentlich geringer, wenn man sich die Mühe macht, die Linsen einmal pro Woche und nicht nur einmal pro Monat zu reinigen.

Vor kurzem kam eine neue Idee aus Skandinavien: die Wegwerflinse, die man zwei Wochen lang benutzt und dann in den Müll wirft. Doch das bringt wiederum viele Leute in Versuchung, sie einfach länger zu tragen.

Noch problematischer sind Kontaktlinsen für diejenigen, die normalerweise Make-up benutzen. Sie sollten einen weiten Bogen um glänzende Augen-Gels, faserige Mascaras und Lidschattenpuder machen — es können nur allzu leicht kleine Partikelchen ins Auge geraten und Schäden oder Reizungen verursachen. Um hier Abhilfe zu schaffen, wurden jetzt spezielle, hypoallergene Lidschattencremes entwickelt.

Der allerneueste Modehit sind Kontaktlinsen, die in irgendeiner Form verziert sind. Durchsichtige Linsen mit Farbtupfern, die sich harmonisch in die natürliche Farbe der Iris integrieren, verbreiten ein geheimnisvolles Fluidum. Fernsehstar Sally Whittaker probierte es mit zwei grün getönten Exemplaren, doch der Versuch schlug fehl. »Ich sah aus wie eine Katze«, sagte sie. Auch von funkelnden Augen sollte man sich nicht so leicht verführen lassen — seien sie nun blau, grün oder braun. Nicht alle haben so viel Mut, später die bunte Iris-Maske auch wieder fallen zu lassen — zumindest nicht sofort. Aber die Mode wird sicherlich auch für dieses Problem eine Lösung finden. Wer es sich leisten kann, wird vielleicht schon bald über ein ganzes Arsenal von farbigen Linsen verfügen, um nach Lust und Laune oder passend zum jeweiligen Kleid oder Anzug ein geeignetes Paar wählen zu können. Schon jetzt tragen einige Leute farbige Kontaktlinsen, obwohl sie eigentlich gar keine Sehhilfe bräuchten.

Noch exotischer — bei einem Preis von mehr als 2000 DM pro Paar wohl aber ein wenig überteuert — sind die neuen, durchsichtigen Linsen, mit einem, sagen wir mal, kleinen Extra. Die Linsen werden am Rand je nach Wunsch mit »einem Herz oder auch mit einem Landschaftsbild« verziert. Wie malerisch, der geliebten Partnerin tief in die Augen zu schauen und dabei gleichzeitig Miniatur-Gemälde von Turner oder Constable oder auch eine verschlüsselte Liebesbotschaft zu erblicken!

DER PERFEKTE MUND

Sind die Augen ausdrucksvoll und lebendig, so ist der Mund vielleicht das erotischste Organ des Gesichts. Als Filmstar Clara Bow [bow = Bogen] Ende 1920 ihren Familiennamen auf ihre Lippen übertrug, wollten plötzlich alle Frauen eine Oberlippe mit Amorsbogen, genau wie sie. Schon bald darauf verkauften Kosmetikfirmen eine sogenannte Lippenschablone, mit der man die eigenen Lippen formvollendet nachziehen konnte. »Sie brauchen nur die Schablone über die Lippen zu legen und den Bogen auszumalen, und schon haben Sie den perfekten Mund«, sagten die Hersteller. Damit meinten sie natürlich die Mundform, die damals gerade in Mode war.

Proportional zur Größe des Gesichts sind weibliche Lippen geringfügig größer als männliche. Deshalb wollen viele Frauen ihre Weiblichkeit betonen, indem sie ihre Lippen noch stärker hervorheben. Da bieten sich zwei Möglichkeiten an: Erweiterung der Konturen und zusätzliche Farbe. Das hat die Frauen — und auch so manchen Mann — dazu verleitet, mit Pigmenten und Farbstoffen aller Art herumzuexperimentieren oder die Lippen sogar zu tätowieren. In Japan betonten die relativ stark behaarten Ainu-Frauen ihre Münder, indem sie sich einen größeren Mund um den echten herumtätowierten. Für Yanomamo-Frauen war nicht die Größe entscheidend, sondern vielmehr die Dekoration, und sie demonstrierten ihre Weiblichkeit sogar noch direkter: Sobald sie zum erstenmal ihre Menstruation bekamen, tätowierten sie sich eine Mondsichel auf die Oberlippe.

Doch es ist nicht immer das Beste, die Lippen einfach zu vergrößern oder farblich hervorzuheben. Da gibt es viele kleine Feinheiten zu bedenken, wie beispielsweise den ›Doppelkontrast‹ Hautfarbe/Lippen und Lippen/Zähne. Sind die Zähne im Laufe der Jahre gelblich geworden, so rät Sophia Loren zu korallen- oder orangeroten Lippenstiften; purpurrote Farbtöne sollten in diesem Fall gemieden werden.

Als es während des Zweiten Weltkriegs an Kosmetikprodukten mangelte, war es der Lippenstift, den die Frauen ihren Aussagen zufolge am meisten vermißten. Von ihm waren sie psychologisch abhängiger als von jedem anderen Kosmetikprodukt. Weibliche Militärangehörige und Krankenschwestern, die nach Übersee geschickt wurden und nur sehr wenige persönliche Dinge mitnehmen durften, hatten unweigerlich einen Lippenstift dabei.

1924 löste J. H. Collins, Journalist bei der *Saturday Evening Post*, eine leichte Panik aus: Er hatte ausgerechnet, daß jeden Tag 50 Millionen Amerikanerinnen von mindestens 50 Millionen Amerikanern geküßt werden. »Besteht die Gefahr«, fragte er, »daß die Männer vergiftet werden?« Das war genug, um die New Yorker Gesundheitsbehörde auf den Plan zu rufen, die dann Stichproben von Lippenstiften analysierte und glücklicherweise herausfand, daß sie ungefährlich waren. Das konnte man von dem giftigen, roten Blasentang — ein tödlicher Farbstoff mit Quecksilbersulfid —, mit dem sich die Damen im Elisabethanischen Zeitalter die Lippen färbten, allerdings nicht behaupten. Die Frage, ob Lippenstift möglicherweise giftig ist, hat durchaus ihre Berechtigung, denn die Lippen sind überaus empfindlich, und es läßt sich auch nicht vermeiden, daß große Mengen Lippenstift geschluckt werden. Die Firma Fabergé startete einmal den Versuch, das ›Lippenstiftessen‹ in einen Gaumenschmaus zu verwandeln:

Zuerst brachten sie einen Lippenstift mit Karamelgeschmack heraus, dann folgten ›Graype‹ und ›Pistachio‹. Auch Cutex wollte die Lippen ›lebkuchenbraun und zum Anbeißen schön‹ versüßen. Doch die Idee setzte sich nicht durch.

Gegen Ende des Viktorianischen Zeitalters galt in der feinen Gesellschaft die Regel, daß verheiratete Damen die Wangen leicht röten durften, um ihre Bleichsucht zu verbergen. Doch die Lippen zu färben war absolut verboten. »Die Gesundheit allein sollte ihnen Farbe schenken«, hieß es in einem maßgeblichen Text. Bei trockenen Lippen war ein wenig Hautcreme vielleicht gerade noch erlaubt. Und es gab sicherlich viele Frauen, die über dieses Zugeständnis heilfroh waren, denn es war allgemein üblich, sich fest auf die Lippen zu beißen, um eine kräftigere Farbe zu erzielen, bevor man sich zu gesellschaftlichen Ereignissen in den Salons zusammenfand.

In alten Volkslegenden wird oft von dem ›alles verschlingenden, feurigen Mund‹ gesprochen, was natürlich viele psychoanalytische Spekulationen über dessen tiefere Bedeutung ausgelöst hat. Der Mund kann im Unterbewußtsein sicherlich starke Assoziationen wecken — deshalb wird er in primitiven Gesellschaften seit jeher so ausgiebig verziert. In alten Erzählungen taucht er beispielsweise als ›Vagina dentata‹ auf, eine Öffnung mit Zähnen, die nur darauf wartet, irgendwelche vorwitzigen männlichen Geschlechtsorgane abzubeißen. Physiognomen, Philosophen und Poeten sind dem Mund und den Lippen freundlicher gesinnt. In seinen *Moral Thougts* beschrieb Tommaseo den Mund als ›die Heimat der Seele‹. Für J. C. Lavater, den meistzitierten und beeindruckendsten Physiognomen aller Zeiten war er »so heilig, daß ich kaum darüber zu sprechen wage. Auch in Momenten des Schweigens sagt er noch vieles.«

Doch aufgrund welcher Symbolik nicht-westliche Völker recht exotisch anmutende Veränderungen an ihrem Mund vornehmen ist manchmal schwer herauszufinden. Ob eine spezielle Verzierung ihre Wurzeln nun in alten Überlieferungen hat, ob sie das Unterbewußtsein ansprechen soll oder ob sie ganz einfach eine Art Stammeszugehörigkeit oder Initiationsritus ausdrückt, ist nicht immer leicht zu unterscheiden.

Im Norden Kameruns zum Beispiel werden den jungen Frauen in der Jugend die Lippen durchstochen. Gleichzeitig werden sie in den ›Ernst des Lebens‹ eingeweiht oder, wie sie es auszudrücken pflegen, über ›die Rechte und Pflichten einer Frau‹ aufgeklärt. Es heißt, die Details dieser nur für Frauen bestimmten, vertraulichen Informationen seien von den Ahnfrauen überliefert worden, die sie ihrerseits zum erstenmal von einem Frosch gehört hätten. Von daher ist es nur natürlich, daß ihre Lippenornamente an einen Frosch erinnern.

Bei den Suya in Brasilien werden einem Jungen die Lippen durchstochen, wenn er ›die Welt der Frauen‹ verläßt und in das Männerhaus überwechselt. Dort bereitet er sich dann auf die Heirat vor, und während der Wartezeit schieben seine Kameraden ihm immer größere Lippenscheiben in die Unterlippe. Als reifer Mann wird er sie dann nur noch selten herausnehmen — vielleicht nur, um sich zu waschen —, aber an Festtagen ist es eine seiner größten Freuden, die Lippenscheiben mit Quasten und anderern auffälligen Dekorationen zu schmükken.

In einem anderen Teil Brasiliens bemühen sich junge Botocudo-Mädchen eifrigst um eine grotesk aussehende Tellerlippe. Bei den riesigen Scheiben in ihren Mündern, die zum Teil einen Umfang von 76 cm aufweisen, ist anzunehmen, daß die Sprechfähigkeit stark eingeschränkt wird, und Dr. David Livingstone scheint in Afrika auch die Bestätigung dafür gefunden zu haben, denn er berichtet, daß die Frauen ›praktisch stumm‹ waren, wenn sie ihre Labrets trugen. Diese Lippenscheiben oder Labrets werden bei manchen afrikanischen Stämmen auch paarweise in Ober- und Unterlippe getragen, und es steht außer Frage, daß ihre Besitze-

Clara Bow kreierte in den zwanziger Jahren mit ihrem perfekt geformten ›Amorbogen‹
eine neue ›Lippenmode‹

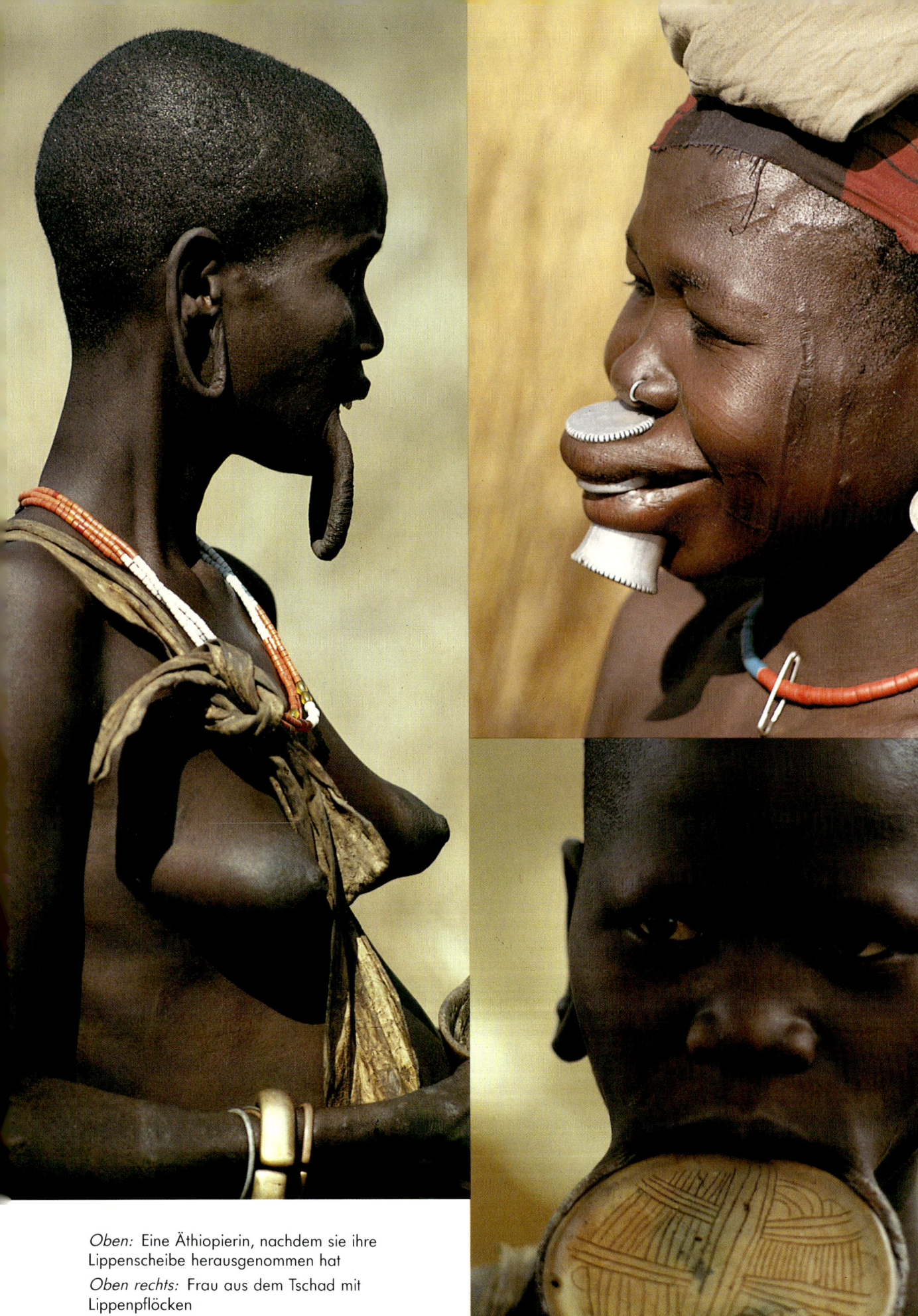

Oben: Eine Äthiopierin, nachdem sie ihre Lippenscheibe herausgenommen hat

Oben rechts: Frau aus dem Tschad mit Lippenpflöcken

Rechts: Äthiopisches Mädchen mit Lippenpflöcken

rinnen nur noch mit großen Schwierigkeiten, manchmal auch gar nicht mehr sprechen können. Sobald sie die Stimme erheben, besteht die Gefahr, daß die Scheiben zusammenrasseln. Doch es gibt auch Gegenteiliges zu berichten. Als der Rockstar Sting 1988 nach Brasilien fuhr, um Raoni, den ›Steinzeit-Häuptling‹, zu treffen, sprach dieser trotz der riesigen Platte in seiner Lippe ganz verständlich.

Lippenscheiben werden manchmal auch als Statussymbole benutzt. Bei den Thlinkits im Nordwesten Kanadas wird nach dem jeweiligen Rang abgestuft: große Scheiben aus Knochen für das einfache Volk und Silber für die besseren Herrschaften. Die Dessin-Frauen in Westafrika hingegen bevorzugen Lippenpflöcke und Elfenbein.

Im Westen wird der Mund häufig mit Hilfe der Schönheitschirurgie so umgeformt, daß er dem jeweiligen Schönheitsideal entspricht. So können uns die Ärzte zum Beispiel ein V-förmiges Stück aus der Mittellinie entfernen und die Ecken wieder zusammenfügen, falls wir unsere Lippen für zu dick halten; und wenn sie uns zu klein vorkommen, kann in der Mitte ein Schnitt gemacht werden, in den dann zusätzliches Fleisch eingesetzt wird. Sehr viel beliebter sind allerdings die [bei uns wegen Krebsgefahr verbotenen] Silikonsubstanzen, die man injizieren kann, um diese feinen, verräterischen Linien, die den Mund formen und gestalten, in den Griff zu bekommen. Mickrige, kühl wirkende Lippen kann man auch tätowieren, um ihnen eine dauerhaft warme Ausstrahlung zu verleihen. Selbst Zungen lassen sich tätowieren, wenn einem der Sinn danach steht — obwohl sogar Tätowier-Freaks zugeben, daß es unerträglich weh tut.

Paradoxerweise dienten die Lippenscheiben bei den Ubangi in Afrika ursprünglich nicht dazu, die Frauen zu verschönern: Ganz im Gegenteil — sie waren dazu bestimmt, die Frauen in den Augen der Sklavenhändler so abstoßend wie möglich aussehen zu lassen. Gelegentlich wurden die Frauen auch in dieser Weise ›entstellt‹, um Eifersüchteleien innerhalb des Stammes zu vermeiden. Doch dann rückten die bizarren, faszinierend aussehenden Tellerlippen immer mehr in den Mittelpunkt des Interesses — und anstatt die Leute abzustoßen, zogen sie neugierige Blicke auf sich. Dann interessierte man sich für die Technik, und schließlich endete es mit Bewunderung. Bis zum Schönheitsideal war es dann nur noch ein kleiner Schritt. Und schließlich bloß eine Frage der Zeit, bis die Lippen so in die Länge gezerrt wurden, daß eine ganze Filmrolle darin Platz fand — die Glanzleistung einer Afrikanerin im Jahre 1938. Die Filmdose, die sie so stolz präsentierte, faßte immerhin 120 Meter Film. Und die Lippe der Dame war so elastisch, daß sie zurückschnappte ›wie ein Gummiband‹, wenn man daran zog.

AUF DEN ZAHN GEFÜHLT

Auch wenn die äußere Erscheinung noch so perfekt ist: ein Lächeln, bei dem häßliche Zähne zum Vorschein kommen, entstellt das ganze Gesicht. Lange bevor sie berühmt wurde, war Lady Emma Hamilton einmal drauf und dran, ihre schönen jungen Zähne einer eitlen alten Dame zu verkaufen. Zum Glück besann sie sich noch rechtzeitig eines Besseren. Doch viele junge Dienstmädchen des achtzehnten Jahrhunderts ließen sich um des Geldes willen frühzeitig die Zähne ziehen. Das Argument lag auf der Hand: Man entferne die schlechten, alten Zähne der Reichen und ersetze sie unverzüglich durch die guten, frisch gezogenen der Ar-

Gegenüber: In vielen Gesellschaften gilt das Ausdehnen und Erweitern der Lippen als altbewährte Verschönerungsmethode

men ... und dann hoffe man das Beste. Die Idee war ihrer Zeit um zweihundert Jahre voraus und hatte keinen Erfolg. Die neu eingepflanzten Zähne hielten meist nicht lange, und an den Kontaktstellen von Implantat und natürlichem Gewebe kam es oft zu Infektionen. Zwei oder drei Monate waren die höchste Lebensdauer, die man von einem Implantat erwarten konnte, und das auch nur mit viel Glück oder wenn man ein außerordentlich gutes Exemplar erwischt hatte. Doch das konnte die resoluten alten Damen nicht von ihrer rastlosen Suche nach dem verlorenen Lächeln abbringen. So wurden denn Unmengen glänzender junger Zähne unnötigerweise geopfert.

Ähnliches ist aus Nordengland zu berichten, wo es zur Jahrhundertwende üblich war, daß ein Vater seiner Tochter zur Hochzeit Geld schenkte, damit sie sich sämtliche Zähne ziehen und durch unechte ersetzen lassen konnte. Diese zahnige Mitgift sollte Braut und Bräutigam in der Zukunft vor Ärger und Ausgaben bewahren.

Heutzutage bietet die kosmetische Zahnmedizin viele Alternativen zur Restauration verfärbter und häufig gefüllter Zähne. Man kann sie soweit abschleifen, daß nur noch ein Stumpf übrigbleibt, auf den dann eine ›Kappe‹ zementiert wird. Handelt es sich um einen bereits abgestorbenen Zahn, so ist er trotzdem noch nicht verloren. Man kann den Zahn sterilisieren und als Verankerung einen Metallstift in die Wurzel einsetzen.

Sollten die Zähne unglücklicherweise für immer verloren sein, so gibt es natürlich noch das künstliche Gebiß. Wenn nur ein oder zwei Zähne fehlen, kann auch eine Brücke eingesetzt werden. Bei den herkömmlichen Brücken befestigt man die falschen Zähne an Kronen, die beiderseits der Lücke über abgeschliffene Zähne gestülpt werden. Bei der moderneren Ausführung benötigt man zwar immer noch auf beiden Seiten Stützzähne, doch sie brauchen nicht mehr abgeschliffen zu werden: Sie werden lediglich eingekerbt, damit die Ligaturen des falschen Zahns in den Rillen Halt finden. Neuerdings können die Brücken auch mit Hilfe einer speziellen Schmelz-Ätztechnik an die Nachbarzähne geklebt werden — insgesamt weniger traumatisch, als völlig gesunde Zähne zu opfern, indem man sie abschleift.

Filmstars — deren Lächeln ja oft in Großaufnahme gezeigt wird — ließen sich in der Vergangenheit die Zähne häufig nur deshalb abschleifen, weil sie die Kronen schöner fanden. Gute Zähne, die ihren Zweck erfüllten, reichten nicht aus — weiß, regelmäßig und makellos mußten sie sein. Manche Stars ersparten sich das drastische Abschleifen und versteckten ihre verfärbten Zähne statt dessen hinter provisorischen Verblendungen, die allerdings am Ende eines jeden Filmtages wieder entfernt werden mußten.

Inzwischen können verfärbte und mehrfach gefüllte Zähne dauerhafter verschönert werden, indem man die Oberfläche anätzt und zahnfarbene Verblendschalen aufklebt (so ähnlich wie falsche Fingernägel). Sollten sich die Verblendschalen im Laufe der Zeit ebenfalls verfärben, so kann die Behandlung mit neuen Verblendungen problemlos wiederholt werden. Diese Technik wurde inzwischen häufig mit Erfolg angewendet und stellt ein wichtiges Kapitel in der ästhetischen Zahnheilkunde der letzten Jahre dar.

Aber es gibt noch mehr Möglichkeiten. Wenn der Zahn zusätzlich auch einer Formveränderung bedarf, so kann auch zahnfarbenes Kunststoffmaterial aufgetragen werden, um etwa den gleichen Effekt wie bei den Verblendschalen zu erreichen. Porzellan — wenngleich teurer — kann ebenfalls auf diese Weise geformt und entsprechend aufgeklebt werden. Und Porzellan ist erfreulich vielseitig. Da es über eine größere innere Festigkeit verfügt, kann man die Zähne damit auch verlängern — und kann beim Apfel dann trotzdem noch ›kraftvoll zubeißen‹. Derselbe Zahn kann auch mit künstlichen Rissen und Schatten ›verunstaltet‹ werden, damit er nicht so verdächtig perfekt aussieht.

Eine weitere neu entwickelte Technik, um dunkle Zähne wieder in neuem Glanz erstrahlen zu lassen, ist das Bleichen. Die Umgebung des zu behandelnden Zahnes wird zu diesem Zweck mit Gummi abgedeckt, dann wird eine chemische Lösung — in der Regel ein starkes Oxidierungsmittel — aufgetragen, und schließlich wird das Ganze Wärme und Licht ausgesetzt. Selbst abgestorbene Zähne können kosmetisch verschönert werden, indem man die Bleichlösung in den Wurzelkanal gibt.

Mit den altmodischen Zahnklammern, die Jugendliche mit unregelmäßigen Zähnen so lange und so geduldig getragen haben, hat ein Kieferorthopäde aus Beverly Hills, Kalifornien, jetzt endgültig Schluß gemacht. Auch Craven Kurtz ist der Meinung, daß die Zahnstellung sehr wohl berichtigt werden soll, doch er sagt: »Niemand will dafür ein Schneekettenlächeln in Kauf nehmen.« Deshalb erfand er unsichtbare Klammern, die nicht vor, sondern hinter den Zähnen getragen werden. Sie sind nicht zu sehen, trotzdem sehr wirkungsvoll und werden bereits von 20 000 amerikanischen Männern und Frauen und natürlich von Kindern getragen.

Aber es soll noch viel besser kommen. Bei einem Treffen der British Association 1987 in Belfast sagte Professor Mark Ferguson, Leiter der Abteilung für Zell- und Gewebe-Biologie an der Manchester University, daß er es für möglich halte, in Zukunft gegen Zahnverfall zu impfen. Wenn dieser Tag kommt, werden Zahnpasta und Zahnbürste der Vergangenheit angehören. Doch bis dahin könnten wir uns — falls es unumgänglich sein sollte, die Zähne zu ziehen — immer noch damit trösten, daß wir uns ein Gebiß aus echtem menschlichem Zahnschmelz anfertigen lassen können, der mit Hilfe von Genmanipulationen synthetisch hergestellt wird. Noch aufsehenerregender ist eine weitere Vorhersage von Professor Ferguson: Innerhalb der nächsten hundert Jahre müßte es möglich sein, Zellen menschlicher Embryonen zu verpflanzen, die dann im Körper von Erwachsenen heranreifen und neue Zähne bilden.

Erling Johannsen, Dekan für Zahnheilkunde an der Tufts University, Boston, hat eine einfachere Lösung. Er glaubt, ein Kalziumphosphat-Mundwasser entdeckt zu haben, das selbst noch in die Ecken dringt, an die man mit Zahnseide nicht mehr herankommt, und gleichzeitig Zahn und Zahnwurzel festigt und repariert. Doch auch für den guten alten Kaugummi legt er ein gutes Wort ein — vorausgesetzt, daß er ungesüßt ist. Kaugummi läßt den pH-Wert in diesem Bereich ansteigen: Er regt die Speichelbildung an, und der Speichel spült die Säure ab, die die Zahnoberfläche angreift.

In vergangenen Jahrhunderten stand den Männern und Frauen nichts dergleichen zur Verfügung. Die Zähne waren nicht nur ausschlaggebend für ihr Lächeln — sie konnten die ganze Lebensweise verändern. Aufgrund ihrer schlechten Zähne legten sich große Geister des achtzehnten Jahrhunderts eine trockene, ironische Art zu und vermieden es, zu lächeln. Selbst vom Meister des *bon mot* im neunzehnten Jahrhundert, Oscar Wilde, wird berichtet, er habe richtig heimlichtuerisch ausgesehen, wenn er seine Witze erzählte: Er hielt sich immer die Hand vor den Mund, um seine miserablen Zähne zu verbergen.

Um sich vor Katastrophen bei Tisch zu schützen, entschieden sich seine viktorianischen Zeitgenossen oft dafür, schon vor dem Abendessen auf ihrem Zimmer zu speisen. Und Disraeli konnte sich einen kleinen Seitenhieb auf Palmerston nicht verkneifen: Wenn er nicht so stockend spräche, meinte er, würden seine Zähne höchstwahrscheinlich herausfallen. Für Politiker waren schlechte Zähne ein großes Handikap. George Washington litt fürchterlich unter seinem Elfenbeingebiß — vielleicht waren auch ein paar menschliche Zähne darunter. Das Gerücht jedoch, sein Gebiß sei aus Holz oder Elchzähnen gewesen, entsprach nicht der Wahrheit. Damals waren die Zahnprothesen noch nicht sehr ausgereift, und er mußte sich

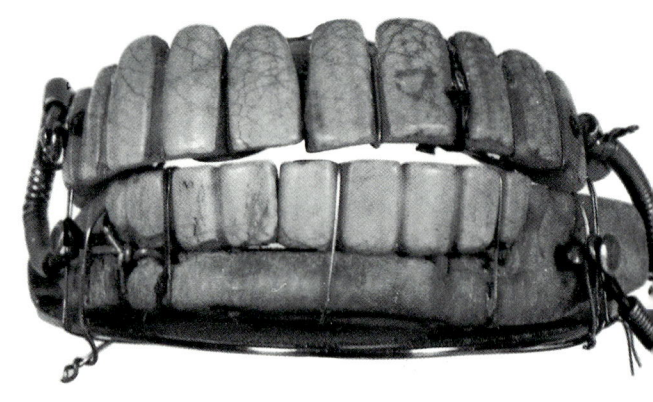

George Washingtons Zähne waren mit Draht befestigt, weshalb er es in späteren Jahren vermied, in der Öffentlichkeit zu sprechen

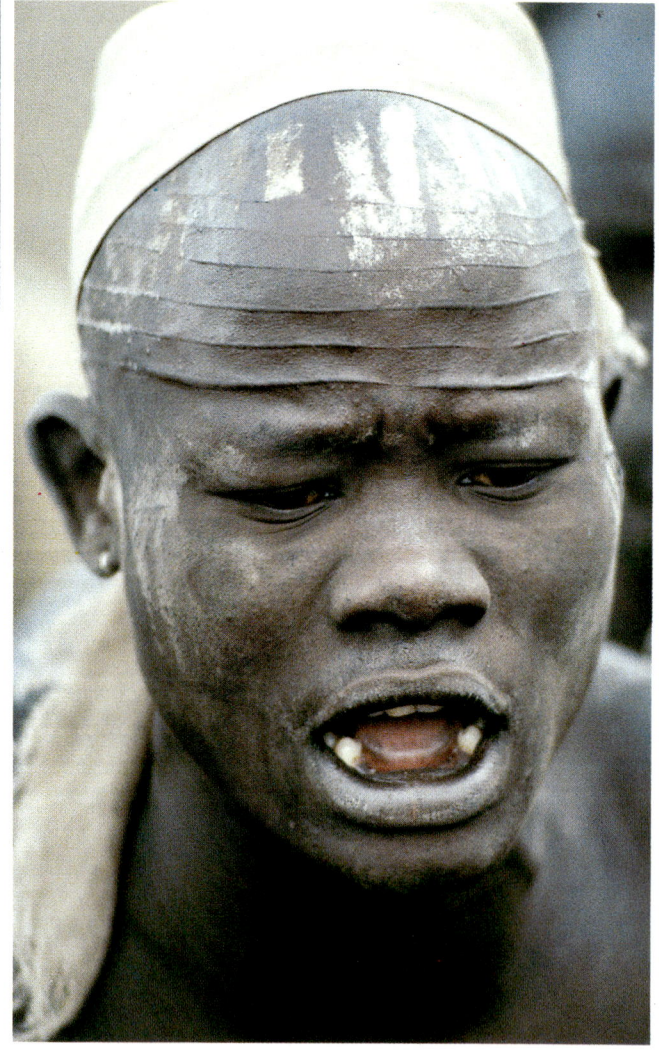

mit Teilgebissen, die mit Draht zusammengehalten wurden, herumschlagen. Eines dieser Exemplare bestand aus nicht weniger als fünf Einzelteilen, die durch Goldligaturen miteinander verbunden waren. Zu guter Letzt sprach er nur noch sehr ungern in der Öffentlichkeit, weil die falschen Zähne seine Stimme ›hohl und undeutlich‹ klingen ließen. Ungefähr zur gleichen Zeit durchbohrten sich die Pariser manchmal ihr Zahnfleisch, um eine an zwei Haken befestigte Zahnreihe hineinzuhängen; sie wurden unter dem Namen ›schwimmende Zähne‹ bekannt.

Um 1880 konnte man sich bereits ein komplettes künstliches Gebiß machen lassen, aber Kronen und Brücken gab es noch immer nicht. Doch die Idee einer Zahnbrücke gab es schon ziemlich lange. Die alten Griechen zum Beispiel banden ihre losen Zähne mit Golddraht fest und befestigten mit Hilfe von Ligaturen künstlichen Ersatz an den Nachbarzähnen. Auch die Etrusker stellten schon mit Erfolg brückenähnliche Vorrichtungen her, an denen Ersatz für fehlende Zähne festgemacht werden konnte. Bis zur Mitte des neunzehnten Jahrhunderts machte die restaurative Zahnheilkunde dann eigentlich nur geringe Fortschritte.

Während der Regentschaft Elizabeths I. ruinierten schlechte Ernährung und mangelndes Wissen in kürzester Zeit sämtliche Zähne, auch die der aristokratischsten Damen. Die Königin selbst hatte unregelmäßige, kaputte, gelb verfärbte Zähne, die in späteren Jahren völlig schwarz wurden. Daran mag zum Teil das damals sehr beliebte Bleiweiß schuld gewesen sein, das sie als Kosmetikum verwendete. John Bulwer wies 1650 in seiner *Anthropometamorphosis* darauf hin, daß diese Farbe giftige Eigenschaften besitze, die »das Gesicht frühzeitig altern lassen … sie trüben den Blick und schwärzen die Zähne«.

Nicht etwa, daß die vornehmen Damen ihren Zähnen keine Beachtung geschenkt hätten; im Gegenteil, sie unternahmen oft verzweifelte Versuche zu ihrer Verschönerung. 1773 erklärte ein Journalist, die Zähne würden ›traumhaft weiß‹, wenn man sie mit Schießpulver scheuere. Wenig später wurde dringend Ruß empfohlen.

Doch nicht alle Damen und Herren finden weiße Zähne erstrebenswert. Bis weit ins neunzehnte Jahrhundert hinein war es bei japanischen Prostituierten üblich, die Gesichter weiß und die Zähne schwarz anzumalen. Bei einigen indonesischen Stämmen wurden die Zähne künstlich geschwärzt, um den Mund größer erscheinen zu lassen. Es heißt, daß diese Indonesier die europäischen Zähne verächtlich als ›Hundezähne‹ bezeichnen.

Um ihre Maskulinität zu betonen, bearbeiten Boloki-Männer ihre oberen Schneidezähne so lange mit der Feile, bis nur noch V-förmige Spitzen übrigbleiben. Die Herren von den Nicobar-Inseln im Indischen Ozean scheinen in Sachen Männlichkeit noch größeren Wert auf die Zähne zu legen. Nicht im Traum würden sie einen Annäherungsversuch wagen, ohne vorher die Zähne geschwärzt zu haben.

Auf den Philippinen schliffen die Bagobo-Mädchen ihre Zähne zu Spitzen ab und färbten sie dann schwarz. Auch malaiische Mädchen — die von Natur aus gute Zähne haben — feilten sie der Schönheit zuliebe ab. Bei den Sart-Frauen im russischen Turkestan galten die Lücken, die beim Verlust eines oder mehrerer Zähne zurückblieben, als ausgesprochen häßlich. Sie lösten das Problem dadurch, daß sie die verbleibenden Zähne schwarz anmalten; so fielen die Lücken dann nicht mehr auf.

Gegenüber: Im alten Mexiko scheint es einmal modern gewesen zu sein, die Zähne zu durchlöchern. Die Dinka im Südsudan hingegen finden sich besonders schön mit ausgeschlagenen Vorderzähnen

Die Massai-Frauen in Ostafrika und die Kikuyus feilten sich eine dreieckige Kerbe in die beiden oberen Schneidezähne. Die Massai fanden das sehr nützlich: Sie erlernten die Kunst, durch die Lücke zu spucken, was bei ihnen als ein Zeichen großen Respekts und enger Freundschaft gilt.

Die eingeborenen Mädchen in Australien schlugen sich lieber einen Vorderzahn aus. Bei den Baluba-Frauen im Kongo mußten es gleich zwei oder besser noch vier sein; sie schlugen sich die vier Schneidezähne aus und ließen sich die Überreste zu scharfen Spitzen zurechtfeilen.

Melanesische Frauen begnügen sich wie viele andere im Orient und in Südasien damit, Arekanüsse, Betel, Pfefferblätter und Limonen zu kauen, um einen roten Mund zu bekommen. Dieser Saft überzieht die Zähne mit der derben, schwarzen Kruste, die in diesen Regionen so begehrt ist. Viele asiatische Männer mögen das. Die Frauen sehen dadurch zahnlos und babyhaft aus, was sie zur Freude der Männer noch unterwürfiger erscheinen läßt.

Auf den ersten Blick mögen uns derartige Praktiken merkwürdig erscheinen. Doch ähnlich exzentrische Modeerscheinungen hat es auch im Westen schon gegeben; so verwendete man zum Beispiel rot gefärbte Zahnpasta, damit die Zähne im Kontrast zum knallroten Zahnfleisch weißer aussahen. Oder man verzierte einen auserwählten Zahn mit einem Edelstein. Oder man ließ sich einen Vorderzahn mit Gold füllen. Gold ist zweifellos eine stabile Substanz für Füllungen — doch Zahnärzte berichten, daß Patienten zu ihnen kamen, um sich ihre Initialen oder die ihres Lieblings-Popstars gut sichtbar in Gold in einen ihrer Vorderzähne einarbeiten zu lassen. Im großen und ganzen allerdings kann man sagen, daß die westliche Welt schon seit jeher immer demselben Ideal nacheifert — ein vollständiges Gebiß aus strahlend weißen Zähnen und gesundes rosa Zahnfleisch.

Doch unsere Vorstellungen von Perfektion scheinen sich immer wieder zu ändern — insbesondere wenn wir sie verwirklicht haben oder ihnen sehr nahe sind. Vorausgesetzt, daß Professor Fergusons kühnste Hoffnungen in Erfüllung gehen und es der Wissenschaft zu guter Letzt gelingt, den Zahnverfall zu besiegen und uns die Garantie für lebenslänglich perfekte, weiße Zähne zu geben, so muß man sich doch die Frage stellen, wie lange es wohl dauern wird, bis uns auch das zu langweilig wird.

Der Versuchung, Bilder auf unsere Kontaktlinsen zu malen, können wir schon jetzt kaum widerstehen. Wer weiß, was uns noch alles einfällt, wenn wir unsere Zähne eines Tages im Griff haben ...

RASUR GEFÄLLIG?

Der sogenannte Damenbart bereitet selbst der freigeistigen lesbischen Autorin Wendy Chapkis [*Schönheitsgeheimnisse — Schönheitspolitik*] einiges Kopfzerbrechen. Einerseits will sich die Feministin in ihr nicht den Konventionen beugen, die Gesichtshaare und Schönheit für unvereinbar halten; andererseits muß sie zugeben, daß eine Frau sich mit Haaren im Gesicht einfach häßlich fühlt.

»Männer haben behaarte Gesichter; Frauen nicht«, lautet eine Binsenweisheit, die sich wohl auch kaum ändern wird.

Heutzutage rücken die Frauen dem unerwünschten Haar mit Pinzetten oder Rasierapparaten zu Leibe. Sie experimentieren mit Enthaarungscremes und Packungen oder gehen zur elektrischen Haarwurzelverödung. Neuerdings können sie ihre Haare auch ›wegzuckern‹.

Die Tunesierin Zahra Benamore benutzt ein »dickflüssiges, honigartiges Präparat auf Zuk-kerbasis, das nur natürliche Substanzen enthält«. Sie ist jetzt in Großbritannien mit 120 ausgebildeten Kosmetikerinnen ins Geschäft eingestiegen. Das Einzuckern ist eine Kunst, die von arabischen Frauen schon seit Jahrhunderten betrieben wird, sagt sie. In Nordafrika werden die Mädchen vor ihrer Hochzeit vom Scheitel bis zur Sohle eingezuckert, weil Körperbehaarung bei Frauen als unrein gilt.

Elektro-Haarwurzelverödung, die große Neuheit der vierziger Jahre, ist vielleicht eine bekanntere Methode zur dauerhaften Entfernung von Haaren. Die Arbeit erfordert Erfahrung und Geschicklichkeit, denn es wird dabei eine feine Nadelsonde eingeführt, durch die schwacher elektrischer Strom in die winzige Haarwurzel geleitet wird. Doch auch dieses Verfahren birgt Unannehmlichkeiten und Risiken in sich. Die Kosmetikerin braucht sehr viel Feingefühl, um zu wissen, wann sie auf dem Grund des jeweiligen Follikels angelangt ist. Verfehlt sie die Wurzel, so wächst das Haar wieder nach. Wird zu starker Strom eingesetzt, kann die Haut Schäden davontragen — insbesondere in empfindlichen Bereichen wie oberhalb der Augen. Einem Bericht zufolge »kann es zu Narbenbildung und Infektionen kommen, und der Anteil nachwachsender Haare kann, je nach Geschicklichkeit der Kosmetikerin, bis zu 50% betragen«. Letztendlich kommt es nur darauf an, wieviel Durchhaltevermögen die Patientin hat. So muß sie beispielsweise die lästigen Haare erst einmal eine Zeitlang wachsen lassen, denn damit die Behandlung überhaupt beginnen kann, müssen sie deutlich sichtbar sein. Doch jede Frau kann heutzutage von dem Übel unerwünschter Gesichtsbehaarung befreit werden, wenn sie die notwendige Geduld mitbringt und sich fachgerecht behandeln läßt.

Im achtzehnten Jahrhundert bezahlte der Duke of Newcastle jedes Jahr 400 Pfund für den französischen Barbier, der die Oberlippe der Duchess rasierte. Damals erfreuten sich auch selbstgemachte Enthaarungscremes großer Beliebtheit. Für eines der Rezepte benötigte man 52 Eierschalen. Ein anderes empfahl getrockneten, harten Katzenkot, den man zu Pulver zerstampfen und dann mit scharfem Essig vermischen sollte. Im Mittelalter hielt man lange Zeit nicht nur das Haar auf der Oberlippe für überflüssig — auch der Haaransatz auf der Stirn kam unters Messer. Der madonnenhafte Ausdruck, den eine solch hohe Stirn verlieh, war so begehrt, daß die Frauen sich sogar mit Essig und Katzenkot imprägnierte Bandagen um den Kopf wickelten, weil sie hofften, auf diese Weise den Haarwuchs stoppen zu können. Und optimistische Mütter rieben die Stirn ihrer Kinder mit Walnußöl ein, um künftigen Haarwuchs zu verhindern. Auch Ätzkalk war als ›Haarentferner‹ sehr beliebt; oft genug jedoch brannte er nicht nur das Haar weg, sondern auch die Haut.

Auch heutzutage helfen die Frauen manchmal nach, wenn ihre allzu niedrige Stirn nicht dem gängigen Schönheitsideal entspricht. Max Factor verhalf der brünetten Rita Cansino zu einer attraktiveren, hohen Stirn, indem er ihr den Haaransatz auszupfte. Anschließend färbte er ihr Haar rot. Und dann wurde aus ihr Rita Hayworth.

Hormone spielen für das Wachstum der Haare eine entscheidende Rolle. Hormonelle Veränderungen erhöhen die Wahrscheinlichkeit eines Damenbarts nach der Menopause. Auch die Pille hat in einigen Fällen zu unerwünschtem Haarwuchs bei jungen Frauen geführt, insbesondere um die Brustwarzen herum. Doch jetzt ist noch ein weiterer Risikofaktor hinzugekommen. In Zusammenarbeit mit einem Forscherteam der Cambridge University hat Professor Ivor Mills, Endokrinologe, herausgefunden, daß immer mehr Frauen an ›Streßkrankheiten‹ leiden und schon alarmierende Symptome damit verbundener Hormonveränderungen zeigen — Unfruchtbarkeit, Haarwuchs im Gesicht, auf dem Bauch und an den Brüsten und manchmal sogar Anzeichen von Glatzenbildung. Sein Forscherteam sieht den

Grund darin, daß die Frauen sich oft mehr Arbeit aufladen, als sie bewältigen können. Bei einer Mehrfachbelastung durch Vollzeitarbeit, Haushalt und Kinder bleibt der Streß nicht aus. Das empfindliche ›endokrine Orchester‹, wie es der Wissenschaftler Hoskins einmal nannte, kann da schnell einmal dissonant spielen.

Es ist zwar bei den Damen hin und wieder modern, ›Männerkleidung‹ zu tragen, doch handelt es sich hierbei um eine reine Geschmacksfrage; man kann die Mode mitmachen oder auch nicht. Doch eines ist klar: Keine Frau möchte morgens aufwachen und im Spiegel einen der drei Musketiere im Nachthemd erblicken. Hosen, breite Schultern, Schlips und Kragen mögen in der Damenmode kommen und gehen — Haare im Gesicht sind jedoch nie modern. In diesem einen Punkt zumindest haben die Frauen nie Ambition gezeigt, wie Männer auszusehen. Es gab jedoch ein oder zwei bemerkenswerte Ausnahmen. Göttinnen wurden oft mit Bart dargestellt; das sollte ihnen mehr Würde und Bedeutung verleihen. Im alten Ägypten trug Königin Hatschepsut, genau wie die Pharaonen, bei feierlichen Anlässen einen Bart, um ihre Autorität und Majestät zu betonen. Zum Glück war es ein falscher, der für ihre Zwecke vergoldet und mit Edelsteinen verziert wurde.

Die Einstellung zur Gesichtsbehaarung von Männern unterliegt weit größeren Wandlungen. Die Männer selbst scheinen dieses Haar zu mögen, wissen aber nicht immer so genau, ob sie es nun herzeigen sollen oder nicht. Chopin löste dieses Problem mit einem recht bizarren Kompromiß, indem er nur die eine Hälfte seines Gesichts rasierte: »Ich drehe dem Publikum immer meine rechte Wange zu«, sagte er.

Ein altes Maori-Sprichwort besagt: »Es gibt keine Frau für einen behaarten Mann.« Doch im antiken Babylon galt der Bart als Zeichen von Männlichkeit und Stärke. In Griechenland pflegte Diogenes glatt rasierte Männer höhnisch zu fragen: »Welchen Geschlechts bist du?«

Im alten Ägypten war der Bart einst das besondere Privileg der Herrscher. Auch die Oberklasse durfte — zumeist künstliche — Bärte tragen, die sich in der Größenordnung nach Rang und Einfluß ihrer Träger richteten. Doch die TV-Produzenten des zwanzigsten Jahrhunderts haben erst kürzlich die Vorstellung, daß Bärte Autorität verleihen, völlig auf den Kopf gestellt. Genau das Gegenteil ist der Fall, sagen sie. »Bartträger strahlen weniger Autorität aus, vor allem auf kleinen Bildschirmen.« Manchmal lehnen sie Interviewkandidaten ab, weil sie Haare im Gesicht haben. Könnte es vielleicht sein, daß Bärte so furchteinflößend und autoritätsstrotzend sind, daß die TV-Produzenten sich dieser Bedrohung lieber entziehen möchten? Handelt es sich hier bereits um eine leichte Form der ›Pogonophobia‹, wie man die Angst vor Bärten in Medizinerkreisen nennt?

Die Popmusiker haben schon sämtliche Bartformen durchprobiert, und bestimmte Musikrichtungen scheinen ihren Niederschlag auch in der Barttracht gefunden zu haben: Koteletten bei den frühen Rockfans; Ziegenbärte in der Folkmusik; aufsehenerregende Zapata-Schnurrbärte beim psychedelischen Sound.

Die meisten Männer, die einen Bart tragen, haben ihr Schmuckstück liebevoll herangezüchtet. Wie die Assyrer haben sie ihn eingeölt, parfümiert und gelockt — ja sogar mit Goldstaub bepudert. Sir Thomas Morus offenbarte seine Liebe zu seinem Bart, als er ihn auf dem Schafott zärtlich zur Seite schob und sagte: »Mein Bart hat sich des Verrats nicht schuldig gemacht.«

Zu anderen Zeiten waren die Bärte völlig aus der Mode gekommen. Um 1910 und zwischen den zwei Weltkriegen trugen in Großbritannien nur noch ältere Männer Bart. Die einzige andere Ausnahme bildeten die Militärs. Bei der Armee waren Schnurrbärte und bei der

Marine Vollbärte erlaubt. Laut Desmond Morris gibt der Mann durch das Abrasieren seines Bartes zu verstehen, daß er bereit ist, seine urzeitliche Aggressivität zu unterdrücken und mit seinen Mitmenschen freundschaftlich umzugehen. Insofern stellt der Schnurrbart eine Kompromißlösung dar: einerseits wird das Kinn glatt rasiert, um Freundlichkeit zu demonstrieren, andererseits signalisiert der Oberlippenbart, daß noch ein Rest Kampfbereitschaft vorhanden ist. Um ganz sicherzugehen, tätowierte sich Cash Cooper noch einen Extraschnurrbart unter seinen echten. Er wollte damit bei einem Wettbewerb antreten — und vielleicht auch Publicity einheimsen. Sein Motto war: »Nur Gott bekommt Kredit, alle anderen zahlen Cash (bar).« Viktorianische Gentlemen betonten ihr ›Symbol der Kampfesbereitschaft‹ oft, indem sie ihre Schnurrbärte wichsten und Spitzen von einer Feinheit zwirbelten, wie sie im zwanzigsten Jahrhundert nur noch auf den Köpfen von Punkern zu finden sind. In Amerika feierten die gewachsten Schnurrbärte Ende der fünfziger Jahre ein Comeback.

Doch im Laufe der letzten zehn Jahre bekam der Schnauzer in New York, San Francisco und London plötzlich eine ganz andere Bedeutung, als er nämlich zum ›Erkennungszeichen‹ der Homosexuellen wurde. Da schabten sich die Heterosexuellen ihren Schnurrbart schnellstens ab.

Im Unterschied zu den Männern legen die Frauen allergrößten Wert darauf, daß das Entfernen der Gesichtsbehaarung ein wohlgehütetes Geheimnis bleibt. Über Termine bei der Kosmetikerin, die Elektro-Haarwurzelverödungen vornimmt, wird so gut wie nie freiwillig gesprochen — eine der wenigen weiblichen Domänen, die noch völlig intakt unter dem Mantel der Verschwiegenheit ruhen.

Die Männer hingegen kehren gern in aller Öffentlichkeit hervor, daß sie sich rasieren müssen, um so ihr maskulines Image zu fördern und zu pflegen. Das Entfernen des Bartes war allerdings zuweilen eine recht schmerzvolle Angelegenheit. Julius Cäsar zum Beispiel ließ sich — wie die Sumerer oder auch Beau Brummell — seinen Bart mit Pinzetten auszupfen. Und daraus machten diese Männer auch kein Geheimnis. So wußte jeder, daß sich unter der Bekleidung ein gestandener, komplett behaarter Mann verbarg, auch wenn er in der Öffentlichkeit noch so bartlos auftrat.

Und der ›New Man‹ der achtziger Jahre? Er cremt sein Gesicht ein; er probiert die »unübertroffen sanfte und gründliche Rasur mit den sechsfach geschliffenen, zweimal polierten und dreifach veredelten Schwingkopfklingen«, die die alten Rasiermesser ersetzt haben, oder er rasiert sich trocken mit einem Elektrorasierer, unterstützt durch eine Pre-shave Lotion. Doch egal wie oder womit er sich rasiert, wir alle wissen, daß sich innerhalb von vierundzwanzig Stunden unweigerlich wieder dieser altvertraute, blaue Schatten im Gesicht breitmacht. Ende der siebziger Jahre war ein solch angedeuteter Bart plötzlich der letzte Schrei. Selbst Cliff Richard mit seinem Knabengesicht ließ sich einen ›Fünf-Uhr-Schatten‹ stehen. Inzwischen kann man sich den modernen Drei-Tage-Bart auch richtiggehend heranzüchten. Es gibt Rasierköpfe zu kaufen, die rundherum exakt 3 mm stehen lassen — oder auch mehr, wenn man will.

Bei Popstar George Michael ragen auf der Bühne immer kräftige, männliche Borsten aus dem Make-up hervor, die nur darauf warten, über eine willfährig dargebotene weibliche Wange zu kratzen. Gegen eine so deutlich sichtbare Hervorhebung dieses gravierenden Unterschiedes zwischen den Geschlechtern ist keine Frau gewappnet. Denn die Botschaft ist eindeutig. Der Drei-Tage-Bart ist da in seiner Aussage noch klarer als ein Vollbart oder ein Schnauzer: In jedem glattrasierten Mann steckt geballte Potenz, die jederzeit hervorbrechen kann.

NASENOPERATIONEN

Hinter seinem Rücken nannten seine Soldaten ihn ›Schnüffler‹. Doch der Duke of Wellington betrachtete seine große, gebogene Nase als sein kostbarstes Stück und war der Ansicht, sie verleihe ihm als Befehlshaber besondere Autorität. Auch Napoleon bewunderte Männer mit starken Nasen und setzte viel Vertrauen in sie. »Gebt mir einen Mann mit einer anständigen Nase«, sagte er. Das war allerdings vor Waterloo.

Wir alle haben ganz klare Vorstellungen davon, was verschiedene Nasenformen über den Charakter, die Persönlichkeit und vor allem über die Sexualität eines Menschen aussagen. Große, gebogene Nasen stehen für Männlichkeit und Stärke. Kleine Stupsnasen sind babyhaft und sehr weiblich. Und dieser Eindruck kommt nicht von ungefähr, denn es gibt tatsächlich geschlechtsspezifische Unterschiede: Männer haben oft größere und stärker gebogene Nasen als Frauen.

Die Römer glaubten fest daran, daß man an der Nasenlänge die Virilität eines Mannes ablesen könne. Auch heute noch werden Bemerkungen über eine ›römische Nase‹ normalerweise als Kompliment aufgefaßt. Desmond Morris' Erklärung dafür lautet, daß der Mann nur zwei lange Auswüchse auf der vorderen Mittellinie seines Körpers hat, deren Ausmaße im Unterbewußtsein miteinander in Verbindung gebracht werden. Je größer die Nase, desto größer die männliche Ausstattung (»lange Nase, langer Johannes«).

Morris treibt die Analogie noch weiter. Bei ihm ist nachzulesen, daß sexuelle Erregung die Nase eines Mannes vergrößert — zumindest zeitweise: In Momenten großer Leidenschaft wird sie mit Blut vollgepumpt, und die Nasenwände, die ja großenteils aus elastischem Gewebe bestehen, erweisen sich plötzlich als Schwellkörper. Und heißer wird sie auch, behauptet er. Ein besonders eifriger Forscher, der verständlicherweise jedoch wohl etwas abgelenkt war, hat angeblich sogar den Beweis dafür erbracht: Er verglich die Temperatur einer Nase, die ihren alltäglichen Geschäften nachgeht, mit einer emotional aufgewühlten Nase beim Liebesakt.

Da ist es doch eigentlich sehr verwunderlich, daß Männer mit großen Nasen überhaupt auf die Idee kamen, sich eine kleinere zu wünschen — abgesehen davon, daß sie vielleicht bei den modernen Feministinnen größeren Anklang finden, wenn sie ihnen ein weniger provozierendes Phallussymbol präsentieren. Dem Wunsch nach einer anderen Nase können auch ganz einfach ästhetische Motive zugrunde liegen. Die Popsänger Tom Jones und Andrew Ridgeley von der Gruppe *Wham!*, die sich beide ihre recht stattlichen Nasen auf ein gefälliges Maß zurechtschneiden ließen, machten sich wohl weniger Sorgen darum, daß man sie für Machos halten könnte; sie wollten einfach nur eleganter aussehen.

Bei Frauen gelten kleine Nasen als außerordentlich begehrenswert. Das Geheimnis liegt darin, daß sie die Damen jugendlich erscheinen lassen. Die Partie zwischen Augen und Nasenlöchern ist bei Babygesichtern unverhältnismäßig kurz, so daß nur noch Raum für einen winzigen Klecks von Nase bleibt. Und diese liebenswerte Baby-Knopfnase ist es, die bei Erwachsenen angeblich den Beschützerinstinkt anspricht. Hinzu kommt die Vorstellung, daß alles, was jung ist, automatisch auch gesund, und alles, was gesund ist, automatisch auch schön ist — das macht die kleine Nase so attraktiv.

Amerikanische Fernsehpersönlichkeiten wie Cilla Black und Marti Cane machen kein Geheimnis aus ihren operativ verkürzten Nasen. Auch Barbara Goalen, die ›Königin der Mannequins‹ in den fünfziger Jahren, ließ sich der Schönheit zuliebe ihre Nase zurechtstutzen.

Tom Jones vor und nach der Nasenverkürzung

Lynsey de Paul: »Eine Nasenoperation sollte man nie leichtnehmen.«

In früheren Zeiten unseres Jahrhunderts empfahl man den Frauen, die ihre Nase für zu breit hielten, eine ›Nasenklammer‹ — eine recht merkwürdige Konstruktion, die mit Hilfe von Gummibändern an den Ohren befestigt und dann mit kleinen Schrauben an die Nase angepaßt wurden. *Vogue* war hellauf begeistert, vor allem, weil die Klammer völlig ungefährlich war und — wie die Redaktion versicherte — absolut zuverlässig und »sanft beide Seiten der Nase formt, ohne die Atmung zu behindern«. Ein Mannequin der siebziger Jahre, Lauren Hutton, bekannte sich zu einer viel einfacheren Methode: Sie hatte eine Wäscheklammer benutzt, um ihre widerspenstige Nasenspitze einzuklemmen und aufzurichten.

Vielleicht verdanken wir es dem Feminismus, daß die Frauen sich heute viel besser gefallen als je zuvor und immer mehr erfolgreiche Stars sich einen Eingriff an ihrer ›starken‹ Nase verbitten. Sophia Loren zum Beispiel ist fest davon überzeugt, daß das Gesicht durch eine Nasenverkürzung seine »besondere Ausdruckskraft und Schönheit« verliert. Auch Meryl Streep und Barbra Streisand haben bewußt an ihren ausgeprägten Nasen festgehalten. Was soll diese Gleichmacherei schon bringen? Persönlichkeit und Individualität sind gefragt, nicht Konformismus.

Aber die Nase bietet sich für Experimente förmlich an. Und man kann dadurch den ganzen Gesichtsausdruck nachhaltig verändern. Leonardo da Vinci war überzeugt, daß vor allem die Nase den wesensmäßigen Charakter des Gesichts bestimme. Pascal glaubte, »die Welt würde völlig anders aussehen«, wenn Cleopatra eine andere Nase gehabt hätte. Dürer demonstrierte anhand seiner Zeichnungen, welch eigenartige und bemerkenswerte Alterationen allein durch Veränderung der Nasengröße zu erreichen sind. Ein neues Gerät, das der Polizei bei der Identifizierung Krimineller behilflich sein soll (der ›Gesichtssimulator‹ von Liggett), macht es heutzutage möglich, auf einem Fernsehbildschirm Größe und Position von Konturen und Gesichtszügen zu variieren. Das hat eindeutig gezeigt, daß schon bei der geringsten Veränderung der Nasengröße ein völlig anderer Gesichtsausdruck zustande kommen kann.

Auch rein praktisch gesehen, weist die Nase die ideale Struktur für Schönheitsoperationen auf. Einer der großen Vorteile der Rhinoplastik ist nämlich, daß fast immer von den Nasengängen her operiert werden kann, so daß eventuelle Narben unsichtbar bleiben. Knorpel — woraus ja die harten Teile der Nase größtenteils bestehen — kann man von innen her mit einer kleinen Bajonettsäge attackieren und entfernen, ohne Spuren zu hinterlassen.

Doch wie bei jeder Schönheitsoperation kann auch hier vieles schiefgehen, vor allem, wenn die Qualifikation des Chirurgen zweifelhaft ist. Viele nichtsahnende Patienten und Patientinnen haben unter den Händen skrupelloser Scharlatane zu leiden gehabt. Erst kürzlich wurde einer Frau bei einer Nasenoperation zuviel Knochenmasse entfernt. Die Nase sackte ab, war zum Atmen nicht mehr zu gebrauchen, und schlucken konnte die Dame auch nicht mehr.

Selbst ein harmloser postoperativer Nieser kann manchmal Nähte und Füllmaterial in der Nase durcheinanderbringen und eine zweite Operation notwendig machen.

Hin und wieder kann es aber auch passieren, daß ein Patient oder eine Patientin sich aufgrund bescheidener Anfangserfolge zu große Hoffnungen machen und ins Unglück rennen. Die Sängerin Lynsey de Paul litt unter ihrer großen Nase und ihren großen Nasenlöchern.

Gegenüber: Sophia Loren meint, das Gesicht verliere durch eine Nasenverkürzung seine ›besondere Ausdruckskraft und Schönheit‹

Ihre Nase war, wie sie sagte, »so riesig, daß ich völlig problemlos meine beiden Zeigefinger gleichzeitig hineinstecken konnte. Es war schrecklich. Eine große Nase ist weiß Gott nicht komisch.« Als sie siebzehn war, ließ sie ihre Nase zum erstenmal operieren. Angespornt von dem Erfolg, ließ sie sich zu einer zweiten Operation hinreißen — die eigentlich gar nicht notwendig war, wie sie selbst zugibt. Und dann ging es auch prompt schief. Als sie in einem Interview nach ihrer zweiten Operation gefragt wurde, erzählte Miss de Paul verbittert von »den Schmerzen«, »den Knochentransplantationen« und »den Knochensplittern, die man meinen Rippen entnahm«. »Jetzt ist mir klar, daß man eine Nasenoperation nie leichtnehmen darf, und ich würde allen Leuten empfehlen, es sich zweimal zu überlegen, bevor sie sich darauf einlassen ... Alles, was ich dazu sagen möchte, ist, daß meine nachfolgenden Nasenoperationen mit Schönheitskorrekturen absolut nichts mehr zu tun hatten.«

Aber in der Rhinoplastik gibt es auch noch andere Probleme. Allen voran wäre da der Schock zu nennen, den die Patienten und Patientinnen bekommen, wenn ihnen aufgrund der veränderten Nase plötzlich ein ganz fremdes Gesicht aus dem Spiegel entgegenblickt. Darauf sind viele einfach nicht vorbereitet. Kürzlich geriet eine Amerikanerin wegen ihres ›neuen Aussehens‹ dermaßen aus der Fassung, daß sie sagte, sie brauche »psychotherapeutische Hilfe, um mich an meine Nase zu gewöhnen«.

Das zweite Problem ist oft noch gravierender und entsteht dadurch, daß die Leute unrealistische Erwartungen an eine solche Schönheitsoperation stellen. Nicht nur, daß einige sich völlig falsche Vorstellungen davon machen, wie schön sie danach sein werden; viele Frauen glauben auch, die Operation würde nicht nur ihr Aussehen verändern, sondern auch ihre Ehe retten und ihre ganze Persönlichkeit verbessern und verändern. Aber noch schlimmer ist — wie Psychiater und Chirurgen offen zugeben —, daß zahllose Menschen, die mit schwerwiegenden psychischen Problemen zu kämpfen haben, meinen, eine Schönheitsoperation würde ihre Neurosen auf der Stelle heilen und sämtliche Probleme ihres Lebens lösen. Es ist unvermeidlich, daß solche Leute nach der Operation schwer enttäuscht sind und noch tiefer in die Depression absacken, manchmal sogar Selbstmord begehen. Sehr oft wird keineswegs eine Schönheitsoperation gebraucht, sondern vielmehr verständnisvolle Beratung.

Das Problem ist, daß nicht alle Leute in der Lage sind, genau zu erklären, was sie sich eigentlich vorstellen. Ihnen fehlen die Worte, um die großartige, neue Nase ihrer Phantasie zu beschreiben, mit dem Ergebnis, daß der Chirurg munter drauflos schnippelt und dabei ein ganz anderes Endprodukt im Kopf hat als die Traumnase seines Patienten oder seiner Patientin.

Schönheitsideale und die Vorstellungen davon, was denn nun perfekt sei, sind von Mensch zu Mensch verschieden. Noch größer werden die Unterschiede von Land zu Land. Australische Eingeborene haben zum Beispiel völlig andere Vorstellungen von Schönheit als die Menschen im Westen: Sie versuchen, die Nasen ihrer Babys abzuflachen, indem sie ihre Köpfe auf den Boden drücken oder ständig die Hand auf die Nase der Kinder pressen. Das letzte, was sie sich wünschen würden, wäre die spitze Adlernase der Europäer. Später setzen sie zuweilen ihre eifrigen Bemühungen fort, indem sie das Septum — die Nasenscheidewand — mit einem Stock oder einem Knochen durchbohren, damit die Nase sich mehr zur Seite hin ausbreitet und das Gesicht dieses heißbegehrte breitgeschlagene Aussehen bekommt.

In Neuguinea setzt man mehr auf äußerliche Verzierungen. Die Nase wird höchst effektvoll mit Fangzähnen und Federn ›bekleidet‹. Auch in anderen Ländern ist solcherlei Schmuck sehr beliebt. Oft werden Löcher in den unteren Teil der Nasenscheidewand oder in die Nasenflügel gebohrt und dann alle möglichen Knöpfe, Ketten oder Edelsteine daran befestigt. Auf dem indischen Subkontinent sind wertvolle Gold- und Diamantnasenknöpfe besonders beliebt. In der britischen Punk-Subkultur ging es zwar nicht ganz so exotisch, aber genauso ungemütlich zu, als die jungen Männer und Frauen ihre Nasen mit Gebrauchsgegenständen behängten — vorzugsweise solchen, denen auch noch ein Hauch von Bedrohung anhaftete — wie Sicherheitsnadeln, Haken oder gelegentlich auch Rasierklingen.

Auch in Celebes befestigte man einst Haken an der Nase, aber aus einem ganz anderen Grund: Die Nasengänge wurden als ›Pfad der Seele‹ betrachtet. Oft gehörte es zur Behandlung eines Kranken, daß ihm die Nase verstopft wurde, damit der Geist nicht frühzeitig entweichen konnte. Manchmal befestigte man auch liebevoll Angelhaken an den Nasenlöchern der Patienten, um die Seele aufzuhalten, wenn sie allzu hastig entfliehen wollte.

KNOPF IM OHR

»Große Ohren«, sagte Aristoteles, sind ein Zeichen dafür, daß die betreffende Person »zu belanglosem Gerede und Klatschgeschichten neigt«. Wenn dem so wäre, dann würden rassisch bedingte Unterschiede in der Größe der Ohren bedeuten, daß die gelbbraunen Völker Asiens — die die größten Ohren haben — geschwätzig sind; Afrikaner — die die kleinsten Ohren haben — wären demnach tüchtig und schweigsam. Doch Charakteranalysen aufgrund von Form und Größe der Ohren werden skeptisch beurteilt. Mr. Spock als Repräsentant der Außerirdischen scheint mit seinen spitzen Ohren gut anzukommen. In alten Legenden wird der Teufel immer mit spitz zulaufenden Ohren dargestellt. Doch ernsthafte Charakterbeurteilungen können nicht von den Ohren hergeleitet werden. Auch Form und Größe eines Gesichts lassen keinerlei Rückschluß auf die dazugehörigen Ohren zu. Eine zierliche, hübsche Person, bei der man normalerweise kleine Ohren erwarten würde, kann sehr wohl riesige ›Segelohren‹ wie Chestertons Esel haben.

Ein solch verführerischer Fleischlappen konnte Angriffen im Namen der Schönheit natürlich nicht entgehen. Vor allem die Ohrläppchen bieten sich für Gesichtsschmuck förmlich an. Westliche Frauen haben von alters her eine Vorliebe für Ohranhänger, deren Bewegungen für gewöhnlich den Eindruck erwecken, als sei das Gesicht vergleichsweise ruhig. Wünscht man also eine starre, unbewegliche Miene, so werden leichte, um das Ohr herumflatternde Mobiles diesen Effekt sicherlich noch verstärken. Bei einem lebhaften ›Gesichtsmenschen‹ hingegen wird ein Wirbel von Ohrringen als Umrahmung für ein unruhiges Gesicht wohl kaum dazu beitragen, diese spezielle Art von ruhiger Schönheit auszustrahlen. Auf manche Menschen wirken Vitalität, Lebendigkeit und ein leidenschaftliches Mienenspiel aber vielleicht sympathischer und schöner als die kalkulierbare Monotonie eines ruhigen, statischen Gesichts.

In einigen Teilen der Welt dienen die Ohren als eine Art persönliche Schatzkammer. In Indien verkörpern Ohrringe aus Gold und Edelsteinen oft das ganze Vermögen einer Frau und sind in ihren Ohren vielleicht sogar besser aufgehoben als in ihrem Schmuckkästchen. Im Südpazifik geht es den Männern und Frauen nicht so sehr darum, Schätze in ihren Ohren aufzubewahren; sie wollen vielmehr ihre Ohrläppchen langziehen, um attraktiver auszusehen. Die größten und längsten Ohrläppchen gelten als die schönsten, und deshalb werden Kurzwaren aller Art eingesetzt, um sie noch weiter auszudehnen: schwere Messer und Ringe … ja sogar halbgerauchte Zigarren. Zu Anfang dieses Jahrhunderts erblickte der Anthropologe Sumner eine melanesische Frau, die einen kleinen Hund mit den Füßen nach oben an

Auch William Shakespeare trug stolz einen Ohrring zur Schau

ihre Ohren gehängt hatte. Solch groteske Streckmanöver können jedoch selbst für diejenigen, die herunterhängende Ohrläppchen bewundern, gefährlich werden. Wenn man durch Gestrüpp und Urwald pirschen muß, können die Hängeohren dabei zerrissen oder gar abgetrennt werden.

Das Durchstechen der Ohren erfreut sich schon seit Jahrhunderten großer Beliebtheit. Ein Gemälde von Shakespeare zeigt ihn, wie viele seiner Zeitgenossen, mit einem einzelnen Ohrring. Vor langer Zeit trugen die Seeleute einen Ohrring als Talisman, damit sie vom Schicksal verschont würden und zu ihrer Geliebten, die die andere Hälfte des Paares trug, zurückkehren konnten. Heutzutage wird das Durchstechen eines einzelnen Ohres oft mit homosexuellen Neigungen in Verbindung gebracht. Doch niemand scheint so genau zu wissen, welche Seite die richtige ist. Die rechte oder die linke? Am besten geht man einfach davon aus, daß ein Mann, der einen einzelnen Ohrring trägt, damit durchaus nicht unbedingt zum Ausdruck bringen will, daß er schwul ist.

Die Punker durchbohrten ihre Ohren gern mehrfach: Sie behängten ihre Ohrläppchen bis zur Grenze der Belastbarkeit mit Protestschmuck. Danach übernahm auch die bürgerliche Schickeria diese Mode und ließ sich den ganzen äußeren Rand der Ohrmuschel durchlöchern.

Nigerianische Frau mit einer ganzen Galerie von Ohrringen

Doch das Ohrlochstechen kann selbst unter sterilsten Bedingungen zu Infektionen führen. Dr. Peter Longstaff berichtete, daß ihn 1988 vier bis fünf Patienten pro Woche auf der Unfallstation seines Londoner Krankenhauses aufsuchten, weil das Durchlöchern ihre Ohren beschädigt hatte. Manche Ohren sind allergisch auf bestimmte Metalle und reagieren häufig mit einem Abszeß. Die Ohrläppchen schwellen an, und oft müssen beide Ohrringe zusammen mit einem Stück Ohrläppchen *in toto* entfernt werden. Ältere Frauen haben des öfteren Probleme mit Ohrlöchern, die noch aus ihrer Jugendzeit stammen: Die ursprünglichen Löcher weiten sich, und es kann dann nur noch operativ Abhilfe geschaffen werden. Eine Frau, deren Ohren schon seit zweiundzwanzig Jahren durchstochen waren, stellte eines Tages beim Haarewaschen fest, daß eines ihrer Ohrläppchen gespalten war. Ihr Arzt überwies sie an einen Schönheitschirurgen, der es für rund 1000 DM wieder zusammennähte.

Inzwischen hat AIDS zu einer allgemein verbreiteten Angst vor infizierten Nadeln geführt. In den achtziger Jahren wurden immer weniger Ohren durchstochen, weil die Männer und Frauen bei solcherlei Eingriffen jetzt mehr Vorsicht walten lassen.

Bei orientalischen Völkern gehörte das Durchstechen der Ohren bei jungen Mädchen oft obligatorisch zum Initiationsritus, durch den sie in den Augen der Gemeinschaft zur Frau wurden. Manchmal betrachtete man die Ohren auch als Symbol der weiblichen Genitalien.

Von daher sahen es die alten Ägypter als gerechte Strafe an, einer Ehebrecherin die Ohren abzuschneiden. Aus demselben Grunde diente die Verstümmelung der Ohren in manchen Kulturen gelegentlich als Ersatz für Klitorisbeschneidung. Die Dogon-Frauen im nordafrikanischen Mali, die sich des sexuellen Symbolcharakters der weiblichen Ohren sehr wohl bewußt sind, tragen Ohrringe aus besonderer Vorsicht, um böse Geister fernzuhalten. Die Omanis von Sansibar bohren ein Loch durch die Ohrmuschel (lieber als durch das Ohrläppchen), damit der Dschinn nicht eindringen kann. Der Dschinn ist der böse Geist, der versucht, durch den Gehörgang in die Seele zu gelangen, doch dann schlüpft er versehentlich durch das falsche Loch und entschwindet wieder, ohne Schaden angerichtet zu haben. Im Westen ist in Texten über Sexualpraktiken oft nachzulesen, daß das Küssen, Streicheln und Knabbern an den Ohren eine sexuell stark erregende Wirkung habe. Kinsey und seine Kollegen am Institut für Sexualforschung in Indiana berichten, daß in Ausnahmefällen sogar »eine Frau oder ein Mann durch die Stimulierung der Ohren einen Orgasmus erreichen kann«.

Stark abstehende Ohren wirken so unpassend und exzentrisch, daß sie oft zum Gegenstand unhöflicher Belustigung werden, was insbesondere bei Kindern zu psychischen Schäden führen kann. Manche Mütter haben starke Schuldgefühle und machen sich Vorwürfe, weil sie ihre Babys auf umgeknickten Ohren schlafen lassen, was natürlich gar nichts mit den abstehenden Ohren zu tun hat.

Doch ›Segelohren‹ können im täglichen Leben zu einer echten Belastung werden, und die Betroffenen wenden sich mit ihrem Problem oft an einen Schönheitschirurgen. Dieser kann genau hinter dem Ohr und an der Ohrmuschel zwei gleich große, sichelförmige Stückchen Haut entfernen und dann die Ränder wieder zusammennähen. Bei Männern und Frauen mit kurzen Haaren und eitlen Punkern, deren Mohikaner-Haarpracht die Ohren besonders gut zur Geltung bringt, kann sich das Erscheinungsbild dadurch enorm verändern. Bei Kindern kann es eine lebenslange Wohltat für die Seele sein.

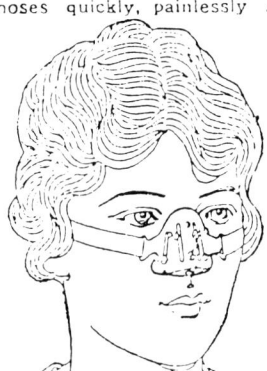

7.

DAS GESICHT: FORMVERÄNDERUNGEN

EWIGE JUGEND

Tallulah Bankhead war nicht die erste Frau, die den Spiegel zum Sündenbock für ihr alterndes Gesicht machte, als sie sagte: »Die Spiegel sind auch nicht mehr das, was sie einmal waren!« Elizabeth I. fand ihr ramponiertes Spiegelbild so entsetzlich, daß sie sämtliche Spiegel von ihrem Hof verbannte — die gehässigen Dienerinnen, die ihr jeden Tag das Gesicht schminken mußten, ließen sich diese Gelegenheit natürlich nicht entgehen und malten ihr die Nase knallrot an.

Die Tatsache, daß Jugend vergänglich ist, zeigt sich leider auch im Gesicht. Die Konturen und Farben verändern sich, aus einem Kinn werden mehrere, aus Bäckchen werden Hängebacken. Oft hat das siebzigjährige Gesicht so wenig Ähnlichkeit mit dem zwanzigjährigen, daß man sich problemlos für jemand anderen ausgeben könnte.

Doch die meisten Menschen sehnen sich nach den glatten Konturen des jugendlichen Gesichts zurück. Wie wir mit diesem Bedürfnis umgehen, bleibt jedem einzelnen von uns überlassen. Wir können das Unvermeidliche akzeptieren und nur noch auf Persönlichkeit setzen. Wir können uns aber auch verstecken, wie die Garbo, die sich aus der Öffentlichkeit zurückzog, als ihre Filmzeiten vorüber waren.

Wir können dem Alter aber auch durch Vorspiegelung falscher Tatsachen den Kampf ansagen — vielleicht durch eine schmeichelhafte Frisur, die das Gesicht vorteilhaft umrahmt; auch ein raffiniertes Make-up eignet sich hervorragend für Täuschungsmanöver. Mannequins wissen seit langem, wie Frauen ihr Gesicht mit Hilfe einer üppigen Palette kosmetischer Farben ›gestalten‹ können. Ihre vollendeten Gesichter sind oft geradezu Skulpturen aus Puder und Tönungscremes und haben dabei das Skalpell des Chirurgen noch nicht einmal von weitem gesehen.

Wem diese Möglichkeit nicht so zusagt, der kann auch in Dr. Ana Aslans Klinik gehen, um ihre Gerovital-H3-Verjüngungskur auf Prokainbasis auszuprobieren. Jedes Jahr pilgern 20 000 Menschen zu ihr nach Rumänien, und noch weitaus mehr lassen sich in den 73 Ländern, in denen ihre Kur erhältlich ist, trotz medizinischer Einwände die Spritzen von ihrem eigenen Arzt geben.

Und dann gibt es natürlich noch Dr. Paul Niehans, den Erfinder der ›Frischzellentherapie‹ — Lieblingsarzt der Berühmten und notwendigerweise Reichen. Viele Leute wünschten jedoch, er hätte diese ekelhafte Behandlungsmethode nie entwickelt. Seine Idee sah so aus: Die Ersatzzellen für die Millionen, die wir jede Sekunde verlieren, büßen mit zunehmendem Alter an Qualität und Quantität ein. Warum sollte man sie also nicht durch Zellen ungeborener Tiere ersetzen? Tiere haben eine ähnliche biochemische Struktur wie wir — Schafe sind besonders widerstandsfähig gegen Krankheiten, und Fötuszellen sind steril und noch nicht geschädigt. Also schneidet man den Viechern kurzerhand die Gebärmutter heraus, dreht die noch lebenden Embryos durch den

Fleischwolf und verpaßt dem Patienten oder der Patientin gleich darauf eine Spritze aus diesen Gewebszellen. Als Merle Oberon zur Behandlung eintraf, war sie fast fünfzig — Niehans sagte, sie würde sich bald wieder wie zwanzig fühlen. Nach einer Woche konnte sie positive Ergebnisse vermelden: mehr Energie, strahlende Haut, ein straffer, starker Körper. Ähnliches hört man von Leuten, die Gelée Royale ausprobiert haben — eine Substanz, die in der Kopfdrüse von Arbeitsbienen produziert wird, um die angehende Königin zu ernähren. Gegenwärtig wird es von Professor Robinson am King's College der University of London untersucht: 96 % der Bestandteile sind bereits bekannt und nicht weiter erwähnenswert. Doch es verbleiben schwer definierbare, verlockende 4 %, die sich jeder Analyse widersetzen. Ist es nun ein altes Hausmittel für Leute, die an das glauben wollen, was Dr. Tom Sanders kürzlich als ›Tinktur der Märchenfee‹ bezeichnete? Oder sind wir tatsächlich dem Geheimnis von Cliff Richards Jugend auf der Spur? Sind wir vielleicht sogar dabei, die Prinzessin von Wales, die Herzogin von York, Barbara Cartland und die Millwall-Fußballmannschaft zu entlarven, die angeblich alle auf Gelée Royale schwören? Es ist sicher der Schlager schlechthin in China, Japan, Griechenland und im ganzen Ostblock, wo es — nach den Worten von Mrs. Irene Stein, der Erfinderin von *Regina Jelly* — sehr ernst genommen wird. Honig kann auf jeden Fall nicht schaden — es sei denn, man erwischt den sogenannten ›Wahnsinnshonig‹ aus der Türkei, der dem *Journal of the American Medical Association* zufolge den Blutdruck senkt und das Herz langsamer schlagen läßt. Nektar aus *Rhododendron ponticum* ist hierbei der Missetäter.

Bei einer anderen, vieldiskutierten Behandlungsmethode verwendete man einen amorphen Puder, der aus den hinteren Lappen der Hirnanhangdrüse von Säugetieren gewonnen wurde. Als Energiespender für die Muskeln aktivierte es die Muskel-Venen-Pumpe; während der Entbindung unterstützte es die Frauen außerdem bei den Preßwehen. Es erhöhte auch den Blutdruck und fungierte als Anti-Diuretikum. Es war von Schweizer Kliniken als generelles Verjüngungsmittel entwickelt worden, wurde ›Affendrüse‹ genannt und war der große Renner der zwanziger Jahre.

Doch die höchsten Steigerungsraten im Bereich der Verjüngungskuren hat die Schönheitschirurgie zu verzeichnen, insbesondere in den Vereinigten Staaten. Dort halten 600 000 Männer und Frauen das Alter mit dem Messer in Schach. Eine New Yorkerin, die mit einer Augenlid-Operation begann, läßt sich jetzt regelmäßig jedes Jahr von ihrem Chirurgen ›runderneuern‹ (ihr Arzt bezeichnet es lieber als eine ›Fortsetzungsgeschichte‹). Und sie gibt die derzeitige Stimmungslage exakt wieder, wenn sie fragt: »Warum sollte man ausgerechnet im Gesicht ein Stück überflüssiger Haut verschonen, das man sonst nirgendwo dulden würde?« Ihre Philosophie ist einfach und unkompliziert: Wenn irgend etwas verrutscht, absackt oder herumschwabbelt, dann wird es eben wieder in Ordnung gebracht.

Das Geld hat sie dazu, und an Leuten, die solche Operationen durchführen, mangelt es auch nicht. In den Vereinigten Staaten gibt es Chirurgen wie Sand am Meer: In einem Bundesstaat kommen auf eine Bevölkerung von drei Millionen allein zweiundfünfzig qualifizierte Schönheitschirurgen. In Großbritannien hingegen stehen 55 Millionen Einwohnern nur neunzig qualifizierte Fachärzte zur Verfügung. Das ist sicherlich auch ein Grund dafür, warum die Einstellungen in den beiden Ländern so verschieden sind, obwohl Dr. Gerald Imber in New York nach wie vor der Meinung ist, die Briten seien einfach viel zu verklemmt und »setzen sich selbst ganz unsinnige Grenzen, die sie auch für ein besseres Aussehen nicht zu überschreiten bereit sind«.

Es gibt allerdings auch Ausnahmen. Für Maria Kay, Mitte dreißig und Tontechnikerin bei der

Gegenüber: Wie schafft es Joan Collins (die Schönheitsoperationen ablehnt), so jugendlich auszusehen?

BBC, sind Schönheitsoperationen zu einem Hobby geworden, obwohl sie mit der Öffentlichkeit nichts zu tun hat. In einem Interview mit der Zeitschrift *She* (im Juli 1988) sagte sie: »Wenn man einmal damit anfängt, kann man nicht mehr aufhören!« Sie hat schon zwei Nasenoperationen hinter sich und will vielleicht noch ein kleines Stückchen entfernen lassen. Sie hat sich auch Collagen-Implantate in die Stirn einsetzen lassen, und der nächste Schritt werden zusätzlich neue Silikon-Wangenknochen sein: »Der rechte hat ein bißchen Schlagseite — ich bin bei der Blumenpflege mit dem Knie dagegen gestoßen und bin wahrscheinlich selbst schuld daran. Nach der Operation hat man starke Schmerzen; es fühlt sich an, als hätte man sich den Kiefer verrenkt; alles ist ganz hart, und fünf Tage lang kann man nur flüssige Nahrung zu sich nehmen. Wenn Nahrungspartikel in die Nähte gelangen, kann es zu Infektionen kommen, aber man ist sowieso nicht in der Lage, irgend etwas zu kauen. Auch lächeln kann man nicht. Das Gesicht tut viel zu weh ...«

Außerdem hat sie sich die Gesichtshaut abschmirgeln lassen und will das auch weiterhin tun.

Später will sie sich noch neue ›wollüstige‹ Lippenumrandungen tätowieren lassen und die Augenbrauen gleich dazu (ihre eigenen sind nicht mehr nachgewachsen, weil sie sie zu oft ausgezupft hat). In ein paar Monaten wird sie sich die Haut chemisch abschälen lassen, um ihre Falten loszuwerden. Das bedeutet allerdings, daß sie einen Monat lang im Sitzen schlafen muß, um den Heilungsprozeß der Blutergüsse zu beschleunigen. »Das Zeug ist so giftig ... man kann einfach nicht riskieren, daß es in den Blutkreislauf gelangt.«

Danach will sie sich dann noch das Gesäß und die Schenkel straffen lassen.

»Ich mache das alles nur für mich. Ich bin Idealistin und möchte gern, daß mein Aussehen dem entspricht, was ich mir unter ästhetischer Perfektion vorstelle.«

Sobald die Natur taktlos daran erinnert, daß die Jahre vergehen, ergreifen die Amerikanerinnen, ohne lange zu zögern, die entsprechenden Gegenmaßnahmen. Wenn dein Ehemann dich verläßt, gräm dich nicht, laß dir lieber das Gesicht liften, lautet die Devise. Und es scheint zu funktionieren: Eine Siebzigjährige, die sich einer Operation unterzog, fühlt sich seitdem wieder voller Tatendrang und Lebensfreude. Jetzt, nachdem sie den Schock überwunden hat, ist sie heilfroh darüber, daß sie ihren 83jährigen Nestflüchter los ist.

Für gewöhnlich enthüllen Amerikanerinnen mit beneidenswerter Offenheit, welche ihrer Körperteile generalüberholt oder vielleicht sogar ersetzt wurden. Auch die Identität ihrer Chirurgen geheimhalten zu wollen, hätte wenig Sinn. Viele Leute sind der Meinung, man könne das Markenzeichen einzelner Chirurgen ohne weiteres erkennen. Um es mit David Nivens Worten zu sagen: »An der Figur, den äußeren Umrissen einer Frau kann man genau erkennen, zu welchem Schönheitschirurgen sie geht.«

Wer mehr Wert auf Diskretion legt, kann immer noch nach Rio fliegen, wo Dr. Ivo Pitanguy — der in einem *You*-Artikel als ›der beste Chirurg der Welt‹ bezeichnet wurde — nicht nur Chirurgie, sondern auch ein Refugium anbietet. 40 000 Operationen hat er bereits ausgeführt, ohne verräterische Spuren zu hinterlassen — nur der Stempel der Perfektion ist zu sehen. Und wenn es um die Namen seiner berühmten Patientinnen und Patienten geht, hüllt er sich in diskretes Schweigen. Nur eines gibt er preis: Das Gesichtslifting zur Bekämpfung von Alterserscheinungen ist die Operation, die am häufigsten gewünscht wird.

In Amerika ist es inzwischen gang und gäbe, sich das Gesicht liften zu lassen. ›Gesichtslifting‹ ist natürlich ein sehr weiter Begriff; nach Erfahrung der Chirurgen hat jeder Patient, jede Patientin ganz individuelle Probleme mit seinem/ihrem Gesicht. Die eine will unbedingt ihr Doppelkinn entfernt haben, für den anderen ist vielleicht eine hohe Stirn das Wichtigste.

Manche Leute eignen sich für Liftings besser als andere. Männer und Frauen mit hohen Wangenknochen sind im Vorteil, weil das knochige Rahmengestell die hochgezogene Haut besser festhält. Wer keinen so vorteilhaften Gesichtsschnitt hat, kann sich immer noch Implantate einsetzen lassen — künstliche Wangenknochen aus Silikon. Eine gute Investition, wenn man bedenkt, daß dadurch die Lebensdauer des Liftings verdoppelt werden kann.

Und wann wird aus dem ›Lift‹ ein ›Lastenaufzug‹? Normalerweise dann, wenn die Furchen in der Stirn und die senkrechten Linien zwischen den Augen anfangen, sich den Streicheleinheiten des Skalpells zu widersetzen. Bei einem konventionellen Gesichtslifting wird die Haut hochgezogen, wodurch Stirnfalten recht gut beseitigt werden, doch leider sind diese ›Ausdruckslinien‹ auf der Stirn außerordentlich hartnäckig und können durchaus nach einem Jahr schon wieder auftauchen — besonders bei Leuten, die gern und viel mit dem Gesicht kommunizieren. Deshalb dringen einige Chirurgen noch tiefer ins Fleisch ein und schneiden in den Glabella-Muskel. Auf diese Weise verschwinden die Falten für längere Zeit; die Patientin kann die Stirn dann allerdings überhaupt nicht mehr runzeln.

Darüber hinaus gibt es noch andere Risiken, die erwähnenswert sind. So besteht zum Beispiel die Gefahr, daß Nerven verletzt werden, was für ein Jahr oder länger ein Gefühl der Taubheit hinterlassen kann. Wird zu großzügig korrigiert, kann es passieren, daß man ständig ›fürchterlich überrascht‹ aussieht. [Auch dauerhafte Gesichtslähmungen können vorkommen. Anm.d.Red.]

Es werden unaufhörlich neue Methoden ausprobiert: Auf dem Gebiet der Strukturveränderungen scheint es keine Grenzen zu geben. Gesichtslifting und der Einsatz von Collagen sind längst nicht mehr die einzigen Möglichkeiten, das Gesicht zu verändern; inzwischen gibt es auch Implantate aus Silikon bzw. aus Knochen oder Knorpel — die dazugehörige Technik stammt aus der Unfallchirurgie und wird in immer stärkerem Maße zur Befriedigung ästhetischer Bedürfnisse eingesetzt. Die Frage nach der Vernunft spielt dabei eine untergeordnete Rolle.

Eine andere Methode, die allerdings noch nicht ausreichend getestet wurde, ist eine Art ›Tauschhandel‹, der unter der Bezeichnung ›körpereigene Fett-Transplantation‹ bekannt wurde. Dabei wird Fettgewebe, das vielleicht gerade aus der Hüfte, aus dem Gesäß oder sogar aus den Oberschenkeln entfernt wurde, an Stellen im Gesicht verpflanzt, die ein bißchen ausgepolstert werden müssen.

Doch auch das konventionelle Gesichtslifting, bei dem tief in die Haut hineingeschnitten und die Haut vor den Ohren hochgezogen wird, ist in den USA schon wieder überholt. Jetzt gibt es ein ›Zweischichten-Gesichtslifting‹. Genau wie die Hersteller von Verjüngungscremes haben auch die Chirurgen ihre Aufmerksamkeit jetzt der feinverzweigten Hautschicht unter der Epidermis zugewandt. Sie meinen, es sei zwar ein durchaus sinnvolles Unterfangen, die Haut straffzuziehen, doch wenn das Gewebe darunter nicht in Ordnung sei, dann halte der Verschönerungseffekt unter Umständen nur wenige Monate.

Beim Zweischichten-Gesichtslifting — oder SMAS-Lift (›suprafacial musculo-aponeurotic system‹) — beschränkt sich der Chirurg nicht nur auf die Hautoberfläche, sondern nimmt auch das darunter liegende, subkutane Muskel- und Fettgewebe in Angriff. Bei beiden Operationsarten ist mit einem vorübergehenden Gefühl der Taubheit, mit Schwellungen und möglicherweise auch mit Nervenverletzungen zu rechnen. Die Gefahr, daß Nerven verletzt werden, ist bei SMAS jedoch noch größer — es kann sogar zu einer bleibenden Lähmung der Gesichtsmuskeln kommen.

UNZUFRIEDENE GESICHTER

Wer vorhat, sein Gesicht operativ verschönern zu lassen, der sollte sich bei der Wahl des Chirurgen auf jeden Fall Zeit lassen und dessen Qualifikation sorgfältig überprüfen. Es ist sehr viel wahrscheinlicher, daß die Operation erfolgreich verläuft, wenn man sein Schicksal in die Hände qualifizierter Fachleute legt. Verschiedene Berufsverbände Plastischer Chirurgen halten Anschriftenlisten ihrer gut ausgebildeten Mitglieder bereit.

Manche Kliniken machen zwar Werbung, doch ihre Operateure verfügen oft gar nicht über eine Spezialausbildung auf diesem Gebiet. Bei der British Medical Association [und auch bei entsprechenden deutschen Stellen, Anm. d. Red.] häufen sich z.B. die Beschwerden von Patientinnen und Patienten, die an Infektionen und anderen postoperativen Beschwerden leiden oder Narben davongetragen haben; in einigen besonders schlimmen Fällen kam es sogar zu Lähmungen.

Kürzlich ließ sich in Großbritannien eine Frau mittleren Alters das Gesicht liften. Die Operation dauerte vier Stunden länger als geplant, und sie mußte sich ein Loch in die Kehle schneiden lassen, um besser atmen zu können. Aus ihrer Schönheitsoperation war ein Kampf auf Leben und Tod geworden — für den sie auch noch mehr als 8000 DM bezahlen mußte.

In Großbritannien [wie auch hierzulande, Anm. d. Red.] ist jeder approbierte Arzt berechtigt, kosmetische Operationen durchzuführen, doch ein englischer Facharzt für Schönheitschirurgie meinte vor kurzem: »Die kosmetische Chirurgie muß dringend eine Gewerbelizenz bekommen.« Dazu gab Dr. Ian Todd, der Präsident des Royal College of Surgeons, eine offizielle Stellungnahme ab: »Die einzigen, die unserer Meinung nach zur Durchführung von Schönheitsoperationen berechtigt sein sollten, sind die Ärzte für Plastische Chirurgie, die die Mitgliedschaft in unserer Organisation erworben haben und von uns offiziell zur Ausübung ihres Berufes ermächtigt wurden. Alle anderen sind nichts als Cowboys.«

Leider gibt es aber eine ganze Menge solcher Cowboys — und ihr Geschäft floriert. Raffinierte Werbe- und Verkaufsmethoden locken die Leute an, und nachher stellt sich heraus, daß sie in einer besseren Wochenend-Klinik im Hinterzimmer gelandet sind, wo die Operationen in Windeseile und zumeist ohne die entsprechenden Voruntersuchungen oder gezielte Beratung durchgeführt werden — von der Nachsorge ganz zu schweigen. Die Gesellschaften, die diese Chirurgen decken, stehen bei der Beschaffung des notwendigen Geldes nur allzu gern mit zweifelhaftem Rat zur Seite, wie zum Beispiel in einem Fall, der sich erst kürzlich ereignete: »Erzählen Sie ihrem Bankier einfach, Sie bräuchten ein Darlehen für ein neues Auto.«

Das schnelle Geld in diesem enorm wachstumsträchtigen Bereich scheint unwiderstehlich zu sein. Ein wenig begnadeter Schönheitschirurg empfahl 1987 in Glasgow den Eltern eines siebenjährigen Jungen, bei dem eine Hasenscharte korrigiert werden sollte, ein Privatkrankenhaus, an dem er finanziell beteiligt war. Es kam zu Komplikationen; der Chirurg rief nicht früh genug Hilfe herbei, und der kleine Junge starb. Eine Krankenschwester, der die spöttischen Bemerkungen über ihr Aussehen das Leben zur Hölle gemacht hatten, starb 1985 nach einer Schönheitsoperation, bei der ihr Doppelkinn entfernt werden sollte. Eine Abflußkanüle in ihrem Kinn hatte Probleme bereitet, und sie erlitt einen Herzanfall.

Im Jahre 1987 nahm die Zeitschrift *Vogue* die gesamte Schönheitschirurgie unter die Lupe und kam zu dem Schluß: »Bei jeder kosmetischen Operation riskiert man eine Infektion und häßliche Narben.«

Selbstverständlich bringt jeder chirurgische Eingriff Risiken mit sich, doch wenn ein Leben in Gefahr ist, nimmt man das natürlich gern in Kauf. Krieg, Verkehrsunfälle, Verbrennungen, Muttermale oder die angeborene Syphilis-Sattelnase können einen Menschen grausam entstellen. Hier kann die Schönheitschirurgie Abhilfe schaffen, und die meisten dieser Menschen wären wohl bereit, dafür gewisse Risiken einzugehen. Doch ob man bereit ist, die Gefahren einer Operation auf sich zu nehmen, nur um jünger auszusehen, als man tatsächlich ist, muß jeder einzelne von uns ganz für sich allein entscheiden. Bei der Vermutung, hinter einem jüngeren Gesicht verberge sich dann auch ein jüngerer Geist oder neue Lebensfreude, dürfte es sich wohl eher um einen Trugschluß handeln. Auch Dr. Pitanguy betont noch einmal, daß es nicht viel nutzt, einfach nur die Altersfältchen zu beseitigen; um jung auszusehen, müsse man sich innerlich jung fühlen: »Wer glaubt, wir könnten ihm seine verlorene Jugend zurückgeben, befindet sich im Irrtum.«

Noch größere Vorsicht ist geboten, wenn der Patient gar nicht so genau weiß, womit er eigentlich unzufrieden ist, und nicht zum Ausdruck bringen kann, wo seine Probleme liegen. Oder wenn er sich aus irgendeinem unerfindlichen Grunde einbildet, ein bestimmter Gesichtszug sei ›falsch‹. Um diese Problematik zu entwirren, braucht man Zeit und einen guten Psychologen, und zwar bevor irgendein Chirurg zum Skalpell greift. Wenn es um die eigene Erscheinung geht, kommt es häufig vor, daß selbst gutaussehende, sehr elegante Menschen von einem nagenden Gefühl der Unsicherheit befallen werden und plötzlich anfangen, an ihrem Gesicht herumzumäkeln. Nicht selten sind die Ursachen dafür in tiefer liegenden Ängsten und Selbstzweifeln zu suchen; hier haben wir es mit einer geschickt getarnten Art von Verzweiflung zu tun, die durch eine Schönheitsoperation nicht beseitigt werden kann. Verantwortungsbewußte Chirurgen, die das Gefühl haben, daß die Unzufriedenheit ihres Patienten mit dem eigenen Aussehen im Grunde genommen nur eine notdürftig verschleierte Unzufriedenheit mit der eigenen Person ist, schieben die Operation gewöhnlich so lange hinaus, bis in diesem Punkt Klarheit geschaffen ist.

Wieder einmal müssen wir uns vielleicht eingestehen, daß wir in gewisser Weise an Charakterstärke verloren haben. Wir haben nicht den Mut, dem Alter ins Gesicht zu blicken. Es ist uns zur Gewohnheit geworden, uns hinter der Maske vorgetäuschter Jugend zu verstecken. Oft sprengen wir auch den für unsere Altersgruppe angemessenen Rahmen. Heutzutage gibt es viele Geschäftsführer(innen) über sechzig, und auch so mancher Premierminister ist nicht mehr der jüngste. Doch gewisse Anstandsregeln müssen auch hier eingehalten werden, wenn man nicht die Ressentiments der Jüngeren zu spüren bekommen will, die dann doch irgendwann der Meinung sind, man sei zu weit gegangen, habe die Grenze überschritten und vergessen, wie alt man in Wirklichkeit sei. Aber mit diesem Unmut — so ungerechtfertigt er auch sein mag — muß man leben und fertig werden.

In diesem schwierigen Bereich neigen Männer häufiger dazu, ihr Alter zu ›überspielen‹. Da kommt es schnell zu Unsicherheiten und Ängsten in bezug auf die eigene Kraft der Männlichkeit.

Doch nicht nur das Alter ist dafür verantwortlich, daß wir mit unseren Gesichtern unzufrieden sind. Auch Menschen in der Blüte ihrer Jahre sind dagegen nicht gefeit. In den Vereinigten Staaten, wo sich die Zahl der Gesichtsoperationen seit 1982 verdoppelt hat, gibt es jetzt wesentlich mehr Patientinnen und Patienten zwischen fünfunddreißig und vierundfünfzig.

Bernard Kaye, Professor für plastische Chirurgie an der University of Florida, behauptet, Mitte dreißig sei ein gutes Alter, um mit solchen Operationen anzufangen. Karrieremenschen, die im Lichte der Öffentlichkeit stehen, und ehrgeizige Geschäftsleute sind oft der Ansicht, sie müßten dynamisch, fit und attraktiv aussehen. In Großbritannien wird heute — bei ständig wachsendem Konkurrenzdruck — nur noch wenig Wert auf die Weisheit und Erfahrung der Älteren gelegt. In Amerika hat es sich die AARP (Amerikanische Gesellschaft der Pensionierten) zum Ziel gesetzt, dem Alter ein positiveres Image zu verschaffen. Daß man auch noch nach sechzig sehr aktiv sein und ein ausgefülltes Leben führen kann, beweisen viele Politiker. Ronald Reagan zum Beispiel war noch mit weit über siebzig Präsident. Das wird vielleicht auch in den Vereinigten Staaten langsam die Überzeugung heranreifen lassen, daß es durchaus lohnenswert ist, das alternde Gesicht, egal welchen Alters, wieder gebührend zu beachten.

Filmstars und Bühnendarsteller haben sicherlich das Gefühl, sie seien es ihrem Publikum schuldig, attraktiv auszusehen. Auf die Frage, ob er sich noch einmal operieren lassen würde, antwortete Tom Jones mit Ja; er würde es tun, wenn es sein Image als Star erfordere. Es gehöre zu seinem Job.

Die Schauspielerin und Oscargewinnerin Cher — die schon mehr als 80 000 DM für Schönheitsoperationen ausgegeben hat — macht aus ihrer Einstellung kein Geheimnis: »Wenn mir etwas an mir nicht gefällt, lasse ich es ändern.« Sie ließ sich die Wangenknochen umformen, die Nase verschmälern und verkürzen, die Aknenarben entfernen und das Kinn mit Hilfe von Silikonimplantaten neu gestalten.

Marilyn Monroe war mit ihrem Mund und ihrer Nase nicht zufrieden. Sie ließ das Skalpell walten; doch auch nach der Operation war sie noch von der Idee besessen, der Abstand zwischen Nase und Oberlippe sei bei ihr einfach zu kurz. Um diesen Mangel zu kompensieren, war sie immer sorgsam darauf bedacht, beim Sprechen die Oberlippe herabzuziehen, und aus dieser Angewohnheit entwickelte sich — wie es nun einmal so geht — eines ihrer Markenzeichen als reizvolles ›Sex-Kätzchen‹.

Marilyns Wunschtraum war ein Gesicht, das den unmöglichen Vorstellungen der Produzenten, Regisseure und Werbeleute von perfekter Schönheit und sexueller Attraktivität genügen würde. Auch Joan Crawford ließ sich unter großen Schmerzen und völlig unsinnigerweise an den Zähnen operieren, nur damit die Form ihres Mundes den Studio-Ideal-Vorstellungen entsprach. Launenhaft, wie die Mode nun einmal ist, kann es vorübergehend zu einer großen Nachfrage nach ganz bestimmten Gesichtszügen oder charakteristischen Merkmalen kommen. Westliche Schönheiten äffen in Zeitschriften und auf dem Bildschirm die Exotika anderer — manchmal sogar antiker — Kulturen nach und kreieren so Modeneuheiten und kurzlebige Stilrichtungen, die andere eifrigst nachzuahmen versuchen. Als Hommage an Elizabeth Taylor umrandeten sich in den sechziger Jahren Tausende von Vorstadt-Cleopatras die Augen, ließen sich das Haar glätten und färbten es dann ägyptisch schwarz.

Gelegentlich verläuft das Ganze auch in umgekehrter Richtung, wenn nämlich die Schönheiten anderer Länder von westlichen Standards beeinflußt werden und sich die Mandelaugen runden lassen, aus schwarzer Haut weiße machen und sich die Locken aus dem Haar ziehen.

In dem fieberhaften Drang, einem Mode-Ideal nachzueifern, blieb selbst der Schädel nicht verschont. Im Dritten Reich massierten besorgte Eltern die Köpfe ihrer Babys, um auch noch die letzten Spuren dekadenter, mediterraner Rundschädel zu beseitigen und statt dessen die lange, außerordentlich beliebte Arierform hervorzubringen, die angeblich für die ›Herrenrasse‹ typisch war. In Holland glaubte man früher, daß die enganliegenden Haube, die die Frauen ihr Lebtag — und die Jungen bis zum Alter von sieben oder acht Jahren — trugen, die Schädelform verbessern würden.

In Frankreich war es einst Sitte, die Köpfe neugeborener Babys mit Hilfe eines enganliegenden Stirnbandes am Längenwachstum zu hindern, was dann den ersehnten Effekt des abgeflachten Kopfes produzierte. Die Kinder schrien stundenlang, aber das Stirnband wurde nur selten entfernt, war ein Paradies für Läuse und rief oft Hautinfektionen und Geschwüre hervor.

Doch solcherart deformierte Schädel sind nicht etwa ein europäisches Monopol; viele Völkerstämme haben es sich zur Gewohnheit gemacht, die Köpfe ihrer Kinder zu verlängern, zu verkürzen, zu verbreitern oder zu verschmälern, um irgendeinem lokalen Schönheitsideal zu genügen. Amerikanische Indianer banden jahrhundertelang Bretter an die Köpfe ihrer Babys, um die ›ideale‹ Form zu erreichen. Die Mangbettu-Frauen in Zentralafrika, die kegelförmige Kopfformen bewunderten, umwickelten den Schädel ihrer Babys ganz fest mit Giraffenfellstücken, um so den Kopf zusammenzudrücken.

Bei Hippokrates und Plinius ist nachzulesen, daß man in hochwohlgeborenen Familien des al-

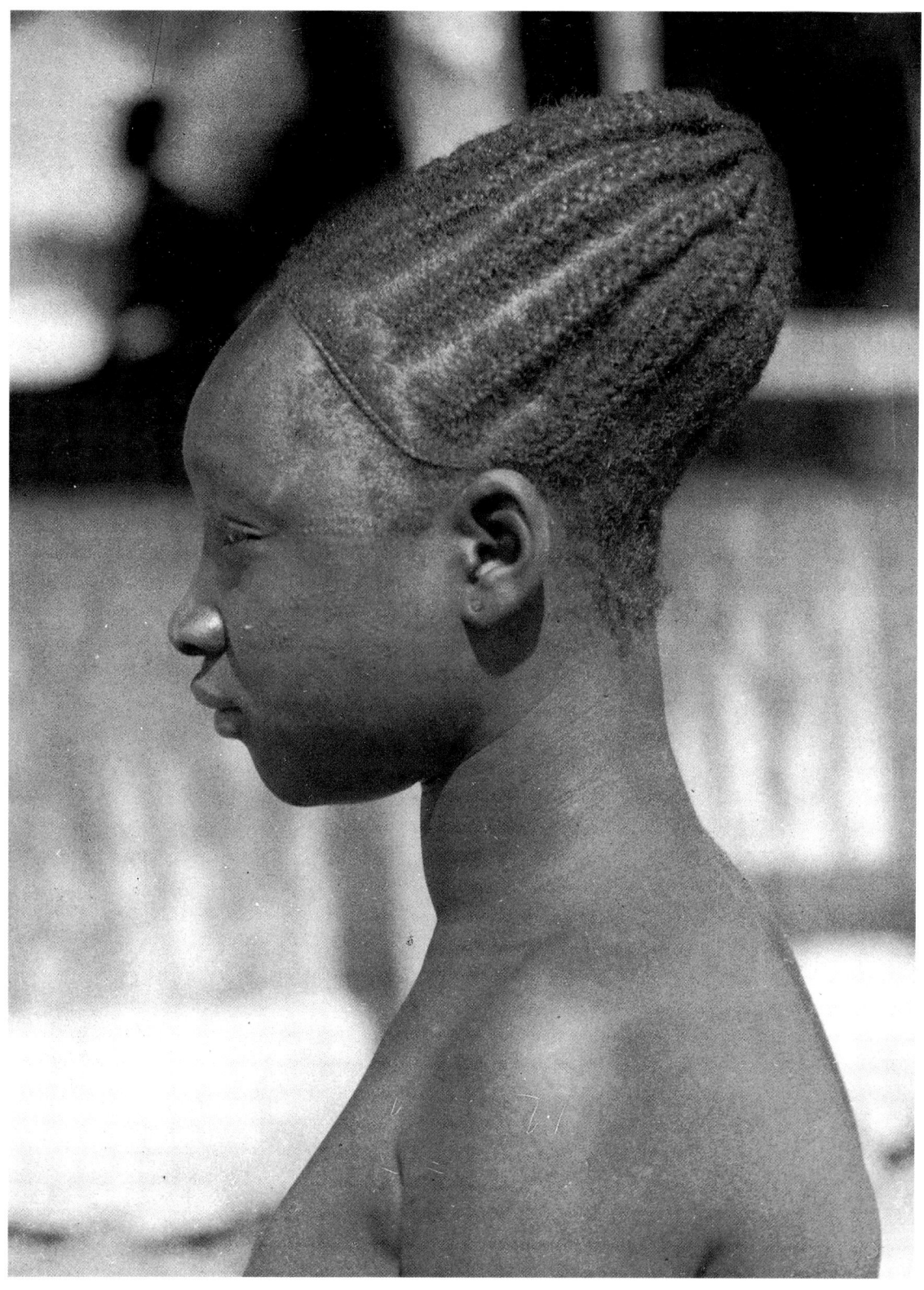

Bei der kegelförmigen Kopfform dieser Mangbettu-Frau wurde künstlich nachgeholfen

ten Griechenland und in Rom für gewöhnlich schon bei der Geburt mit der Umformung des Kopfes begann. Auch die alten Ägypter hatten ganz klare Vorstellungen von der ›perfekten‹ Kopfform, was an dem berühmten, langgezogenen Kopf Nofretetes deutlich wird. Der menschliche Organismus ist so anpassungsfähig, daß es anscheinend nur zu kleineren Beeinträchtigungen der Gehirnfunktion kam. Die Mangbettu glaubten sogar, die begehrte Kegelform fördere die Intelligenz.

Im siebzehnten und achtzehnten Jahrhundert hatten die britischen Damen ihre ganz eigene, ›unchirurgische‹ Methode, das Gesicht abzustützen. Sie benutzten ›Plumpers‹, kleine runde Bälle aus Kork oder Leder. Diese unbequemen Gegenstände, die oft einen Durchmesser von mehr als sechs Zentimetern erreichten, wurden in den Mund geschoben, um das eingefallene Fleisch der Wangen nach außen zu drücken. Die Verkäufer boten sie mit lautem Geschrei feil: »Fassen Sie sich ein Herz, meine zahnlosen Damen mit den Hängebacken, denn unsere Plumpers können die Höhlen Ihrer Wangen füllen« — eine wahrhaft verlockende Botschaft in diesen Tagen der vernachlässigten und fauligen Zähne, als viele mit dem Problem der ›Resorption‹ zu kämpfen hatten (dem Einschrumpfen des Mundes aus Altersgründen oder nach dem Ausfallen der Zähne). Viele Frauen, die diese Plumpers in ihrem Mund mit sich herumtrugen, konnten nicht mehr richtig sprechen. Einige von ihnen beherrschten die Kunst, durch die Plumpers hindurch zu sprechen, indem sie vornehme Saugbewegungen machten. Daraus ergab sich eine etwas lispelnde Sprechweise, und was einst als Nachteil galt, kam plötzlich groß in Mode und wurde bei vornehmen Damen sehr bewundert.

Doch leider bekamen einige Ladies die Plumper-Technik nie so richtig in den Griff; viele konnten sie zwar tragen, brachten aber nicht einmal ein Lispeln zustande. Ihnen blieb nichts anderes übrig, als zu schweigen und lieber gut auszusehen, als unschöne Klänge zu riskieren. In *The Beaux' Stratagem* erklärte Mrs. Cowley: »Mrs. Button trägt Kork-Plumpers in beiden Wangen und traut sich nie, mehr als sechs Worte zu sagen, damit man die Dinger nicht sieht.«

Es steht jedem Menschen frei, Plumpers zu tragen, sich das Gesicht liften oder Implantate einsetzen zu lassen, hie und da einen Abnäher vorzunehmen oder aber der Natur freien Lauf zu lassen. Wer sollte uns auch vorschreiben, ob und wie wir unser Gesicht zu verschönern oder gar umzugestalten haben? Die Beseitigung eines Mangels, der einem unzählige schlaflose Nächte bereitet und das Selbstbewußtsein auf Null sinken lassen hat, kann für manche Menschen ein solches Glück bedeuten, daß sie bereitwillig sämtliche Risiken, Unannehmlichkeiten und Kosten dafür auf sich nehmen.

Vor allem Frauen haben sich selten gefragt, ob man nicht zumindest mit einigen dieser Mängel leben könnte. In unserem Jahrhundert wird uns jeden Tag aufs neue versichert, daß ein störender Gesichtszug verschönert, bezwungen und ganz generell ›zurechtgebogen‹ werden kann. Es gibt viel mehr Möglichkeiten, und das nicht mehr nur für die Reichen. Der ›Messerschnitt der Berühmten und Wohlhabenden‹, wie es die Zeitschrift *You* nannte, ist zu einem blühenden Industriezweig geworden und hat auch den Damen und Herren mit etwas schmalerem Geldbeutel immer mehr zu bieten. Schon werden die Skalpelle gewetzt, um Designer-Gesichter zu kreieren. Wenn es in diesem Tempo weitergeht, wenn die Chirurgie und die Eitelkeit sich nicht gegenseitig davonlaufen, wie lange wird es dann noch dauern, bis wir die Ersatzteilchirurgie für das Gesicht in Erwägung ziehen? Was gilt heutzutage schon noch als zu abwegig, zu drastisch oder zu gefährlich? Sobald die persönliche Schönheit auf dem Spiel steht, wird mit harten Bandagen gekämpft.

8.

RUHMESKRONEN: DAS HAAR

D AS HAAR IST DIE WICHTIGSTE ERGÄNZUNG zu unserem Antlitz. Form, Farbe und Struktur unserer Haare geben den Rahmen für unser Gesicht ab, und je nach Haartracht empfinden wir die einzelnen Gesichtszüge und die Gesichtsgröße eines Menschen ganz unterschiedlich. Daß sich die Haarmode ständig ändert, ist so gewiß wie der Wechsel der Jahreszeiten. Es sprießt aus unseren Köpfen hervor und wächst dann ca. 2,5 cm pro Monat, bis es eine Länge von 25 cm erreicht hat und nur noch halb so schnell weiterwächst. Man kann es nach Belieben färben, schneiden, formen, was uns einen großen Spielraum für allerlei wichtige nonverbale Mitteilungen gestattet. Mit Hilfe unserer Haare können wir den Generationsunterschied betonen und mitteilen, zu welcher ›Lebensanschauungs-Bewegung‹ wir gehören oder gehören möchten, Trotz oder Anpassung zum Ausdruck bringen, Meinungen zu erkennen geben, andere Menschen anziehen oder abstoßen. Die verführerische Geste, langes Haar zu lösen und bis zur Taille oder auch nur bis auf die Schultern herabfallen zu lassen, ist als symbolische Aufforderung zum Sex oder auch als Ausdruck der Unterwürfigkeit nie ganz aus der Mode gekommen.

FLAMMENDE SCHÖNHEIT: SCHATTIERUNGEN

Als Toyah Willcox sich 1981 auf dem Höhepunkt ihrer psychedelischen Karriere befand, hielt der MGM-Regisseur George Cukor ihr Haar fälschlicherweise für einen Hut. Sie hatte es dermaßen eingesprayt, gefärbt und fächerförmig ausgebreitet, daß es selbst der Kopfschmuck eines Busby Berkeley Girls an Extravaganz nicht mir ihr aufnehmen konnte. Vor ihr hatten die Punker bereits das Banner des wohlgeformten Regenbogen-Haares gehißt. Und fünfundzwanzig Jahre zuvor hatte Wee Willie Harris Pionierarbeit geleistet, indem er sich das Haar zuckerwattenrosa färbte und die Farbe ihm dann auf den Kragen tropfte, als es zu regnen anfing. Tiger Morse veränderte ihre Haarfarbe achtzehnmal in achtzehn Monaten, und Zandra Rhodes ließ sich kirschrote, orange, blaue und grüne Strähnchen machen. Doch das Färben und Ausbleichen der Haare war nicht nur ein weibliches Vorrecht. Andy Warhol hatte Anfang der sechziger Jahre das Startsignal für die Männer gegeben; gleich darauf folgte David Hockney, und den krönenden Abschluß bildete David Bowie. Für Männer, Frauen und auch die Unentschiedenen war gefärbtes Haar — je unnatürlicher, desto besser — der letzte Schrei.

In den siebziger Jahren erklommen die Anhänger der neuen Punker-Bewegung den Gipfel der exotischen Haarpracht. Anti-Establishment, Anti-Monarchisten, Anti-Naturisten und Künstlichkeitsverfechter, die sie waren, stützten die Punker ihre Identität in erster Linie auf ihr Haar. Hauptsache, die Leute waren schockiert; da gab es keine Kombination aus Schnitt und

131

Farbe, die man als zu extravagant betrachtet hätte. Das gedämpfte Grau trüber Straßen erstrahlte plötzlich im Widerschein funkensprühender Köpfe, die wie Saris in einem Reisfeld wirkten. Kunstvoll aufgebäumtes Haar aller Schattierungen spazierte durch die Parks und wetteiferte mit den Blumen. Die Punker kamen auch ohne Worte aus: Das erledigte ihr vielseitigster Komplize, das Haar, für sie.

Doch auch das Haar hat irgendwann seine Belastungsgrenze erreicht. Lillie Langtry, eine Freundin von Edward, dem Prince of Wales, ließ sich ihr Haar von einem österreichischen Hoffriseur färben und hatte plötzlich zu ihrem Entsetzen blondes Haar mit blauvioletten Streifen; ihr blieb nichts anderes übrig, als eine Zeitlang eine Perücke zu tragen.

Heinrich III. von Frankreich bekam frühzeitig eine Glatze, weil er versucht hatte, sein Haar zu färben, und trug dann jahrelang eine Perücke oder einen Turban.

Seit Hunderten von Jahren versuchen die Frauen, ihr Haar zu bleichen, oft mit verheerenden Folgen.

Aber blond gilt nun einmal traditionell als schön. Beschreibungen von vollkommenen Frauen schwärmen immer von ihrem güldenen Haar: Shakespeares »goldenes Netz, in dem sich die Herzen der Männer schneller verfangen als Mücken in einem Spinnennetz«. In alten Volkserzählungen sind die Elfenköniginnen fast immer blond und die Hexen schwarz. Und dieses Ideal von der blonden Perfektion zieht sich auch durch die gesamte mittelalterliche Literatur. Ein Kenner der Antike stellte fest, daß in der Literatur von Homer bis Shakespeare nur ganz vereinzelt schwarzhaarige Jungfern auftauchen. Die amerikanischen Soziologen Utter und Needham können das nur bestätigen. Aus ihrer neuesten Studie über Trivialliteratur des neunzehnten Jahrhunderts geht hervor, daß achtzig von hundert Heldinnen blond sind, nur zehn sind brünett und zehn rothaarig.

Moderne Filmstars haben diese Tradition fortgesetzt. Marilyn Monroe war von Natur aus brünett, doch in bemerkenswerter, kommerzieller Voraussicht bleichten die Studiochefs ihr Haar so lange, bis es hell wie Platin war.

Madonna, die Wasserstoff-Blondine mit den blauen Augen, die viele für Marilyns Nachfolgerin halten, erschien in David Mamets Stück *Speed-the-Plow* aus dem Jahre 1988 plötzlich mit überraschend dunklem Haar. Die Kritiker waren sich einig, daß sie in dieser Reinkarnation der Brünetten »mehr Sex-Appeal als je zuvor« hatte. Das ›Material Girl‹ von eigenen Gnaden hatte aber wohl eher aus der Not eine Tugend gemacht. Madonna hatte sich schon gezwungenermaßen eine Kurzhaarfrisur zulegen müssen: Nach Aussage des amerikanischen Frisiersalons Bumble and Bumble litt sie an starkem Haarausfall, weil sie ihren Kopfschmuck zu oft hatte ausbleichen lassen.

Nur allzu oft haben Frauen — und Männer — einen hohen Preis für das Bleichen und Färben bezahlt. Die römischen Frauen versuchten, die Bleich- und Färbemittel der Gallierinnen nachzuahmen. Doch das Haar der klassischen Römerinnen besaß weder die Qualität noch die derbe Widerstandskraft germanischer Mähnen, und statt auszubleichen, fiel es einfach aus. Trotz alledem verspürten die aufgebrachten, nunmehr glatzköpfigen Römerinnen nach wie vor ein heftiges Verlangen nach dem güldenen Haar und forderten, daß den Gallierinnen das Haar abgeschnitten werde, damit Perücken für sie daraus gemacht würden. Diese Idee entbehrte nicht einer gewissen Pikanterie, und es heißt, Cäsar habe sie mit Begeisterung aufgenommen: Einer eroberten Nation die Häupter kahlzuscheren und das Haar dann öffentlich auf siegreichen Römerköpfen spazierenzutragen, war eine Demütigung so ganz nach seinem Geschmack.

Doch gelegentlich bevorzugten einige Damen auch schwarzes Haar. Wenn ihr natürliches Haar grau geworden war, nahmen beispielsweise die alten Ägypterinnen und Römerinnen mit schwarzem Haar vorlieb. Die Ägypterinnen vermischten zu diesem Zweck das Blut einer schwarzen Kuh, Schildpatt und den Hals eines Gabgu-Vogels und kochten das Ganze in Öl; für ein anderes, sehr beliebtes Rezept benötigte man die Gebärmutter einer Katze. Und bei Plinius heißt es in der Beschreibung eines alten römischen Rezepts, man solle ein Viertel Blutegel in zwei Viertel reinem Essig zerstampfen und sechzig Tage lang gären lassen. Er empfahl allerdings dringend, den Mund mit Öl anzufüllen, wenn man die Kopfhaut mit dieser Mixtur einreibe, sonst würden sich die Zähne ebenfalls schwarz verfärben.

Ein paar aufgeweckte Damen des neunzehnten Jahrhunderts stellten fest, daß nasses Haar auf Blei reagiert und schwarz wird. Flugs wurden Bleikämme in Dienst genommen, die das Haar dunkler färben sollten. Über die unvermeidlichen Nebenwirkungen war man sich damals jedoch nicht im klaren: Blei war giftig — ja sogar tödlich. Wenn genügende Mengen davon durch die Kopfhaut aufgenommen werden, kann es schnell zu Nierenerkrankungen kommen.

Zwei Jahrhunderte später führten neue Experimente zu einer anderen Theorie: Da wahrscheinlich ein Eisenüberschuß im Körper für dunkles Haar verantwortlich war, brauchte man zum Aufhellen der Haare doch eigentlich nur das Eisen mit Hilfe von Säuren zu neutralisieren. Zu diesem Zwecke wurde empfohlen, eine Unze reiner Oxalsäure — leider hochgiftig — mit einem halben Liter kochenden Wassers zu vermischen, das Ganze etwas abkühlen zu lassen und dann den Kopf damit einzureiben. Zum krönenden Abschluß sollte man das Haar dann noch an der Sonne trocknen lassen. Diese ›Kur‹ könne man beliebig oft wiederholen, hieß es, »bis sie anfängt, die Haut anzugreifen. Dann sollte die Behandlung tunlichst unterbrochen werden, weil sonst die Haare ausfallen.«

Da tut sich Ronald Reagan heutzutage wahrscheinlich leichter: Es wird gemunkelt, er verwende das gebrauchsfertige *Grecian 2000*, dessen Hersteller stolz verkünden, ihr Produkt ›schockiere‹ das Haar nicht mit scharfen Chemikalien (es enthält kein Wasserstoffsuperoxid), sondern ›überrede‹ es ganz behutsam und sanft, wieder seine natürliche Farbe anzunehmen. Doch auch hier ist Vorsicht geboten. *Grecian 2000* enthält Bleiacetat. Nach dem Gebrauch sollte man die Hände sorgfältig waschen und bei gereizter oder spröder Kopfhaut sollte man es überhaupt nicht anwenden.

Das Bedürfnis nach einer anderen Haarfarbe als schwarz war seit jeher noch schwieriger zu befriedigen. Man probierte es mit Haarpudern, doch wenn das Puder am Haar haften sollte, mußte man es leider kräftig einfetten, wobei man immer riskierte, daß das Fett ranzig wurde. Manchmal verwendete man auch pflanzliche Farbstoffe: Im Mittelalter zum Beispiel färbte man sich die Haare mit zermahlenem Safran gelb.

Im neunzehnten Jahrhundert bleichten sich die Venezianerinnen ihr Haar, indem sie es zuerst mit ätzenden Lösungen befeuchteten und dann in der Sonne ausbreiteten, bis es sich gehorsamst gelb verfärbte oder — was nur allzu häufig geschah — ausfiel. Ein anderer Vorschlag lautete: »Eine Paste aus Magnesia-Bisulfat und Kalk eignet sich hervorragend zum Ausbleichen der Haare«, und in eher keckem Ton wurde dann gewarnt: »Es kann allerdings passieren, daß die Haare mitsamt Kopfhaut und Gehirn, falls vorhanden, restlos weggebrannt werden.«

Auch in Großbritannien hielten die Frauen sich an dieses Rezept und versuchten dann, ihr Haar mit Lösungen aus Gold, Arsen oder Cadmium gelb zu färben. Arsen gab es zumeist in Form von Orpiment oder Realgar, die durch den Speichereffekt beide tödlich wirken können. Doch genau dieses Giftpärchen sollte über lange Jahre hinweg die Grundlage für die meisten

Gegenüber: Die Punker stützen ihre Identität in erster Linie auf ihr Haar

goldenen Haarfärbestoffe bilden. In den Zeitungen des neunzehnten Jahrhunderts wurde vielfach von Vergiftungen berichtet.

Der Haardesigner Raymond, um ein Beispiel aus moderneren Zeiten zu nennen, fand heraus, daß er das Haar aschblond tönen konnte, wenn er es zuerst ausbleichte, dann mit starkem Kaffee oder Tee färbte und noch ein paar diskrete Tropfen Nelkenöl beimischte — vermutlich um den Geruch zu kaschieren. Erst 1946 entwickelte die Firma Clairol wissenschaftlich fundiertere Haarfärbestoffe, und Raymond kam von seinen höchst originellen Tönungsmethoden ab.

Doch Raymonds Lösungen boten zumindest den Vorteil, daß sie absolut sicher und gut verträglich waren. Es wäre allerdings falsch, daraus zu schließen, daß für Tausende von Frauen und immer zahlreicher werdende Männer, die ihr Haar regelmäßig färben, der Aspekt der Sicherheit in der Haarpflege jemals eine große Rolle gespielt hätte. Wenn wir unsere Köpfe bereitwillig in die Becken der Friseursalons sinken lassen, denken nur die wenigsten von uns darüber nach, welchen Langzeiteffekt die Färbemittel haben könnten. Die Friseuse Annie Russell meinte: »Die meisten Frauen sind sich gar nicht im klaren darüber, wie schädlich sogar Shampoo sein kann.«

Nachdem sich in den Vereinigten Staaten mehrere Kunden über gereizte Augen beklagt hatten, fand man heraus, daß bestimmte Shampoos die Hornhaut trüben können. Der Übeltäter, der das empfindliche Gewebe der Augen schädigte, hieß Resorcinol, ein Wirkstoff, der häufig in Anti-Schuppen-Shampoos vorkommt und stark antiseptisch wirkt.

Shampoos, die Selensulfit enthalten, können sogar Mundgeruch verursachen; auch von »Zittern, Schweißausbrüchen und Schmerzen im Unterleib« wird berichtet.

Bei der Anwendung von Haarfärbemitteln — man unterscheidet drei Hauptgruppen — ist sogar noch größere Vorsicht geboten als bei Shampoos. Die einfachsten sind Kurzzeittönungen, die den Haarschaft lediglich ummanteln und nicht weiter vordringen. Sie lassen sich auch leicht wieder auswaschen, was allerdings zum Problem werden kann, wenn man von einem Regenschauer überrascht wird.

Semi-permanente Haarfärbemittel, die sich am besten zum Schwärzen der Haare eignen, halten länger. Sie dringen oberflächlich in den Haarschaft ein, ummanteln ihn gleichzeitig und haben eine Lebensdauer von ungefähr sechs Wochen. Es kann allerdings zu allergischen Reaktionen an der Kopfhaut kommen: Die Haut kann unangenehm anschwellen, jucken und nässen. Auch die gleichzeitige Einnahme von Medikamenten kann unerwünschte Reaktionen hervorrufen: Ein Friseur mußte zu seinem Erstaunen feststellen, daß sich bei einer Kundin während des Haarefärbens plötzlich schwarze Flecken auf der Kopfhaut bildeten. Es stellte sich heraus, daß die Medikamente der Dame daran schuld waren — ein scheußlicher und unangenehmer Synergismus.

Um das Haar dauerhaft zu färben — dazu begibt man sich wohl am besten in einen Friseursalon, weil exaktes Timing und andere technische Probleme eine große Rolle spielen —, muß zuvor oft die bereits vorhandene Farbe entfernt werden, z.B. bei einer Brünetten, die sich in eine Blondine verwandeln möchte. Der Farbstoff wird mit dem Bleichmittel — Wasserstoffsuperoxid — vermischt; läßt man jedoch diese Mixtur unvorsichtigerweise zu lange einwirken, so kann das Haar dermaßen spröde werden, daß es bricht und ausfällt.

»Aber der größte Alptraum«, sagte ein Friseur, »ist für uns, wenn die Kundin ihr Haar zu Hause gefärbt hat und gleich danach zu uns kommt, um sich eine Dauerwelle machen zu lassen.« Dr. Vernon Coleman kann das nur bestätigen: »Wenn man seinem Haar eine Dauerwelle und eine Dauerfärbung gleichzeitig zumutet, dann sollte man die Perücke am besten schon im Schrank liegen haben.«

1975 warnte das biochemische Institut der University of California vor der Absorption von Giftstoffen: »Es ist erstaunlich wenig über die Absorption der verschiedenen Bestandteile von Haarfärbemitteln durch die menschliche Kopfhaut veröffentlicht worden.« 1977 mahnte auch *The British Medical Journal*, daß viele Farbstoffe starke Mutagene seien. In den Vereinigten Staaten, wo 20 Millionen Frauen regelmäßig ihr Haar färben, machte man sich Sorgen um einen ganz bestimmten giftigen Bestandteil, Diamintoluen, von dem bekannt war, daß es bei Ratten Krebs erzeugte, wenn sie es fraßen. Seit 1971 darf es für Haarfärbemittel nicht mehr verwendet werden. *The Lancet* befragte 120 557 amerikanische Krankenschwestern, und die Statistik ergab eine auffällige Beziehung zwischen dem Gebrauch von Haarfärbemitteln und der Entstehung von Gebärmutterhalskrebs.

In ihrer sehr aufschlußreichen ›Statistik der Statistiken‹ über unerwünschte Nebenwirkungen von Kosmetikprodukten fanden Nater und de Groot 1985 heraus, daß Haartönungen und Bleichmittel sich in nicht weniger als drei verschiedenen Erhebungen auf den ›ersten sechs Plätzen‹ der Unruhestifter befanden. Fast 10 000 Beispiele für unangenehme Reaktionen wurden registriert. Sie untersuchten auch Haarfestiger und stuften sie als Produkte ›mit hohem Risikofaktor‹ ein. The Royal Cancer Hospital in London warnte: »Der experimentelle Beweis, daß viele Bestandteile von Haarfärbemitteln mutagen und einige auch kanzerogen sind, ist unwiderlegbar.« 1978 jedoch zerstreute ein gewisser Herr Van Abbé derartige Befürchtungen, als er behauptete, wiederholtes Färben der Haare verursache höchstwahrscheinlich nicht mehr Chromosomenschäden als beispielsweise routinemäßige Röntgenaufnahmen der Zähne. Doch das Argument verlor an Überzeugungskraft, als sich herausstellte, daß er mit einem Kosmetik-Hersteller, Beecham, zusammenarbeitete.

Die Kontroverse um das Ausmaß möglicherweise schädigender Nebenwirkungen von Haarfärbemitteln geht weiter. Doch die Frauen werden sich verständlicherweise nur ungern davon abbringen lassen, ihr Haar aufzupolieren. Graue Haare sind ein universelles Schreckgespenst, besonders die vereinzelt auftretenden, ersten Exemplare, die angriffslustig aus der Kopfhaut hervorsprießen und ganz unverschämt vom herannahenden Alter künden.

Die Aufgabe, mit den wechselnden Farbschattierungen Schritt zu halten, ist den britischen Zoll- und Einwanderungsbehörden offensichtlich über den Kopf gewachsen. 1969 teilten sie uns mit, es sei nicht mehr erforderlich, in britischen Pässen die Haarfarbe anzugeben. Das ist vielleicht der endgültige Beweis dafür, daß die Haarfarbe uns ›über den Kopf gewachsen‹ ist und es sich bei unserem Bedürfnis nach Veränderung um einen Urinstinkt handelt, gegen den wir einfach machtlos sind.

KRAUSKOPF UND SUPERGEL: FORMVERÄNDERUNGEN

Eine junge Frau bat ihren Friseur, ihn privat aufsuchen zu dürfen, und als sie bei ihm ankam, trug sie einen Turban und war völlig aufgelöst. Das Haar auf ihrem Kopf war ein einziges Gestrüpp und nur noch einen guten Zentimeter lang. Der Rest befand sich in einer Plastiktüte. Sie hatte versucht, es mit einer Paste aus Domestos und Vim (Haushaltsbleichmittel und Scheuerpulver) auszubleichen. Und das Ganze nach einer Dauerwelle, die nicht einmal zwei Tage alt war. »Dabei habe ich es doch nur ein paar Minuten einwirken lassen«, sagte sie.

Selbst Bleichmittel, die speziell zu diesem Zweck gedacht sind, können den Haarschaft schwächen und porös machen; bei exzessiver Anwendung kann das Haar so spröde werden, daß es bricht. Gleich nach dem Ausbleichen eine Dauerwelle machen zu lassen oder umgekehrt, endet mit Sicherheit in einer Katastrophe.

Jeder Friseur weiß vom grausamen Schicksal irgendeiner Frau zu berichten, die versucht hat, sich gleich nach einer Dauerwelle selbst das Haar zu färben und dann feststellen mußte, daß auf dem Kopfkissen mehr davon übrig geblieben war als auf ihrem Kopf. Ein noch größerer Alptraum ist die Kundin, die sich zwar im Friseursalon behandeln läßt, deren Haar aber auf Dauerwelle oder Entkrausen schlecht zu sprechen ist. Vidal Sassoon hatte ganz zu Anfang seiner Lehrzeit einmal vergessen, den Strom abzuschalten, und ließ eine Kundin während eines Luftangriffs unter der Haube sitzen. Nach der Entwarnung war ihre Frisur so richtig schön knusprig. Glücklicherweise wurde in diesen kompromißbereiten Kriegszeiten alles verziehen.

Fast jede Frau experimentiert irgendwann in ihrem Leben einmal mit Locken, Wellen und verschiedenen Frisuren herum, um ihr Gesicht schmeichelhaft zu umrahmen. Die Anordnung des Haars kann das ganze Gesicht enorm verändern. Eine hohe, breite Frisur zum Beispiel kann das Gesicht einer Frau zierlicher und somit weiblicher erscheinen lassen.

Wenn wir uns jedoch für eine Dauerwelle entscheiden, so müssen wir unser Haar zuerst einmal in seiner Struktur schädigen. Das Haar wird mit Lotionen — normalerweise Thioglycolaten — behandelt; das zerstört seine chemische Struktur; dann werden neue Formen kreiert, indem man das nun biegsame Haar auf Lockenwickler dreht. Nach einer bestimmten Zeit wird das Haar ausgewaschen und dann neutralisiert, indem man es entweder auf natürlichem Wege oxidieren läßt oder mit einer Lösung nachhilft, die ein Oxidationsmittel wie zum Beispiel Wasserstoffsuperoxid enthält. Der springende Punkt dabei ist das richtige Timing. Läßt man die Dauerwellenlotion zu lange einwirken oder neutralisiert man das Haar nicht richtig, so wird man mit sprödem ›Kraushaar‹ bestraft.

Heutzutage entscheiden sich viele Frauen für eine Dauerwelle, weil sie ihrem Haar mehr ›Volumen‹ verleihen wollen; der dichte Lockenkopf ist gar nicht mehr so gefragt. 1988 kam L'Oreal mit der ›Jetting Perm‹ auf den Markt, die keine Locken macht, sondern ›Fülle und Schwung‹ ins Haar bringt; angeblich hält sie ungefähr sechs Wochen.

Aber durchaus nicht alle Leute wollen Locken haben. Ganz im Gegenteil. Es gab Zeiten, da schmierten sich schwarze Bühnen- und Fernsehdarstellerinnen Fett in ihre Naturkrause und versuchten dann, sie mit Hilfe von Produkten wie ›Yvette Home Hair Straightening Kit‹ herauszuziehen.

Auch heiße Kämme wurden benutzt. Ein junger Afrikaner erklärte erst kürzlich, es sei immer ein ›Spiel mit dem Feuer‹ gewesen. »Die Haare meiner Schwester zogen wir zu Hause glatt. Wir hielten einen Kamm ins Feuer oder in den Gasofen. Dann nahmen wir ein oder zwei Strähnen und kämmten sie mit dem heißen Kamm durch.«

Auch ausgefeiltere Methoden sind nicht immer von Erfolg gekrönt. Heiße Kämme, kombiniert mit chemischen Lösungen wie Natriumhydroxyd oder Lauge, können das Haar wegbrennen, wenn sie nicht richtig angewendet werden. Als genau dieses einmal Shirley Bassey widerfuhr, verklagte sie die Firma, die sie für verantwortlich hielt.

Ende der sechziger Jahre, als schwarz schließlich schön wurde, gab es einen plötzlichen Kulturumschwung, und die westliche Mode machte sich die traditionellen Frisuren Afrikas und der Karibik zu eigen. Frauen wie Männer verlangten den buschigen ›Afro-Look‹. Die zusammenge-

Gegenüber: Frisuren im Stil von ›Ackerfurchen‹ und mit Perlarbeit aus *(oben)* Zimbabwe, *(unten links)* Gabun und *(unten rechts)* Senegal

drehten Haarsträhnen der Rastafari-Sekte baumelten auf T-Shirts von Marks and Spencer herum. Die Popstars übernahmen das verfilzte Haar und die ganzen Rasta-Accessoires wie Ringe, Armreife und auffällige Sonnenbrillen. Als Beispiel dienten die Superstars Bob Marley und Eddy Grant. Die Europäer waren ganz begeistert davon, erzielten allerdings nur bescheidene Erfolge, obwohl Kate und Jeremy von der Gruppe *Haysi Fantayzee* immerhin so gut waren, daß die echten Rastafaris böse wurden.

Damit sie wirklich echt aussehen, braucht man für die zusammengedrehten Strähnen von Natur aus krauses Haar, das dann schließlich zu einzelnen Strähnen verfilzt, wenn man es lang genug wachsen läßt. Danach müssen sie dann nur noch ausgiebigst geölt und gewaschen werden; zusätzliches Drehen oder Flechten ist nicht mehr erforderlich. Die weißen Anhänger(innen) dieses Stils — die eben nicht diese Naturkrause besitzen — sind gezwungen, sich mit künstlichen Mitteln zu behelfen. Manche halten falsches Haar, das in ihr eigenes eingeflochten wird, für eine passable Nachahmung. Um jedoch eine gute Haftung zu erreichen, muß heißes Kerzenwachs darübergetropft werden. Das bedeutet, daß man das Haar nie wieder waschen kann, von Kämmen ganz zu schweigen. Die einzige Methode, zusammengedrehte europäische Haarsträhnen wieder loszuwerden, ist, sie abzuschneiden.

Afrikanische Frisuren sind noch schwieriger nachzumachen. Einige der schönsten, wie zum Beispiel die Ackerfurchen-Frisur sowie Flechten, wurden recht erfolgreich auch von Weißen ausprobiert.

Doch afrikanische Haartrachten sind eine echte Kunst. Die dafür notwendige kreative Begabung, die Präzision und die manuelle Geschicklichkeit wurden seit Generationen überliefert. So manch komplizierte Frisur erfordert tagelange Arbeit, doch oft ist das Ergebnis so hervorragend, daß es kaum überrascht, wenn weiße Bewunderer — nachdem sie einmal auf den Geschmack gekommen sind — eifrigst versuchen, diesen Stil nachzuahmen.

Sogenannte Ackerfurchen-Frisuren (engl. Corn-rowing), die die Afrikaner noch bis vor gar nicht langer Zeit unter Perücken versteckten, weil sie befürchteten, damit den Geschmack des weißen Establishments zu beleidigen, erfordern viel Zeit, viel Fett und vorab die Entscheidung, ob man die Überhand- oder die Unterhandtechnik anwenden möchte. Bei beiden Methoden hängt der Erfolg davon ab, daß das Haar ganz eng an die Kopfhaut geflochten wird und die so entstandenen Haarscheitel ein ausgeklügeltes Muster ergeben. Die Frisuren der Männer sehen für gewöhnlich eher wie Kappen aus und liegen dichter am Kopf an. Soll die Frisur keinen Schaden nehmen, so muß man sich nachts ein Tuch um den Kopf wickeln und die Kopfhaut fortwährend einölen, damit sie unversehrt bleibt. Das Haar dermaßen strammzuziehen kann bei einer neuen Frisur in den ersten Tagen Schmerzen verursachen oder auch zu Schuppenbildung führen.

Will man dieses ›Corn-rowing‹ mit zusätzlichem Beiwerk kombinieren, so benötigt man eine noch ausgefeiltere Technik. Sie wird gemeinhin als ›Einflechten‹ bezeichnet, und man braucht dazu die Hilfe eines Friseurs, der das zusätzliche Haar richtig einflicht und befestigt.

Wer mit längerem Haar gesegnet ist, kann sein Haar auch nach nigerianischer Art ›einwikkeln‹. Man unterteilt das Haar in einzelne Strähnen, die man dann streckenweise mit schwarzem Zwirn umwickelt. Zur Anregung der Phantasie ist diese Frisur einfach unschlagbar, denn sie bietet einen dreidimensionalen Anblick mit Mustern auf der Kopfhaut und einer Konstruktion aus umwickelten Strähnen, die steif vom Kopf abstehen oder sich in Kurven an den Schädel oder ans Genick anschmiegen. Perlen, die nach einem bestimmten Muster in die Zöpfe miteingeflochten werden, oder farbige Troddeln am Ende der umwickelten Strähnen sind attraktive Variationen.

Die Skinheads sagten sich aus einem ganz anderen Grund von langem Haar und Fett los. Sie wollten sich in erster Linie eine Identität verschaffen; Schönheit und Tradition rangierten an zweiter Stelle. Als Nachfolger der Mods tauchten die Skinheads zum erstenmal 1964 auf und traten ihre wehrlosen Opfer buchstäblich mit Füßen, denn sie trugen Schuhkappen aus speziell angefertigten Stahlspitzen, die sie sich unter größten Mühen an ihre Stiefel schweißten. Arbeitsjeans und Hosenträger, dicke Jacken und die grüne Armeefarbe paßten gut zu ihrem kurzgeschorenen Haar, das nicht mehr eingefettet werden mußte. Und kurzes Haar sei auch sehr nützlich bei Schlägereien, sagten die Skinheads triumphierend — da können uns die Bullen nicht dran festhalten, kapiert? Ganz nebenbei war es auch einfacher sauberzuhalten.

Es machte den Skins einige Mühe, den Ignoranten und Uneingeweihten klarzumachen, daß die hypereleganten Skinhead-Frisuren kein Bürstenschnitt waren. Beim Bürstenschnitt, so erklärten sie unermüdlich, sind die Seiten kurzgeschoren, und oben wird abgeflacht. Die Skinheads hingegen hatten durchgehende Haarschnitte; sie wählten lediglich die gewünschte Stoppellänge, und den Rest hatte gefälligst der Friseur zu besorgen, sonst setzte es was. Das alles kostete sehr viel Zeit und Geld, aber die Skins wurden zu pedantischen Eiferern, wenn es um die alles entscheidende Länge ihrer Stoppeln ging. Besonders umsichtige Friseure boten vier verschiedene Längen an, die sie auf ihren Elektrorasierern einstellen konnten. Nummer 1 war der kürzeste Schnitt und Nummer 4 der längste. Um ein bißchen zu variieren, rasierten sich manche auch Scheitel von der Stirn bis zur Haarkrone — eindeutig eine Nachahmung karibischer Haartrachten.

Skinhead-Mädchen, die sich als bereitwillige Komplizinnen besonders gut dazu eigneten, Waffen in Fußballstadien zu schmuggeln (Mädchen konnte man nicht so ohne weiteres durchsuchen), trugen recht auffällige Frisuren zur Schau. Manche ließen sich ihr Haar lang und gerade herunterwachsen. Der Rest hatte Stoppeln der Längengrade 2 oder 3 mit Federumrandung. Das verlieh ihnen den eigenartig flehenden Gesichtsausdruck verwahrloster Kinder, der gut zu ihren Netzstrümpfen und Miniröcken paßte.

Die Punker waren wieder anders. Sie bevorzugten spitze, gefährlich aussehende Stachelschweinfrisuren. Mit Hilfe von Vaseline oder Haargel machten sie ihr Haar zuerst geschmeidig, dann modellierten und sprayten sie es in Form — ihnen standen ja Aerosol und Haarlack zu Diensten. Manchmal fügten sie noch ein paar Tupfer Supergel hinzu — doppelt gegelt hält besser. Zehn Zentimeter lange, mit Bostik versteifte Stacheln haben mindestens einen jungen Mann seinen Job gekostet: Bei Rolls Royce betrachtete man ihn als Sicherheitsrisiko für die Augen seiner Kollegen.

Die individuelle Note, die so charakteristisch für die Punker war, fand ihren farbenprächtigen Ausdruck im Mohikanerstil. ›Der Mohikaner‹ — kahlgeschoren bis über beide Ohren, mit einem riesigen Hahnenkamm auf dem Kopf — galt in Großbritannien bald als Touristenattraktion. Gary at Technik aus Edinburgh, der eine Menge Punker frisiert hat, sagte, es gebe drei verschiedene Grundtypen von Punkern. Und in jeder Gruppe lege man größten Wert auf individuelle Frisuren. Die ›Intelligenten‹ — die mit Hilfe der Haare ihre Einstellung zu dieser Welt demonstrieren wollten — gaben sich gesellschaftskritisch. Sie entwarfen sich selbst einmalige Variationen, die der Friseur dann in die Tat umsetzen mußte, und dann stellten sie sie bereitwillig und stolz Tag und Nacht zur Schau.

Ganz anders verhielt es sich mit den »Büropunkern« im Nadelstreifenanzug. Wenn sie abends ausgingen, verwandelten sie sich plötzlich in eine ganz andere Persönlichkeit. Sie vollbrachten raffinierte Seiltänzerakte und führten ein Leben wie Dr. Jekyll und Mr. Hyde. Zu diesem Zweck benötigten sie eine einziehbare Frisur, die sich nur abends voll entfaltete und tagsüber gedämpft werden konnte. Die richtige Länge mußte sorgfältig abgewogen werden. Das Haar sollte lang genug sein, um abends dramatische Effekte zu erzielen, gleichzeitig mußte man es aber für die Arbeit auch glatt kämmen können.

Die dritte Gruppe hatte weniger Hemmungen und verwendete alle möglichen Materialien und Substanzen zur Konstruktion ihrer Frisuren. Sie nahmen alles, was gerade zur Hand war — Lebensmittelfarben, Sprühlacke, farbige Puder —, um ihr Haar zu färben. Die Kopfhaut wurde so weit freigelegt, daß sie als Leinwand für ihre auffallenden, oft aggressiven Botschaften an die Welt dienen konnte. Diese malten sie mit Wasserfarben auf, die sie dann gelierten und trockneten.

GLATZE IST SCHÖN

Die Massai-Frauen in Ostafrika hingegen zeigen uns, welch beeindruckendes Bild allein dadurch entstehen kann, daß man den Schädel kahlrasiert. Sie schmieren sich die glänzende Kopfhaut mit rotem Ocker und Tierfett ein — der perfekte Rahmen für ihre Armreifen und Ohrringe, ihren Kopfschmuck und ihre Halsverzierungen. Doch das Haar scheint nur bei ihnen bedeutungslos zu sein. Ihre kriegerischen Ehemänner gehen ins andere Extrem und können den Frauen in puncto eindrucksvolles Aussehen durchaus das Wasser reichen. Sie lassen sich das Haar lang wachsen und dann sorgfältig von ihren Stammesbrüdern frisieren, die für diese Arbeit zwischen fünfzehn und zwanzig Stunden brauchen.

In anderen Breitengraden, die uns näherliegen, ist der kahlrasierte Schädel meist das Markenzeichen der Extremisten — es sei denn, daß Krankheit oder traditionelle religiöse Praktiken keine andere Wahl lassen. Doch es gibt überraschend viele Leute, die freiwillig mit einer Glatze herumlaufen.

Die deutschstämmige Dichterin Tara Osrik löste in den zwanziger Jahren bei ihren New Yorker Freunden große Verblüffung aus, als sie sich den Kopf völlig kahlrasierte und ihren nunmehr gut sichtbaren Schädel in glänzendem Zinnoberrot lackierte.

Auch die Journalistin Molly Parkin wollte sich das Haar abrasieren lassen, als sie noch eine junge Kunststudentin war. Da der Friseur sich dagegen sträubte, erzählte sie ihm, sie habe Läuse, woraufhin »er sich schweigend und mit Arzthandschuhen bewaffnet an die Arbeit machte«. Auf dem Heimweg fühlte sich Frau Parkin irgendwie nackt um den Hals herum, machte einen Abstecher zu Woolworths und kaufte sich ein grünes Hundehalsband. Als sie zu Hause ankam, konnten ihre Eltern nur noch schreien.

Popstar Sinead O'Connor ließ sich aus Trotz kahlscheren, um ein für allemal klarzustellen, daß sie nicht als ›Sexobjekt‹ zu betrachten sei. Und als das Mannequin Anna Curtis sich bis zur Haarkrone kahlrasierte, glaubten ihre Kolleginnen, sie habe sich damit beruflich das eigene Grab geschaufelt. Doch sie wußte, was sie tat; sie ging nach Mailand und konnte sich als Modell für Herrenanzüge von *L'Uomo* vor Aufträgen kaum noch retten. Die Sängerin Grace Jones verlieh ihrer hochgewachsenen, eindrucksvollen Erscheinung noch mehr Dramatik, indem sie sich den Hinterkopf und die beiden Seiten kahlrasierte.

Bei Männern nimmt man gemeinhin an, daß sie nur ungern eine Glatze zur Schau tragen — man könnte dann ja meinen, sie seien der Alopezie zum Opfer gefallen. Doch viele zeigten sich von einer erstaunlichen Kühnheit. Telly Savalas, der sich für seine Rolle als Pontius Pilatus in *The Greatest Story Ever Told* zum erstenmal kahlrasierte, behält jetzt seine Glatze, weil sie inzwischen zu einem wertvollen Markenzeichen geworden ist. Leigh Bowery, der falsche, geboge-

Sinead O'Connor: Die provozierende Glatze hat ihre Anziehungskraft nur noch verstärkt

ne Augenwimpern trägt und seine Lippen so anmalt, daß sie wie ein Briefkastenschlitz aussehen, rasiert sich zur Krönung des Ganzen auch noch den Schädel kahl. Yul Brynner, der berühmte Glatzkopf aus *The King and I* setzte sich für *The Buccaneer* eine Perücke auf — kehrte dann aber auf Wunsch des Publikums wieder zum glatten Schädel zurück.

Eine schöne Glatze kann auf das andere Geschlecht durchaus anziehend wirken. Man berichtet, daß die älteren Damen plötzlich ›weiche Knie‹ bekamen, als Ray Milland nach fünfzehn Jahren für *Love Story* seine Perücke in die Ecke warf.

Doch wie steht es um die Millionen, die den Verlust ihres jugendlichen Haarschopfes bitterlich beklagen? Der Entschluß, seine Mitmenschen zu überraschen, indem man sich freiwillig das Haar entfernt, ist eine Sache — doch hilflos zusehen zu müssen, wie es immer spärlicher wird, ist etwas ganz anderes. Die meisten Männer reagieren darauf mit einer Mischung aus Trauer und Resignation, oder sie versuchen den Verlust auf die eine oder andere Weise zu kaschieren. Wahrscheinlich hoffen sie schon seit Urzeiten darauf, daß die Haare plötzlich wieder anfangen zu wachsen — aber leider wurden sie in ihren Hoffnungen immer wieder enttäuscht. Das Geheimnis, wie man dem Haar seine Regenerationsfähigkeit wiedergibt, haben im Laufe der Jahrtausende weder Wissenschaftler noch Spezialisten für Haarkrankheiten noch Kosmetikerinnen enträtseln können.

WIEDERBELEBUNGSVERSUCHE

Rezepte, wie man das Haar wieder sprießen lassen kann, gibt es schon, seitdem der erste Mann bemerkte, daß es ihm ausfiel.

Im alten Ägypten hieß es, daß eine Mischung aus einer in Öl gekochten Pfote eines abessinischen Windhundes, Dattelblüten und Eselshufen garantiert diesen Zweck erfülle. Hippokrates, der ›Vater der Medizin‹, empfahl den Griechen Breiumschläge aus Taubenexkrementen, Kreuzkümmel und Nesseln. Im sechzehnten Jahrhundert gab man den absonderlichen Ratschlag, die Kopfhaut mit einer Mischung aus verbrannten männlichen Fäkalien und Igelasche zu massieren.

Die Kahlheit handelt ohne Ansehen der Person. Schon der erlauchte Julius Cäsar klammerte sich an seinen Lorbeerkranz, weil er seine Glatze darunter verstecken konnte. Auch Napoleon war zutiefst betrübt, daß ihm das Haar schon so früh ausfiel: Es hätte ihm zumindest etwas mehr Größe verliehen. Frauen, deren Haupthaar langsam dünner wird, geraten noch schneller aus der Fassung. Elizabeth I., deren malträtiertes Haar sehr früh ausdünnte, setzte all ihre Hoffnungen auf eine Pomade aus Äpfeln und dem Fett junger Hunde. Doch als sie dreißig wurde, hatte sie den Kampf verloren; das meiste Haar war ausgefallen.

Diane de Poitiers, eine Mätresse Heinrichs II. von Frankreich, wollte sich nicht geschlagen geben. Als ihr Haar merklich dünner wurde, griff sie zu einer Flüssigkeit, die der Alchimist Paracelsus extra für sie zusammengebraut hatte; es wurde gemunkelt, sie enthalte auch das Blut eines neugeborenen und gleich darauf ermordeten Babys.

Die moderne Wissenschaft hat so manch wirkungsvolles Gegenmittel hergestellt. Einige davon ahmen die natürlichen Substanzen des Körpers wie zum Beispiel die Hormone nach. Mit östrogenhaltigen Haarlotionen versucht man die männlichen Hormone, die den Haarausfall verursachen, zu neutralisieren. Leider zeigten diese Produkte bei Männern aber auch Nebenwirkungen wie zum Beispiel Gynäkomastie, die Bildung weiblicher Brüste und dunkler werdender Brustwarzenhöfe. Daß der männliche Körper extrem empfindlich auf weibliche Hormone reagiert, demonstriert das Beispiel eines siebzigjährigen Mannes, dem plötzlich Brüste wuchsen, nur weil er mit der Östrogencreme, die seine Frau gegen ihre Scheidenentzündung benutzte, in Kontakt gekommen war.

Heutzutage sind ungefähr 50% der männlichen Bevölkerung in unterschiedlichem Ausmaß von dem Problem der Kahlköpfigkeit betroffen. Hormonelle Störungen, übermäßige Schuppenbildung oder Ekzeme, bestimmte Medikamente — vor allem solche, die zur Krebsbekämpfung eingesetzt werden —, aber auch Angst und Streß sind Gründe, die zur Glatzenbildung beitragen können. Der Hauptschuldige ist jedoch das vererbte Gen für Kahlköpfigkeit, das eine Familie durch viele Generationen hindurch erbarmungslos verfolgen kann. Da sind die Männer besonders schlecht dran. Es brauchen nur die richtigen Gene aufeinanderzutreffen, und schon haben sie eine Neigung zur Glatzköpfigkeit geerbt. Und wenn ein Mann dieses spezielle Gen besitzt, dann kann sich durch die Produktion von Sexualhormonen die Wahrscheinlichkeit einer Glatze nur noch erhöhen.

Der Mann kann in eine böse Falle geraten, wenn er zum Beispiel mit Hilfe von Medikamenten versucht, seinen Testosteronspiegel zu senken. Dabei kann er leicht ein Eigentor schießen, denn er setzt seine Libido aufs Spiel. Es gibt nur ein sicheres Mittel, das die jungen Männer aus erblich vorbelasteten Familien für alle Zeiten retten könnte und gleichzeitig auch die Wahrscheinlichkeit später in der Dynastie auftretender Fälle von Glatzköpfigkeit beträchtlich verringern würde: Kastration.

Den Frauen war das Schicksal günstiger gesonnen. Sie betrifft dieses Problem nur, wenn sie zwei Gene — eines von jedem Elternteil — in sich vereinigen, die ohnehin erst nach der Menopause aktiv werden, wenn sich die Produktion weiblicher Hormone verringert. Aber selbst da kann durch eine Hormonbehandlung Abhilfe geschaffen werden.

Doch wir leben in einem Zeitalter ständiger Entdeckungen. Nach langem Warten gibt es jetzt zumindest für einige Glatzköpfe neue Hoffnung. Das bislang vielversprechendste Mittel gegen Kahlköpfigkeit — mit dem passenden Namen ›Regaine‹ [›Wiedergewinnung‹] — ist seit 1988 auf Privatrezept erhältlich. Es wird von der Arzneimittelfirma Upjohn hergestellt und besteht hauptsächlich aus Minoxidil, einer Substanz, die auf natürliche Weise im Urin von Ratten vorkommt. Es wurde durch einen ganz eigenartigen Zufall entdeckt. Ein amerikanischer Hautspezialist, der das Mittel bei niedrigem Blutdruck verschrieb, stellte fest, daß auf den kahlen Schädeln seiner Patienten wieder neues Haar wuchs, das frisch wie der junge Morgen war. Das sprach sich natürlich herum, und man begann, Minoxidil ganz gezielt zur Regeneration der Haare einzusetzen — zuerst allerdings nur hinter verschlossenen Türen. Noch streiten die Gelehrten darum, wie brauchbar es denn nun eigentlich wirklich sei. Die meisten schätzen die Chancen, mit Hilfe dieses Medikaments den Haarwuchs zu fördern, auf maximal 50% — jüngere Männer haben bessere Aussichten als ältere. Auch Frauen haben es einigermaßen erfolgreich eingesetzt.

Doch gerade in der Welt der Wunderkuren kommen die Räder nie zum Stehen. Del De Laronde-Wilton, ein Volkswirtschaftler, der im Oktober 1987 die ›National Hair Clinic‹ gründete, hat ›Regaine‹ bereits übernommen und verbessert. Er konnte es kaum glauben, wie viele verzweifelte Männer ihn um Hilfe baten: Einer hatte solche Angst, noch mehr Haare zu verlieren, daß er seit achtzehn Monaten schon kein Shampoo mehr benutzt hatte. Daraufhin versuchte er, der *Regaine*/Minoxidil-Formel noch ein paar Tropfen Retinosäure beizufügen. Diese Säure, die seit Jahren zur Behandlung der jugendlichen Akne verwendet wird, macht die Haut rauh, so daß das Minoxidil besser absorbiert werden kann.

Arthur Knight, beratender Dermatologe am University Hospital of Wales, faßt die neuesten

Erkenntnisse über Minoxidil folgendermaßen zusammen: »Es ist keine Scharlatanerie. Bei der für Männer typischen Glatzenbildung scheint Minoxidil den Prozeß tatsächlich ganz erheblich zu verlangsamen und in begrenztem Umfang auch den Haarwuchs zu reaktivieren. Problematisch ist nur, daß die Wirkung mit der Zeit nachläßt; man muß mit der Behandlung also endlos fortfahren.«

Da steht der moderne Mann nun vor einem argen Dilemma; genau wie die Frauen, die schon mit sich selbst im Widerstreit liegen, seitdem die ersten recht kostspieligen Verjüngungskuren auf den Markt kamen. Es stellt sich die Frage, ob die Männer bereit sein werden, sich einer lebenslänglichen Routinebehandlung zu unterziehen. Wer weiß, welche Auswirkungen dieses Mittel auf den Blutdruck hat? Sind sie gewillt, jeden Monat ungefähr 100—150 DM auszugeben, um ihr Haar zu behalten?

Es könnte auch noch eine andere Lösung geben: Sauerstoff. Dr. George Hurt, Chefchirurg und Direktor der Forschungsabteilung am United States Naval Hospital in Long Beach, Kalifornien, behandelt die sogenannte Taucherkrankheit, indem er seine Patienten in einer Druckausgleichskabine reinen Sauerstoff einatmen läßt. Jetzt berichten seine Taucher, daß ihr dünnes Haar wieder anfängt zu wachsen. Und es kommt noch besser: Auch potenter sind sie geworden. Doch diese Behandlungsmethode, die zwei Fliegen mit einer Klappe schlägt, muß erst noch gründlich getestet werden.

TRANSPLANTATION

1979 fuhr Elton John zu einer Haartransplantation nach Frankreich. Doch der Erfolg blieb aus, weshalb sein Hut zu seinem ›Markenzeichen‹ wurde.

Durch eine Haartransplantation kann man — vorausgesetzt, daß sie erfolgreich verläuft — das verbleibende, noch wachsende Haar geschickt und relativ gleichmäßig umverteilen. Dabei greift man entweder auf einen Hautstreifen aus dem behaarten Teil des Kopfes zurück, der dann an den Kahlstellen neu ›angepflanzt‹ wird, oder man nimmt punktuelle Transplantationen vor: Man bohrt Löcher in die Kopfhaut; dann stibitzt man hie und da ein paar Haare — sagen wir zehn — mit einem Stückchen Haut und verpflanzt das Ganze in die Löcher. Der Bandleader einer Popgruppe aus Wales bezeichnete seine Operation als ›Tortur‹, fügte aber hinzu, er würde noch viel mehr über sich ergehen lassen, wenn er nur endlich dieses ›Sieb auf dem Kopf‹, wie manche Kritiker es unverblümt nannten, loswerden könnte.

Chirurgen geben zu bedenken, daß die Operation nicht immer erfolgreich verläuft. Es können Narben zurückbleiben, die sich eventuell verhärten oder zu Wülsten auswachsen. Problematisch kann es auch werden, wenn zuviel Haar auf einmal entfernt wird.

Ein Mann machte seine Frau, die ihn wegen eines anderen verlassen hatte, für sein schütteres Haar verantwortlich. Voller Verzweiflung unterzog er sich einer gewagten — um nicht zu sagen verrückten — Transplantation mit nicht weniger als 600 Einzelverpflanzungen. Am nächsten Morgen war sein Kopfkissen blutgetränkt.

Dem *Journal of the American Medical Association* zufolge »leiden die meisten Implantat-Träger an lokalen oder sonstigen Infektionen, die lebensgefährlich sein können«. Es gibt unzählige abschreckende Beispiele von Transplantations-Katastrophen: Der typische Patient, so schreiben sie, hat eine Kopfhaut wie ein Stück stinkendes, rotes Fleisch, das vor Eiter nur so trieft.

Es ist erstaunlich, daß sich so viele Männer und nur so wenige Frauen dieser schmerzhaften und komplizierten Prozedur unterzogen haben. Letztendlich können kahlköpfige Männer doch immer noch auf ihre Maskulinität verweisen, wohingegen schütteres Haar für Frauen einer Tragödie gleichkommt.

ZUBEHÖR

Es gibt aber noch eine andere Möglichkeit: Eventuelle Restbestände lassen sich durch echtes oder künstliches Haar vermehren. Doch das muß rechtzeitig geschehen. Männer, die ihr Haar bereits verloren haben, können kein zusätzliches Haar auf ihrem Kopf befestigen, wenn kein einziger Stoppel mehr übrig ist, an dem man es verankern könnte. Sie können sich dann nur noch mit Perücken oder Toupets behelfen.

Auch hier sind die Frauen wieder einmal besser dran. Sie bringen es normalerweise immer fertig, daß noch ein bißchen Haar übrigbleibt, wie brüchig und dünn es auch immer sein mag. Da können, zumindest tagsüber, Nackenknoten und Haarteile diskrete Abhilfe schaffen.

Bei ganz besonderen Gelegenheiten kann auch noch mehr Volumen produziert werden, womit die Damen anderer Länder oft eine verblüffende Wirkung erzielten. Die Sango-Frauen im Kongo haben keinerlei Hemmungen, die Toten — oder auch die Gefangenen — ihrer Haare zu berauben und diese dann in ihr eigenes, langes Haar zu integrieren; schwarz angemalte Palmenfasern dienen dem gleichen Zweck. Der große Nachteil ist, daß solche Frisuren — in denen die Arbeit mehrerer Wochen steckt — möglichst monatelang halten sollen, bevor sie auseinanderfallen. Während dieser Zeit büßen sie natürlich viel von ihrer ursprünglichen Frische ein.

Westliche Frauen haben diesen Mangel an Hygiene über hundert Jahre lang hingenommen, ohne mit der Wimper zu zucken. Es war eben der Preis, den sie für die Schönheit zu zahlen hatten. Die Damen des siebzehnten und achtzehnten Jahrhunderts opferten nicht nur ihren Schlaf, um ihren Turmfrisuren keinen Schaden zuzufügen. Sie ließen auch die Sitze der Kutschen niedriger machen und die Türpfosten verlängern, damit sie mit ihren bombastischen Frisuren ungehindert passieren konnten.

»Sie drücken auf die Schläfen, behindern den Blutkreislauf und verursachen Abszesse. Manche sterben sogar daran.« So beschrieb Madame de Sévigné 1685 in einem Brief an ihre Tochter die Auswirkungen der Drahtgestelle, die man für die extravaganten Frisuren jener Zeit verwendete.

Die Mode der überdimensionalen Köpfe wurde von den Französinnen und Engländerinnen gleichermaßen übernommen. Die Frisuren erklommen schwindelnde Höhen von mehr als einem halben Meter, wurden aufwendig ausgepolstert, verziert und von unzähligen Spitzenbändern zusammengehalten; die langen Haarsträhnen wurden prachtvoll an hohen Messingdrahtgestellen befestigt.

Natürlich war diese Mode nicht ganz unproblematisch. Die Damen waren so kopflastig, daß sie in ihren Kutschen nur noch knien konnten. Im *Gentleman's Magazine* von 1777 war zu lesen, daß die Sitze der Kutschen fast bis auf den Boden abgesenkt wurden und den Damen beim Sitzen dann die Knie in die Magengrube drückten. Trotz alledem mußten sie sich aber während der ganzen Fahrt nach vorn beugen, um nicht an die Decke zu stoßen.

Für diese Frisuren brauchte man sehr viel Zeit und Geduld. Es fing an mit dem komplizierten Rahmengestell und den Polstern (die häufig aus eingefetteter Wolle und Pferdehaaren bestanden). Dann zog man das natürliche Haar darüber und kleisterte es mit einer klebrigen Paste zurecht. Als nächstes wurde mit Zusätzen aus falschem Haar aufgestockt. Zu guter Letzt

Bonnet à la Victoire

Links: Die Damen des siebzehnten und achtzehnten Jahrhunderts mußten im Sitzen schlafen, um ihre Turmfrisuren vor Schaden zu bewahren

Rechts: Diese französische Karikatur von einem Makkaroni zeigt, daß die Männer des achtzehnten Jahrhunderts genauso eitel waren wie die Frauen

folgten die Verzierungen: Gemüse, Früchte, Federn und sogar Körbe voller Blumen, die man manchmal auch noch mit Wasser versorgte, indem man ganz geschickt Flaschen und Vasen im Haar versteckte. Damit sie beim Gehen nichts verschütteten, wirkten die Damen in ihren Bewegungen zwangsläufig etwas steif und unbeholfen, wenn sie ihre schweren ›Wasserköpfe‹ um Ecken herum und unter Bögen hindurchmanövrierten.

Natürlich stellte sich auch die peinliche Frage, wie man denn nun am besten zu Bett gehen könne. Viele Damen, die gerade erst einen halben Tag beim Friseur zugebracht hatten, um sich »einen neuen Kopf machen zu lassen«, und dieses Werk nicht frühzeitig ruinieren wollten, verzichteten der Einfachheit halber gleich ganz darauf, sich schlafen zu legen. Statt dessen blieben sie sitzen und verdösten die Nacht in irgendwelchen Sesseln, wobei sie jeden kunstvollen Zentimeter ihrer prachtvollen Kopfbedeckung sorgsam bewachten.

Die Damen, die unbedingt erhobenen Hauptes einherschreiten wollten, wurden ständig vom Feuer bedroht. Die Räume waren mit Kronleuchtern geschmückt, auf denen Dutzende von

Kerzen brannten, und es war nichts Ungewöhnliches, wenn Madame plötzlich mitten im Gespräch in Flammen aufging.

Bei diesen kunstvoll gearbeiteten Frisuren war an Kämmen natürlich gar nicht zu denken. Gewaschen wurden sie bestenfalls alle zwei Jahre. Als Lord Chesterfield hörte, daß die Damen aus Bath ihr Haar »drei oder vier Stockwerke hoch« trugen, soll er geknurrt haben: »Ja, und ich glaube, daß jeder Stock bewohnt ist wie die Pensionen hier, denn ich beobachte ein eifriges Kratzen.«

Es gab auch noch andere Störenfriede. Das ständige Einfetten der Haare zog Mäuse an, die sich oft mit der ganzen Familie im Kopfschmuck der Frauen einnisteten. Es sagt viel über die Erfindungsgabe und den Geist jener Damen aus, daß sie trotzdem nicht verzagten; sie lösten das Problem, indem sie ihre ranzigen Häupter des Nachts mit ein bis zwei Meter langen Schutznetzen bedeckten. Als Bettgenossinnen dürften sie wohl kaum sehr reizvoll gewesen sein, wenn sie sich dann fettig, ranzig und in Netze gewickelt, vielleicht noch in Gesellschaft von ein oder zwei Nagern an die Seite ihres Geliebten drückten. Im *London Magazine* von 1768 wurde berichtet:

> »... Als ich eines Morgens eine ältere Tante von mir besuchen wollte, sah ich, wie sie dem genialen Mr. Gilchrist, der die Öffentlichkeit erst kürzlich mit einem ganz hervorragenden Essay über das Haar erfreut hatte, ihren Kopf zuneigte. Er fragte sie, wann ihre Frisur zum letztenmal geöffnet oder repariert worden sei. Vor knapp neun Wochen, antwortete sie. Daraufhin meinte er, für eine Sommerfrisur sei die Zeit dann aber schon abgelaufen, und deshalb sei es ratsam, sie jetzt aufzulösen, weil es sonst ein wenig ›gefährlich‹ werde.
>
> Als Mr. Gilchrist den Kopf meiner Tante öffnete, wie er es nannte, ... sah ich Horden von mikroskopisch kleinen Tierchen zutiefst bestürzt in sämtliche Himmelsrichtungen flüchten, woraufhin ich meinen Stuhl etwas weiter vom Tisch abrückte und den Operateur fragte, ob diese große Schar denn nicht ab und zu auch Kolonien zu anderen Körperteilen entsende. Er versicherte mir, daß das nicht möglich sei; denn die Unmengen von Puder und Pomade formten eine klebrige Masse, die die kleinen Bewohner, ähnlich wie beim Vogelleim, fangen und festhalten würden. Dadurch werde ihre Auswanderung verhindert.«

Im alten Japan benötigten die Damen für gewöhnlich mehrere Hilfskräfte zum Waschen, Pomadisieren und Flechten der Haare, damit sie eine ähnlich komplizierte Frisur vorführen konnten. Und die Mode ist nicht totzukriegen. Noch zu Beginn des zwanzigsten Jahrhunderts brachten engagierte Teams bereitwillig fünf oder mehr Stunden damit zu, die Damen zu frisieren. Auch die modernen Geishas, die die traditionellen, kunstvoll eingerollten Frisuren beibehalten haben, benötigen dafür immer noch mehrere Stunden und schlafen auf speziell geformten Kopfstützen, damit die Haarpracht unversehrt bleibt.

9.

KLEIN IST SCHÖN: DIE FÜSSE

B EI FRAUEN GALT ES NOCH NIE ALS BESONDERS VORNEHM, große Füße zu haben. Das ist eine der wenigen Konstanten in der wechselvollen Geschichte weiblicher Schönheit. Die Türken sind die einzigen, die jemals großen Frauenfüßen etwas abgewinnen konnten; aber auch nur deshalb, weil sie große Fruchtbarkeit damit verbinden.

LOTOS AUS GOLD, SILBER ODER EISEN

Die Chinesen verspotteten und ächteten den großen Frauenfuß, doch sie gingen sogar noch einen Schritt weiter. Sie fingen an, den Fuß immer weiter zu verkürzen, indem sie ihn immer stärker zusammenpreßten, bis er schließlich nur noch 7,5 cm lang war. Und tausend Jahre lang vergossen die chinesischen Töchter bittere Tränen.

Woher die Idee des Füßewickelns stammt, bleibt ein Rätsel. Eine Geschichte aus Indien könnte uns auf die richtige Fährte bringen: Sie erzählt von einem schönen Menschenkind, das einem Reh geboren ward — das kleine Mädchen war in jeder Hinsicht vollkommen, bis auf die Rehfüße. Wo es auch lief, hinterließ es auf der Erde Fußabdrücke, die der verehrten Lotosblüte ähnelten. Und in der östlichen Vorstellungswelt ist der Lotos der Inbegriff der Romantik, Schönheit und Glückseligkeit.

Vielleicht griffen die chinesischen Konkubinen in ihren Tänzen die Geschichte von dem Rehkind mit den zierlichen Lotosfüßen wieder auf. Zur Zeit der Tang-Dynastie zwischen dem elften und zwölften Jahrhundert war jedenfalls ein Tanzstil populär, bei dem die Füße ein wenig gebunden wurden. Es könnte also durchaus sein, daß ausgerechnet die Tänzerinnen den Chinesinnen die gewickelten Füße bescherten. Zur Zeit der Sung-Dynastie im zwölften Jahrhundert gerieten die Unabhängigkeit der Frau und die intellektuelle Freiheit zusehends in Mißkredit. Die ideale Frau war fügsam und widersetzte sich nicht. Folglich durfte sie keine Gelegenheit bekommen, ihren eigenen Mann mit anderen zu vergleichen; sie sollte brav in ihrem Boudoir verweilen, wo sie zwangsläufig einen beschränkten Horizont bekommen mußte und an Ehebruch jedweder Art nicht einmal denken konnte, da sie gar keine anderen Männer kannte.

Die gebundenen Füße, die bei Tänzerinnen schon sehr populär waren, paßten hervorragend in dieses neue Schema männlicher Dominanz. Wie könnte man die Bewegungen einer Frau und ihren abenteuerlustigen Geist besser im Zaum halten als durch das Binden ihrer Füße?

Seltsamerweise schien es die Frauen nicht sonderlich zu stören, als Bürger zweiter Klasse angesehen zu werden oder in ihrer Bewegungsfreiheit eingeschränkt zu sein — so ängstlich waren sie darum besorgt, ja kleine Füße zu haben, die sie mit einem Schlag als schön, elegant und ausgesprochen vornehm ausweisen würden. Nur Bauersfrauen hatten große Füße; eine Dame, die etwas auf sich hielt, mußte unbedingt kleine Füße besitzen. Und es kam noch ein anderer Trumpf ins Spiel. Eine solche Dame war — wie sich später herausstellen sollte — auch sexuell attraktiver. Ihre ›goldenen Lotosfüße‹ bereiteten dem Mann zusätzliches Vergnügen, und damit hatte die Frau ihre ureigenste und wichtigste Aufgabe, nämlich dem Mann zu gefallen, erfüllt.

Bald war klar, daß man die Füße Erwachsener zwar einigermaßen erfolgreich verkürzen konnte, Kinderfüße sich dem Druck jedoch wesentlich schneller und effektiver beugten.

Die chinesischen Mütter zögerten nicht lange. Wild entschlossen, daß ihre Töchter im Kampf um den 7,5 cm langen ›goldenen Lotos‹, der eine gute Partie garantierte, nicht das Nachsehen haben sollten, eilten sie pflichtbewußt mit Nadeln, Binden und einer guten Portion Grausamkeit herbei, um die Zehen ihrer Töchter abzuquetschen; und das in einem Alter, wo die zarten Kinderfüße am verletzlichsten sind. Die Töchter wurden nicht lange gefragt, doch die meisten akzeptierten mit außergewöhnlichem Gleichmut die Auffassung ihrer Mutter, daß das Wickeln der Füße unumgänglich sei.

Eine Frau erklärte es später so: »Die meisten Mädchen ließen sich wohl oder übel die Füße binden. Doch wenn die Mutter mit dem Wickeln begann, schrien sie laut auf vor Schmerzen und flehten sie an, aufzuhören. Mit ein bißchen Glück gelang es ihnen, die Binden insgeheim wieder abzunehmen. Manchmal schwollen die Füße der Mädchen an, und die Haut verfärbte sich lila, weil die Binden so eng saßen. Doch die Mütter ließen nicht zu, daß ihre Töchter die Binden lösten, denn sie sollten ja wie Kinder aus reichem Hause aussehen. Deshalb banden sie ihnen die Hände an einem Pfahl fest, damit die Kinder außerstande waren, die Binden zu öffnen.«

Eine Frau, deren Füße gewickelt wurden, als sie gerade neun Jahre alt war, ließ sich nicht von der Meinung abbringen, daß es die Sache wert gewesen sei.

»Mutter war sehr streng. Zu Anfang schmerzten meine Füße sehr. Meine Fersen begannen zu stinken und zu faulen. Wegen der Schmerzen in meinem Fuß mergelte mein ganzer Körper völlig aus. Meine Gesichtsfarbe veränderte sich, und nachts konnte ich nicht schlafen, was meiner Mutter große Sorgen bereitete. Wenn ich sah, wie schön die zierlichen Füße anderer Frauen waren, gefiel mir das sehr. Meine Cousine erzählte mir, daß niemand eine Frau mit großen Füßen heiraten wolle.«

Mit dem Füßewickeln wurde bereits im Alter von ungefähr fünf Jahren begonnen, um die Sohle und die Ferse so nahe wie möglich zusammenzubringen — bis an die Grenze der physischen Belastbarkeit [und darüber hinaus: Der Fußknochen brach daraufhin beim Stehen; erwünschter Effekt. Anm.d.Red.]. Eine Binde von ungefähr 5 cm Breite und 3 m Länge wurde mit dem einen Ende an die Rist-Innenseite gelegt und dann über die kleineren Zehen gezogen, um sie unter die Fußsohle zu quetschen. Dann wurde die Binde fest um die Ferse herumgezogen, damit die zurückgebogenen Zehen und die Ferse dichter zusammenkamen.

Die Kinder litten furchtbar. Schon bald fingen die Füße an zu faulen; oft lösten sich Hautfetzen von der Fußsohle, häufig fielen auch Zehen ab, was natürlich entsetzlich weh tat. Die einzige Hoffnung, die noch blieb, war, daß der Fuß nach zwei Jahren so gnädig war, abzusterben und keine Schmerzen mehr zu verursachen. Doch das war nicht immer der Fall.

Das erste Wickeln war von Ritualen und Zeremonien begleitet. Es war schließlich ein wichtiger Moment im Leben eines Mädchens, und dafür mußte der richtige Tag ausgewählt werden, wenn der Mond und andere Himmelszeichen günstig standen. In Häusern, wo man gerade mit dem Füßewickeln begann, kamen die Verwandten zu Besuch, um ihre Glückwünsche auszusprechen und der Mutter zu bestätigen, daß ihre Absichten ehrenhaft und richtig seien. Man signalisierte Verständnis, daß sie ja nur zum Wohle ihres Kindes handele.

Den Mädchen selbst erzählte man immer, daß sie zweimal in ihrem Leben für die Schönheit leiden müßten: das erstemal, wenn ihre Ohren durchstochen würden, und das zweitemal, wenn sie sich die Füße wickeln ließen.

Das Leiden war unermeßlich: Kleine, siebenjährige Mädchen mit frisch gewickelten Füßen hatten das Gefühl, in Flammen zu stehen, und konnten nicht mehr schlafen. Wenn sie Fisch oder frisch geschlachtetes Fleisch aßen, schwollen ihre Füße an und trieften vor Eiter. Doch die Mütter zwangen ihre Töchter zu laufen und tadelten sie sogar noch, wenn sie zuviel Gewicht auf die Ferse verlagerten. Alle zwei Wochen wurden dem Kind neue Schuhe gebracht — immer um 0,5 cm kürzer als die vorigen.

Dieses Ritual zog sich über ungefähr zwei Jahre hin. Für die Mädchen war es die Hölle; kleine Schwestern weinten gemeinsam und sahen dem Lauftraining und dem Anpassen noch kleinerer Schuhe mit Grausen entgegen.

Die Füße wurden zum Dreh- und Angelpunkt im Leben der chinesischen Frau. Der ›goldene Lotos‹ wurde zum Dauerthema bei den Damen — besonders wenn sie Töchter hatten, die bald mit dem Füßewickeln beginnen sollten. Natürlich gab es auch Berater und Experten, die Lobreden auf den perfekten Fuß hielten. Es gab Unmengen lyrischer Beschreibungen, und die Phantasie schwang sich in große Höhen empor, um sinnträchtige Namen zu finden. So bezeichnete man den zusammengepreßten Fuß zum Beispiel ganz romantisch als ›göttliche Eigenschaft‹ oder ›verführerische Haltung‹. Der ausschlaggebende Faktor war natürlich die Größe: Der Fuß war entweder ein Lotos aus ›Gold‹ (7,5 cm), ›Silber‹ (10 cm) oder ›Eisen‹ (10 cm und mehr).

Doch das entscheidende Urteil fällten am Ende immer die Männer. Und nach allem, was man hört, ließen sie es an Lobpreisungen nicht fehlen. Sie fanden, für Mädchen und Frauen sei es der Mühe wert, sich für zierliche Füße abzuplagen, weil sie doch so ein wunderschönes Spielzeug abgaben. Schon allein der Anblick konnte einen Mann vor Leidenschaft stöhnen lassen:

> Oh! Wie zierlich sie doch sind
> Wie Bambussprossen im Winter
> Und wie Entenküken im Mai.

Was konnte sich eine Frau mehr wünschen?

Schließlich wurde dem winzigen Fuß ein solch hoher Wert beigemessen, daß er zu einem geheimnisvollen, anbetungswürdigen Gegenstand, einer Art privatem Reliquienschrein avancierte, der für alle Zeiten den lüsternen Blicken anderer entzogen werden mußte. Folglich war es der Frau nie erlaubt, ihre Füße zu zeigen. Die Fußbinden nahm sie nur im privaten Bereich ab, und man bekam sie nie ohne Schuhe zu sehen, selbst im Bett nicht. Und da die Schuhe ein solch beneidenswert intimes Verhältnis zu den Füßen unterhalten durften, schloß man sie in die Verehrung mit ein.

Die Frauen erlernten die Kunst, sich ihre Schuhe selbst anzufertigen, was sie oft sehr viel Zeit und Mühe kostete. Besonders wichtig war die Farbe: Sowohl rot als auch grün waren beliebt, doch während der langen Jahrhunderte, in denen man Füße wickelte, war Rot immer der Favorit. Die verführerische Frau zeichnete sich durch rote Schuhe aus. Sex unter der Bettdecke mit rot aufblitzenden Seidenschuhen — als Kontrast zur schimmernden Elfenbeinhaut der Frau — gehörte zu den aufregendsten Phantasievorstellungen vom Liebesspiel. Die Tatsache, daß sich auf den kleinen, roten Nachtschuhen der Frauen oft Abdrücke von Zähnen befanden, beweist hinreichend, daß sie in Momenten großer Leidenschaft von den erregten Partnern gepackt und mit Küssen und Bissen überhäuft wurden. Man verwahrte die Schuhe in einem speziellen Schubfach im Schlafzimmer, und da immer die Möglichkeit bestand, daß sie von glühenden Liebhabern angeknabbert würden, steckten die Frauen parfümierte Duftkissen hinein, damit sie immer gut rochen.

Ehrbare Damen hüteten ihre Füße wie ihren Augapfel und waren bei jeder zufälligen Berührung zutiefst beschämt, besonders wenn es sich dabei um vulgäre Menschen oder Personen niederen Standes handelte. Es konnte durchaus passieren, daß ein verzweifelter chinesischer Gentleman auf allen vieren durch die Füße der Menge kroch, um einen winzigen Fuß zu berühren, der ihm vorübergehend den Verstand geraubt hatte. Das konnte jedoch katastrophale Folgen haben: Eines der Mädchen, das auf diese Weise flüchtig von einem Fußfrotteur gestreift worden war, rührte sich nicht mehr aus ihrem Bett und starb vor Scham. Mit verbotenem Schuhwerk wurde oft unerlaubter Geschlechtsverkehr betrieben; abgewiesene Liebhaber verübten manchmal entwürdigende Handlungen an den gestohlenen Schuhen einer Geliebten und schickten die besudelten und mißbrauchten Schuhe dann als Beleidigung zurück. Diese alte Form des ›Keuchens‹ bereitete den Damen großen Kummer und trieb ihnen die Schamesröte ins Gesicht.

Für den Liebhaber gab es genaue Anleitungen, wie er den winzigen Fuß zu halten hatte. Puristen konnten ein Handbuch über Liebesspiele zu Rate ziehen. Ein solches Buch beschrieb immer auch die verschiedenen Techniken, wie man den kostbaren Lotos in den Momenten größter Leidenschaft ergreifen konnte.

Man glaubte, daß das Füßewickeln aufregende Veränderungen im Körper der Frau nach sich ziehen würde. Es hieß zum Beispiel, sie entwickele außergewöhnlich wollüstige Hüften und kraftvolle Schenkel — was unmittelbar daraus resultieren sollte, daß sie so viel Gewicht auf Schenkel und Hüfte verlagerte. Für das Auge noch reizvoller war die gespannte, unterwürfige Haltung, die sie einnehmen mußte, damit die Füße beim Laufen nicht übermäßig belastet wurden. Und all das hatte solch starke Auswirkungen auf ihre intimere Anatomie, daß man glaubte, sie würde für immer den Muskeltonus einer Jungfrau behalten — ein großer Segen bei athletischem Geschlechtsverkehr.

Auch Pheromone traten in Aktion, denn der winzige Fuß verströmte einen wunderbar erregenden Duft, der sämtliche Gerüche, die von Achselhöhlen, Beinen oder sonstwo beheimateten Drüsen ausgingen, bei weitem noch übertraf. Die Füße konnten zu einem Festschmaus werden. Ein Beamter aus Nanking erklärte, für ihn sei es die größte Wonne, die kleinen Füße seiner Konkubine zu waschen, zu riechen und zu schmecken; sie während des Waschens zu lecken »ist, als äße man gedämpfte Knödel in reinem Wasser«.

Die Ehemänner stimmten darin überein, daß die kleinfüßige Frau sich am besten als Bettgenossin eigne. Vom Sex einmal abgesehen, war es auch höchst angenehm, daß sie ihrem Mann kein allzu großes Gewicht zumutete, wenn sie ihm beim Schlafen zu nahe rückte. Eine großfüßige Frau unter der Bettdecke war weniger erstrebenswert, denn sie konnte einen unangenehmen Luftzug verursachen. Bei so vielen Vorteilen schien es unvorstellbar, daß das Füßewickeln in China jemals ein Ende nehmen würde.

Auch Männer banden sich gelegentlich die Füße, denn im fünfzehnten Jahrhundert legte man sehr großen Wert auf die Prophezeiungen und Vorhersagen von Astrologen. Manchmal wurde Familien mit kleinen Jungen erzählt, daß für einen ihrer Söhne die Zukunft ziemlich düster aussehe — so düster und unheilvoll, daß es besser wäre, den Jungen wie ein Mädchen großzuziehen. Also wurden dem Sohn die Füße gewickelt; er bekam Mädchenkleider und wurde von nun an als Tochter ausgegeben.

Eine moderne Form des Füßewickelns wurde um 1900 herum von Männern aus Tientsin praktiziert. Sie umwickelten ihre Füße ganz fest mit Tüchern und drückten sie dann mit harten, engen Socken zusammen — damit sie die schmalen Brokatschuhe tragen konnten, die damals große Mode waren.

Zu jener Zeit waren die Tage der gewickelten Frauenfüße allerdings schon gezählt. 1928 wurde dieser Brauch vom Innenministerium strengstens untersagt; widerspenstigen Fußwicklerinnen drohten schwere Strafen. Das brachte die Frauen in eine äußerst schwierige Situation, denn das Ablegen der Binden war fast genauso schmerzhaft wie das Anlegen. Hin- und hergerissen zwischen alten und neuen Wertvorstellungen, blieb ihnen nichts anderes übrig, als ein zweites Mal zu leiden. Mit gebrochenen Knochen und geschwollenem Rist bemühten sie sich stolpernd und stürzend um eine neue Gangart.

Die chinesischen Männer schauten ihnen schweren Herzens zu. Sie hatten ihre Gespielinnen mit den goldenen Lotosfüßen verloren. Es würde keine kleinfüßigen Frauen mehr geben, keine Mädchen mit 7,5-cm-Füßen in roten Seidenschuhen, keine fügsamen Ehefrauen mit breiten Hüften, die nicht davonlaufen konnten und keinen Luftzug verursachten, wenn sie sich im Bett umdrehten.

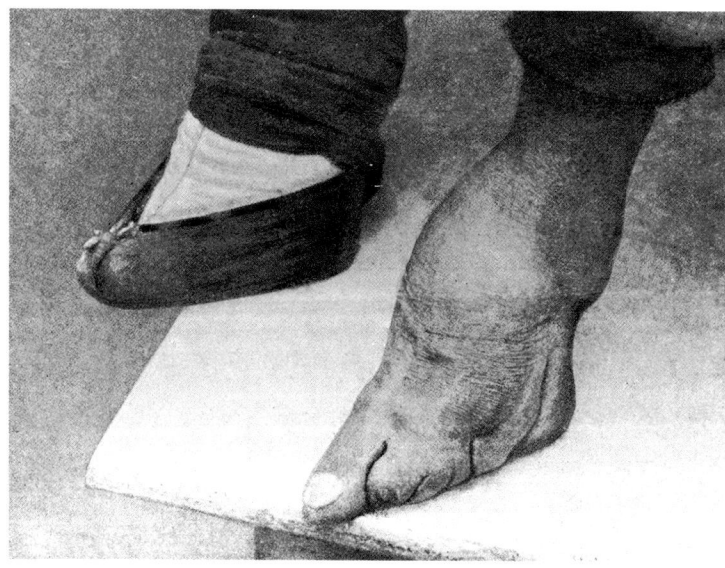

Gegenüber: Eine chinesische Schönheit und *(oben)* ihr als reizvoll geltender Fuß

DER FUSS MUSS SICH DER MODE BEUGEN

Das Mannequin Barbara Goalen ließ sich ihre beiden kleinen Zehen amputieren, damit die Füße auch noch in die allerengsten Modelle der spitz zulaufenden Pumps paßten. Fußpfleger überrascht das gar nicht; auch im *Journal of Podiatry* war schon zu lesen, daß die Nachfrage nach Fußoperationen jedesmal zunimmt, wenn spitze Schuhe wieder in Mode kommen.

»Wer schön sein will, muß leiden ... es ist besser, einen Zeh zu verlieren als einen Königinnenthron«, heißt es in einer dänischen Version vom *Aschenputtel*. Auch heute finden wir Parallelen zu dieser Geschichte: Mode ist der Glasschuh, der über Form und Stil entscheidet — und die Füße der Frauen haben sich gefälligst der Mode anzupassen.

Da braucht man sich nicht zu wundern, daß die Hälfte aller erwachsenen Frauen in Großbritannien keine normalen Füße mehr hat. Die Frauen ruinieren sich ihre Füße nicht nur mit schlechtem Schuhwerk, sondern auch mit Nylonstrümpfen, in denen die Zehen sich zusammenkrümmen und nach innen einrollen müssen. Doch das Erstaunlichste daran ist, daß — nach Aussage einer Fußpflegerin — »die meisten Leute sehr wohl den Schuh als Ursache ihrer Fußprobleme erkennen, trotzdem aber sagen, daß sie mit Absicht solches Schuhwerk tragen, um mit der Mode zu gehen«.

Die Probleme beginnen schon früh. Der Fußpfleger Brian Berry weist darauf hin, daß die wollenen Babyschuhe und Strampelanzüge fast immer einlaufen; das Baby hingegen wächst, kann aber eine gewisse Zeitlang denselben Anzug tragen. Er empfiehlt den Müttern daher, die Spitzen der Babyschuhe und Strampelanzüge abzuschneiden, wenn die Füße ihrer Sprößlinge größer werden.

Ein Appell an die Schuhfabrikanten, doch freundlicherweise von Modellen Abstand zu nehmen, deren Zuschnitt so gar nicht mit der menschlichen Fußform übereinstimmt, dürfte wenig Aussicht auf Erfolg haben. Als Alternative dazu die Herstellung bequemer und zweckmäßiger Schuhe zu verlangen, würde auf ähnlich taube Ohren stoßen. Erst wenn eine Frau ihre Füße so zugerichtet hat, daß sie um das orthopädische Fachgeschäft nicht mehr herumkommt, wird sie sich Schuhen zuwenden, bei denen die Bequemlichkeit Vorrang vor dem Aussehen hat. So bleiben die Schuster aus rein kommerziellen Gründen bei ihren Leisten, und wer könnte ihnen das verdenken? Schade ist nur, daß ihre Leisten von der Mode geformt werden.

Mit Schuhen lassen sich hervorragende Geschäfte machen, und das aus gutem Grund: Sie geben jedem Kleid, jedem Mantel und jedem Anzug den letzten Schliff. Die Frauen — und auch viele Männer — lieben sie. Die Schauspielerin Cher ist besonders stolz auf ihre Füße und prahlt mit ihren über dreihundert Paar Schuhen, die alle sehr »sexy« sind. Die Sängerin Diana Ross sagt: »Ich habe schöne Beine und möchte sie mit schönen Schuhen zur Geltung bringen.« Auch Joan Fontaine, Marlene Dietrich und Joan Crawford haben schon mehr als hundert Paar Schuhe gleichzeitig besessen.

Jayne Mansfield nannte einst zweihundert Paar ihr eigen. Selbst die großfüßige Garbo kaufte einmal auf einen Schlag siebzig Paar Ferragamo-Schuhe. Kaiserin Josephine, die Frau von Napoleon, besaß eine Sammlung von fünfhundert Paaren, von denen einige so zerbrechlich waren, daß sie sie nur im Sitzen tragen konnte. Und Marie Antoinette hatte dermaßen viele Schuhe, daß sie sie in einem eindrucksvollen Verzeichnis methodisch auflisten mußte. Nur eine Frau scheint sie noch zu übertreffen — Frau Marcos, die Frau des ehemaligen Präsidenten der Philippinen, deren Sammlung sogar in die Tausende ging.

Ob Schuhe überhaupt notwendig sind, hängt von der Umgebung und den Gepflogenheiten ab. Die meisten Schuhexperten sind der Meinung, daß es im Interesse der Gesundheit ideal wäre, gar keine Schuhe zu tragen. Die Ureinwohner Australiens und Millionen von Indianern in Asien und Amerika durchstreifen ihre Heimatländer ohne jeden Fußschutz — und haben keine Fußprobleme. Yoga-Anhänger und Fußreflex-Therapeuten können immer wieder nur den einen Rat geben: »Laufen Sie ohne Schuhe im Haus herum, so oft sie nur können.«

Doch das sind Rufer in der Wüste. Seit Jahrhunderten waren die Frauen im Westen wie im Osten fasziniert von zusammengepreßten, verdrehten Füßen und träumten von einem graziösen Gang mit winzigen Schrittchen. Im alten Palästina erreichten die Mädchen diese gezierte Gangart, indem sie sich Sklavenketten an die Füße banden; je kürzer die Kette, desto kleiner — und folglich auch eleganter — der Schritt. Die modischen Fußketten, die in den siebziger Jahren an den Stiefeln der ›Punkermiezen‹ klirrten, schränkten die Bewegungsfähigkeit zwar nicht unmittelbar ein, doch die unbequemen, spitz zulaufenden Stiefel mit den hohen Absätzen machten das Gehen recht beschwerlich, und oft konnten die Mädchen nur noch vorwärtstrippeln. Es waren also nicht nur Wichtigtuerei und Provokation seitens der Punker, die diesen Stiefeln den Beinamen ›Pfauenstelzen‹ eintrugen.

Der unwiderstehliche Drang zu einer beschwerlichen Gangart wurde auf ganz unterschiedliche und manchmal recht erstaunliche Weise befriedigt. Im vierzehnten Jahrhundert waren Schlüpfschuhe mit langen Spitzen modern — je höher die soziale Stellung, desto länger die Schuhspitzen. Anne von Böhmen (1366—99) band die Spitzen ihrer Schuhe mit langen goldenen Ketten oberhalb ihrer Waden fest, um überhaupt noch laufen zu können. Andere Aristokratinnen hängten sich Silberglocken an die Schuhspitzen, bevor sie sie an den Knien festbanden — die ›bells on her toes‹ aus dem alten englischen Kinderlied.

Der Adel des siebzehnten und achtzehnten Jahrhunderts zeichnete sich durch kleine, schmale Füße aus. Deshalb umwickelten sich die hochwohlgeborenen Damen Europas die Füße nachts mit eingewachsten Leinenbandagen.

Selbst im zwanzigsten Jahrhundert trifft man noch auf das recht ausgeprägte Gefühl, daß enge Beinkleider und zierliche Füße nicht nur für ein ausgeprägtes Modebewußtsein und Femininität, sondern auch für hochwohlgeborene Abstammung stehen. Ende der zwanziger Jahre kam man in den Vereinigten Staaten einer übereifrigen Lehrerin an einem teuren Mädchenpensionat auf die Schliche: Dienstbeflissen hatten sie ihren jungen Zöglingen anbefohlen, nachts die Füße mit Leinenbändern zu umwickeln. »Es ist doch wohl allgemein bekannt«, sagte sie im darauffolgenden Prozeß, »daß jeder wohlerzogene Herr dies bei einer Frau als ein Zeichen guter Herkunft zu schätzen weiß.«

Viktorianische Frauen waren in bezug auf ihr Schuhwerk gleich zweifach benachteiligt. In früheren Jahrhunderten waren die Schuhe nach Maß angefertigt worden, doch um 1820 begann die maschinelle Produktion. Leider schufen die Maschinen aber Formen, die mit den tatsächlichen Konturen der Füße nichts gemein hatten. Noch dazu waren damals schmale, gerade Schuhe in Mode, die wenig Unterschied zwischen der Spitze und dem Fersenende erkennen ließen. Es wurde erwartet, daß die Füße sich den Schuhen anpaßten, nicht umgekehrt. Und wenn sich vereinzelt Anzeichen von Bequemlichkeit bemerkbar machten, tauschten modebewußte Viktorianerinnen die beiden Schuhe eines Paares gegeneinander aus, damit beide Schuhe ›hübsch und gerade‹ blieben. Auch in den Vereinigten Staaten gab es zu Beginn des neunzehnten Jahrhunderts keinen Unterschied zwischen rechts und links. Die Leute bevorzugten die Symmetrie gerader Schuhe und waren bereit, ihre Schuhe abwechselnd an beiden Füßen zu tragen, damit sie in Form blieben.

Doch schlecht sitzendes Schuhwerk kann auf lange Sicht verheerende Folgen für die Füße haben und dauerhafte Schäden anrichten. Die viktorianischen Füße wurden von eingewachsenen Zehennägeln und schmerzenden Gelenken geplagt — aber das nahm man als Selbstverständlichkeit hin. Man erwartete gar nichts anderes, als daß die Füße weh taten. Den heutigen Füßen ergeht es da nicht viel besser. Entzündete Fußballen, buckelige Zehen, unzählige Hühneraugen und dicke Hornhautschichten lassen den modernen Frauen oft keine andere Wahl mehr, als eben die wenig schmeichelhaften Schuhe zu tragen, die sie bislang immer abgelehnt hatten. Eine schuhgeschädigte Frau in den Vereinigten Staaten hatte schon so viele qualvolle Jahre hinter sich, daß sie nur noch frohlocken konnte, als sie schließlich ›vernünftige‹ Schuhe entdeckte. In dem überschwenglichen Dankesbrief, den sie an ein Schuhgeschäft verfaßte, schrieb sie: »Zehn Jahre lang taten mir die Füße weh. In den letzten zwei Jahren waren meine Füße so empfindlich und wund, daß ich nicht einmal mehr mit meinem Mann schlafen konnte. Jetzt trage ich Ihre Gesundheitsschuhe erst zwei Monate und kann bereits mit jedem ins Bett gehen.«

Früher trug man Stiefel, weil sie ganz einfach praktisch waren. Das konnten Gummistiefel, Reitstiefel oder Motorradstiefel sein oder die guten, alten ›Knobelbecher‹ von der Armee. Doch Anfang der sechziger Jahre kamen Stiefel auf einmal allgemein in Mode. Der Trend begann Ende der fünfziger Jahre in Cafés und Kellerlokalen, als modebewußte junge Männer plötzlich Schuhe nach italienischer Art trugen — spitz, mit elastischen Seitenteilen anstelle von Schnürbändern. Dieser neuartige Schuh verwandelte sich schon bald in einen langschaftigen Stiefel mit kubanischem Absatz, der sich hochtrabend ›Beat‹-Stiefel nannte. In Liverpool sah man ihn an den Füßen einer Musikergruppe, deren Sound so populär wurde, daß sie für die Jugend in aller Welt nicht nur zum musikalischen Vorbild wurde, sondern auch Modesignale setzte. Dazu gehörten unter anderem auch die ›Beat‹-Stiefel, die von nun an unter dem Namen ›Beatle-Boots‹ bekannt wurden.

Diese ›Beatle-Boots‹ der sechziger Jahre entwickelten sich zu einem Modespleen, der noch die ganzen siebziger Jahre überdauerte und bis in die achtziger Jahre hineinreichte. Knielange Cowboystiefel mit modischen Nähten schlenderten über die High-Streets — Motorradstiefel mit Schnallen glitten plötzlich über die Tanzflächen —, Flieger ohne Starterlaubnis liebten in Pilotenstiefeln. Es gab Stiefel mit Rocker-Plateausohlen, Kommandostiefel sowie nicht zu vergessen die berühmten ›Rockerstiefel‹ von Doc Marten mit Stahlkappen. Anfang der siebziger Jahre ließen Elton John, The Tubes und andere Popstars die Bühnen erzittern, wenn sie auf ihren Plateausohlen und über 15 cm hohen Absätzen umherstampften. Punkpuristen fügten noch Schnallen aus Sicherheitsnadeln hinzu. Auch die Frauen trugen zum Stiefelboom bei. Für die ›Punk Sisters‹ — diese ›Miezen, die sich einen Dreck um alles scheren‹ — bekamen die Stiefel anschauliche Namen. Da gab es ›Bloody Mary's‹ und ›Trouble Makers‹; aus Lackleder und in den entsprechenden Farben ›Razor Red‹, ›Bondage Black‹ und ›Slash Yellow‹. Diese Gelegenheit ließ sich Mary Quant nicht entgehen; sie verbündete sich mit den steifen ›Weltraumkleidern‹ von Courrèges und brachte den eleganten Stiefel für die modebewußte Dame auf den Markt. Mannequin Twiggy, die von sich behauptete, sie habe ihre Beine noch nie lei-

Gegenüber: Die Mode hat selten zweckdienliches oder bequemes Schuhwerk hervorgebracht.
Im Uhrzeigersinn: Schaftstiefel, England, um 1820; Pantoffel, England, um 1790; »Backfisch«-Schuh, England, um 1790; Satinschuh, Frankreich, 1954; Schnürschuh, England, ca. 1900; Schuh mit Plateausohle von Terry de Havilland, 1972. *Ganz oben:* Hover shoes von Red or Dead, 1989

den können, weil sie zu dünn seien, griff natürlich sofort zu. Stiefel sind ihre große Leidenschaft — vielleicht besitzt sie deshalb über zweihundert Paar. Die Lederindustrie frohlockte, als immer mehr Frauen ihre Liebe zu Beinen und Füßen mit enganliegender Haut entdeckten. Nancy Sinatra und Honor Blackman gaben der Sache den letzten Schliff und machten die Stiefel unsterblich.

Doch um 1970 herum tauchten plötzlich medizinische Probleme auf. Dr. Paul H. Steel schlug 1971 im *Journal of the American Medical Association* Alarm. Ihn beunruhigte das immer häufigere Auftreten der ›Stiefelbein-Venenentzündung‹, die dadurch verursacht wurde, daß die beinlangen Stiefel den Kreislauf behinderten und zu Blutgerinnseln führten. Seine Warnungen wurden total in den Wind geschlagen.

EROTISCHE FÜSSE — EROTISCHE SCHUHE

Der Fuß stand zwar einerseits für gute Abstammung, hat sich aber auch als Liebesobjekt einen Namen gemacht. Ein derartiger Ruf, der an erotische Kräfte und heimliche Sünden denken läßt, blieb in der Kirche natürlich nicht unbemerkt. Im dritten Jahrhundert verbot der Heilige Clemens von Alexandria den Frauen, ihre Zehen in der Öffentlichkeit zu zeigen. In den Augen der Kirche bestand der einzige Zweck eines Schuhs nämlich darin, den Fuß in züchtige Schranken zu verweisen und somit jegliche Versuchung und sinnliche Begierde aus den Herzen der Männer zu vertreiben.

In Spanien betrachtete man im siebzehnten Jahrhundert den weiblichen Fuß als einen äußerst intimen Körperteil, und als angeregt wurde, die langen Röcke gerade so viel anzuheben, daß die Damen sich nicht ständig den Saum schmutzig machten, brach ein großer Tumult aus. Hitzig erklärten die Spanier, bevor sie ihren Töchtern erlaubten, ihre Füße den Blicken anderer Männer preiszugeben, sähen sie sie lieber tot. In einigen Teilen der USA war der Verkauf von Knöpfstiefeln noch zu Beginn des zwanzigsten Jahrhunderts so problematisch, daß der Verkäufer immer auf dem Schleudersitz saß. Schob er den Rock aus Versehen höher als bis zum Schienbein hinauf oder berührte er gar den Knöchel der Dame, so lief er Gefahr, auf der Stelle gefeuert zu werden.

Auch in Großbritannien betrachtete man im viktorianischen Zeitalter den Fuß als intimen Körperteil. Die Füße der Frauen sollten unter den Krinolinen nicht zu sehen sein. Und wenn man sie trotzdem zu Gesicht bekam, dann mußten sie zumindest klein sein, um geduldet und

Der Schnabelschuh — schließlich wegen seiner erotischen Anzüglichkeit verdammt

Schnabelschuhe aus dem fünfzehnten Jahrhundert mit schützender Holzsohle

entschuldigt zu werden. Ehrgeizige Mütter zwängten ihre Töchter in das kleinstmögliche Schuhwerk, genau wie ihre chinesischen Kolleginnen, die das schon seit Jahrhunderten so praktizierten.

Psychologen haben versucht, die außerordentliche Suggestivkraft der Füße zu erklären. Nach Auffassung von Jung und Freud sind Träume, in denen die Schuhe gewaltsam entfernt werden, ein Zeichen für Kastrationsangst. Karl A. Menninger machte darauf aufmerksam, daß die Füße in den Legenden und in der Literatur aller Nationen mit sexueller Betätigung assoziiert werden. Er glaubt auch, daß man sexuelle Besitzansprüche zum Ausdruck bringt, wenn man den Fuß eines anderen Menschen entblößt. Rudofsky behauptet in *The Unfashionable Human Body* [Der unmoderne menschliche Körper], daß das Wort ›Füße‹ oft als Umschreibung für ›Genitalien‹ verwendet werde.

Im Mittelalter entdeckten die Männer plötzlich, wie verführerisch ihr Schuhwerk sein konnte. Und sie trieben es natürlich gleich ›auf die Spitze‹. Ein langer Schuh, der sich pfeilähnlich zuspitzte, erfreute sich allseits großer Beliebtheit und blieb dreihundert Jahre lang der große, skandalöse Renner: der Schnabelschuh. Graf Fulk von Anjou hatte ihn als erster getragen, und das eigentlich nur, um einem eingewachsenen Nagel Erleichterung zu verschaffen. Doch es war unvermeidlich, daß Größe und Form der Schuhe bestimmte Assoziationen weckten, vor allem als sie dann immer länger wurden — manchmal bis zu 36 cm oder sogar mehr — und man sie ausstopfen mußte, damit sie aufrecht stehen blieben; noch dazu betonte man die Spitzen durch auffällige Farben. Unter der Abendtafel konnte ein männlicher Schnabelschuh den Rock eines weiblichen Gegenübers anheben und — je nachdem wie die Dame darauf reagierte und wie abenteuerlustig sie war — auf frevelhafte Entdeckungsreise gehen. Diese ›eindringliche‹, stengelartige Nachbildung eines erigierten Penis brachte, gelinde gesagt, die Verdauung durcheinander, und es wurde des öfteren von offizieller und inoffizieller Seite versucht, ihn völlig auszumerzen.

Vielleicht wollte man für die Studenten ein Exempel statuieren, als man sich im dreizehnten Jahrhundert die Professoren der Pariser Universität herausgriff und ihnen das Tragen von Schnabelschuhen untersagte. Es wurden alle möglichen Gründe erfunden, um die Männer von diesen Schuhen abzubringen: Sogar die Pest mußte als Alibi herhalten, und man beschwor die

Herren, die furchtbaren Warnungen nicht leichtfertig in den Wind zu schlagen. Die Kirche führte an, die Schnabelschuhe behinderten die Frommen, wenn sie sich zum Gebet niederknien wollten. Doch die Herren der Schöpfung trugen sie auch weiterhin stolz zur Schau.

Schließlich erzielte man einen recht eigentümlichen Kompromiß. Die Länge der Schnabelspitzen wurde begrenzt, und zwar auf 15 cm für Nichtadelige und 27 cm für Adelige; für Könige und Prinzen gab es keine Beschränkungen. Diese leicht verwirrende Regelung überdauerte bis zum Jahr 1463, als Edward IV. von England ein Machtwort sprach und einen ›Fühler‹ von maximal 5 cm Länge zum allgemeingültigen Gesetz erklärte. Das nahm der Mode ihren Reiz — die dreihundertjährige Herrschaft der ›Spitzenreiter‹ war beendet, und die Männer mußten sich noch einige Jahre gedulden, bis der prickelnde Charme der Schnabelschuhe durch die ebenso pompösen Hosenbeutel ersetzt wurde.

Das reiche Angebot an moderner Literatur zum Thema Sex beschreibt vielerlei merkwürdige Liebespraktiken, die auch die Füße miteinbeziehen. Eine Amerikanerin wurde einmal dabei überrascht, wie sie ihre Füße mit der Staubsaugerdüse massierte; das war nicht nur ein recht kitzliges Vergnügen, sondern — wie wir erfahren — auch ein überaus sinnliches Erlebnis. Doch leider kam es in ihrem Fall zu Komplikationen. Es hieß, nach ihren Staubsaugertrips sei sie zu erschöpft gewesen, um sich noch mit ihrem Ehemann abzugeben.

Noch eigenartigere Vorlieben legte eine moderne Dame des horizontalen Gewerbes an den Tag, als sie ihrem Psychiater treuherzig gestand, wie sie sich am liebsten den Nachmittag vertrieb: Sie rieb ihre Fußsohlen und die Zehen mit Hundefutter ein, das ihre zwei Spitze dann abschlecken durften. Und es ist noch gar nicht so lange her, daß eine Frau Ende dreißig sich beklagte, ihr Mann — von Beruf Arzt — habe ihr im ›Sexrausch‹ einige Zehen amputiert.

Fußsex scheint zu einer festen Institution geworden zu sein, die sich auch gut vermarkten läßt. In den ›Palästen der Fußerotik‹ in London, Berlin, Paris, Neapel und Kopenhagen kann man sich von Mädchen verwöhnen lassen, die vor allem schöne, biegsame Füße zu bieten haben und diese auch in ihren Liebeskünsten geschickt einzusetzen wissen.

So wird verständlich, warum die Frauen bewußt — oder unbewußt — solche Schmerzen und Strapazen auf sich genommen haben, wenn es darum ging, die Füße zu verschönern und zu verändern und sie so zierlich wie möglich erscheinen zu lassen.

Im Mittelalter fingen die Europäerinnen plötzlich an, auf Zehenspitzen herumzutrippeln, weil das als modisch elegant und besonders vornehm galt. Damen, die etwas auf sich hielten, trugen Schuhe mit so hohen Sohlen, daß sie Zwerge in den Dienst nahmen, die auf beiden Seiten ihrer unstabilen Gestalten mitlaufen mußten; so konnten sich die Ladies ab und zu mit den Ellbogen auf den Schultern ihrer kleinen Gefolgsleute abstützen. Das Einherschreiten in schwindelnder Höhe war auch im sechzehnten Jahrhundert noch sehr beliebt, als Plateausohlen oder Chopinen auch den durchaus nützlichen Zweck erfüllten, den Schlamm und die Abfälle der Straße von den Damen fernzuhalten. Später spielten dann nur noch rein modische Gesichtspunkte eine Rolle, und für wohlhabendere Damen, die nicht im Traum daran dachten, verdreckte Straßen zu betreten, war das ganz einfach eine attraktive Erfindung, die es ihnen ermöglichte, beim Laufen verführerisch herumzuwackeln. Die Chopinen waren zwischen 15 und 46 cm hoch; auch 76 cm waren keine Seltenheit. Doch sie stellten sich als recht gefährliche Fortbewegungsmittel heraus. Die Damen fielen herunter. Schwangere erlitten Fehlgeburten. Ben Jonson spottete, »sie trampeln auf Korkstelzen im Gefangenenschritt herum«, während Shakespeares Hamlet trocken bemerkte: »Die Höhe Eurer Chopinen hat Euch dem Himmel schon wieder ein Stück nähergebracht als beim letzten Mal, Mylady.«

In Venedig hielt man die Chopinen für so gefährlich, daß sie schon 1430 per Gesetz verbo-

Japanische Geishas mit ihren 30 cm hohen Lackchopinen

Geschickt verschleiert: Die Chopinen verliehen den venezianischen Kurtisanen eine beachtliche Größe

ten wurden. Doch die Frauen trugen sie natürlich weiter — und riefen gelegentlich Hilfe herbei, um ihre aufsehenerregende Reise durch die Salons erfolgreich antreten zu können.

Insgeheim machte es den Männern aber auch Spaß, die Frauen auf ihrer Gratwanderung in oder auf Chopinen beobachten zu können. Havelock Ellis und andere haben festgestellt, daß manche Männer es unwiderstehlich finden, wenn Frauen ihre Füße so holprig oder unsicher voreinandersetzen. Vielleicht findet deshalb in Japan alljährlich eine Prozession durch das Bordellviertel von Kyoto statt, bei der die große ›Hure des Jahres‹ — vermutlich am Rande der Erschöpfung und von zwei jungen Kolleginnen gestützt — auf 30 cm hohen Chopinen durch die Straßen geführt wird.

Doch obwohl sich diese erhöhte Gangart — aus welchen Gründen auch immer — 3000 Jahre oder noch länger großer Beliebtheit erfreute, kamen hohe Absätze ohne dazugehörige Plateausohlen erst in Mode, als Katharina von Medici nach Paris ging, um Heinrich II. von Frankreich zu heiraten. In ihrem Reisegepäck hatte die kleine Katharina mehrere Paar Schuhe, deren Absätze ein erfindungsreicher Italiener speziell für sie entworfen hatte. Sie wollte ganz einfach nur größer und eleganter erscheinen, doch dazu waren ihr die derben Chopinen nicht graziös und feminin genug. Zierlich und schmal wie sie waren, erfüllten die neuen hohen Absätze diesen Zweck ganz hervorragend, und die Tatsache, daß es schwierig war, damit zu laufen, machte sie nur noch attraktiver. Die eingeschränkte Bewegungsfreiheit zeigte in aller Deutlichkeit, daß es sich hier um ein angenehm schwaches und hilfloses Geschöpf handelte, das nicht zum Arbeiten geboren war.

Schon bald waren sie bei der Aristokratie *de rigeur*, und der Ausdruck ›well-heeled‹ (übertragen: gut betucht — wörtlich: mit guten Absätzen bestückt) wurden geboren. Den Frauen ge-

164

fielen die hochhackigen Schuhe, denn sie wußten sehr wohl, wie kokett ihr unbeholfenes Trippeln wirkte. Und die Männer schauten fasziniert zu, wenn die weiblichen Hüften ins Schwingen kamen, das Hinterteil hervortrat und die Brust sich provokativ nach vorne schob.

Dem männlichen Beobachter bot sich sogar gleich doppelter Lohn: Er konnte sich nicht nur von den verführerischen Hüftschwüngen einer Frau auf Pfennigabsätzen bezaubern lassen, sondern durfte auch ständig auf dem Sprung sein und eine Blitzeroberung wagen, falls die Dame stolpern sollte. Die Rettung eines ›gefallenen‹ Mädchens war für beide Seiten sehr verlockend. Es war schon irgendwie reizvoll, daß eine Frau sowohl Jägerin als auch Beute sein konnte, wenn sie auch nur einmal einen vollen Raum durchquerte.

Obwohl von vielen Seiten Kritik laut wurde, ließen sich die neumodischen hohen Absätze einfach nicht mehr von ihrem Podest herunterstoßen. Noch um 1870 herum protestierte *Punch* gegen enge Schuhe und hohe Hacken: »So deformieren und zerdrücken diese Folterinstrumente nun Füße und Zehen und führen zu Mißbildungen wie an den Füßen der Chinesinnen. Entstellte Gliedmaßen gelten inzwischen als ein Zeichen von Wohlgeborensein, und häßliche Füße sind immer noch besser, als nicht mit der Mode zu gehen.«

Doch weder die sarkastischen Beobachtungen von *Punch* noch die Warnungen von ärztlicher Seite noch die Schauergeschichten, die man überall auf der Welt zu erzählen weiß, haben die modische Frau jemals in der Wahl ihrer Schuhe beeinflussen können. 1987 verkaufte Dolcis 260000 Paar Stilettos.

»Sie sind gefährlich ... aber weiße Stilettos werden diesen Sommer in Großbritanniens Einkaufszentren der meistgefragte Schuh sein«, prophezeite eine Modezeitschrift im Juni 1988. Und Dr. Alan M. Davis vom Health Education Council warnte: »Stilettos können Füße und Beine ruinieren und zu Haltungsschäden führen. Werden die Zehen von oben herab in enge Schuhspitzen gequetscht, so ist mit Hornhautbildung, Hühneraugen, entzündeten Fußballen und sogar mit dem gefürchteten Hammerzeh-Syndrom zu rechnen.«

Auch ihn wird man total ignorieren. Die meisten Frauen akzeptieren nach wie vor, daß ihre ›besten‹ Schuhe unbequem sind und daß man bei Hochzeiten und besonderen Gelegenheiten vor allem ›korrekt‹ gekleidet sein muß. Es bleibt eben nichts anderes übrig, als die Zähne zusammenzubeißen und tapfer die Konsequenzen zu tragen. Fast immer gehören zu dieser ›Korrektheit‹ auch hohe Absätze. Sie blieben das Markenzeichen der eleganten Frau. Sie verschönern das Bein; sie haben Sex-Appeal; die Männer mögen sie. Eine berühmte Bordellbesitzerin in New Orleans drückte es 1850 so aus: »Wenn die Mädchen auf diesen hohen Absätzen herumtänzelten, konnten wir das Doppelte verlangen. Es gab dem Arsch mehr Klasse. Allein der Anblick machte die Männer schon verrückt ... Sie tranken mehr, blieben länger und kamen öfter wieder.«

10.

DIE PSYCHOLOGIE
DER SCHÖNHEIT

SCHÖNHEITSFANATIKER WIE DIE ALTEN GRIECHEN waren der Ansicht, unser Sinn für Schönheit sei instinktiv; wir würden sie erkennen, sobald wir sie sähen. Sie glaubten — wie später auch Sir Joshua Reynolds —, daß man schöne Dinge ganz klar definieren könne — daß sie festen mathematischen Regeln von Gestalt und Proportion gehorchen. Hogarth hingegen hielt nicht sehr viel von diesen klassischen Gesetzen; seiner Meinung nach war die wichtigste Komponente der Schönheit nichts anderes als die Schlangenlinie — seine berühmte ›Wellenlinie der Schönheit‹ —, die einem manchmal in den Konturen besonders schöner Gesichter oder Figuren begegnet. Andere wiederum legten das Hauptgewicht auf perfekte Symmetrie oder Harmonie — ein Gedanke, mit dem sich Sir Francis Bacon gar nicht anfreunden konnte, denn auf ihn übten die kleinen Unvollkommenheiten die größte Faszination aus. »Keine Schönheit ist perfekt«, sagte er, »wenn ihre Proportionen nicht ein wenig seltsam sind.«

Doch diese Ansätze, die bestimmte Charakteristika oder »Formeln« zur Definition von Schönheit festlegen wollen, begreifen das Wesentliche mit Sicherheit nicht, denn Schönheit kann in sehr vielfältiger Form auftreten und sehr unterschiedlich sein. Es hängt zum Beispiel vieles davon ab, wo auf der Welt man sich zufällig gerade befindet; die Vorstellungen von Schönheit weichen in den verschiedenen Kulturkreisen erstaunlich weit voneinander ab. Beispiele vom anderen Ende der Welt zeigen eindeutig, daß Schönheitsideale von Land zu Land extrem verschieden sein können. Das kann aber nur bedeuten, daß unsere Normvorstellungen von Schönheit zum großen Teil erlernt sein müssen, daß sie uns von der Gesellschaft, in der wir leben, von unserer Familie und von denen, die uns nahestehen, ›antrainiert‹ werden. André Gide ging sogar noch einen Schritt weiter, als er sagte, wir würden nicht nur von Menschen beeinflußt, sondern auch von den Dingen, die wir um uns herum sähen. Selbst Kunstwerke, die wir betrachteten, würden unsere Normvorstellungen verändern. »Seit Turner«, sagte er, »betrachten wir Sonnenuntergänge mit anderen Augen.«

Wem also der Sinn nach ›Verbesserung‹ steht, wer schöner und attraktiver werden will, der sollte möglichst eben die Persönlichkeitsmerkmale betonen, die seine Umgebung gerade bewundert. Und das bezieht sich nicht nur auf rein physische Attribute wie Gesicht und Figur, Schlankheit oder Fettleibigkeit, sondern auch auf psychologische Eigenschaften wie Temperament und Charakter, Einstellungen und natürlich viele unserer tagtäglichen Gewohnheiten und Verhaltensweisen. Die Wertvorstellungen, die unsere Gesellschaft uns antrainiert, können sich natürlich im Laufe der Zeit wandeln; unter dem enormen Druck, den die Mode auf uns ausübt, können sie sich sogar innerhalb eines Jahres verändern. So geriet zum Beispiel Hogarths »Kurvenprinzip« in den zwanziger Jahren vorübergehend in Vergessenheit.

Mode im fünfzehnten Jahrhundert: junge florentinische Schönheit

Und dann muß man natürlich auch noch die persönlichen Vorlieben der Menschen berücksichtigen; wenn wir die Vorstellungswelt verschiedener Personen gründlich durchforschen, werden wir feststellen, daß die Schönheitsideale nicht nur von Ort zu Ort und von Generation zu Generation stark voneinander abweichen, sondern auch von Mensch zu Mensch.

Der schottische Philosoph David Hume kam der Wahrheit vielleicht am nächsten, als er zum erstenmal vom ›Auge des Betrachters‹ sprach. Schönheit entsteht in unseren Köpfen, erklärte er. »Schönheit ist keine Qualität an sich, die den Dingen innewohnt; sie existiert lediglich in dem Geist, der sie betrachtet, und jeder Geist nimmt eine andere Schönheit wahr.«

Nach dieser Auffassung sind die Menschen, ihre Gesichter und ihre Körper in vielerlei Hinsicht wie die Klecksbilder in psychologischen Tests — kaum mehr als Auslöser, deren Interpretation unserer persönlichen Phantasie überlassen bleibt. So gesehen sind die Gesichter der Menschen, denen wir begegnen, nichts anderes als eine Ansammlung von Haken, an denen wir unsere persönlichen Gefühle und Vorurteile aufhängen können. Der Grundgedanke ist ganz einfach, daß wir uns die Person, die wir sehen wollen, selbst ›erschaffen‹. Deshalb gibt es so enorme Abweichungen, wenn verschiedene Menschen ein und dieselbe Person wahrnehmen und beschreiben. Was natürlich auch seine Vorteile hat: So hat zumindest jeder Mensch die Chance, von irgend jemandem als attraktiv empfunden zu werden!

Viele berühmte Schönheiten der Vergangenheit wurden als ›faszinierend‹, ›geheimnisvoll‹, ›unfaßbar‹ beschrieben. Das erinnert uns wieder daran, daß ein ganz wichtiges Element unseres Schönheitsempfindens darin besteht, daß wir das Bild, das wir wahrnehmen, nicht genau definieren können und daß dabei — was vielleicht mit das Wichtigste ist — immer ein Hauch von Geheimnis bleibt. Leonardos Mona Lisa bietet unendlich viele Interpretationsmöglichkeiten. Auch die impressionistischen Maler machten sich dieses Prinzip zu eigen; ihre Schönheiten waren oft verschwommen, undeutlich, unklar in den Konturen. Und wir machen dann daraus, was wir wollen. Wir können sie, zumindest in unserer Phantasie, in all das verwandeln, was unser Herz in eben dem Moment gerade begehrt. Geschickte Fotografen wissen schon seit langem, wie man mit Hilfe von Weichzeichnern diesen eindrucksvollen Effekt produzieren kann, so daß dem Auge und dem Geist des Betrachters ein Maximum an ›Verwandlungsmöglichkeiten‹ bleibt. Cecil Beatons besonderes Talent bestand darin, genau diesen mentalen Effekt durch eine geschickte Wahl von Ambiente, Hintergrund und Kleidern zu erzielen. Dieses Prinzip wirkt auch unterbewußt. Zweideutigkeit übt eine starke Faszination auf uns aus; wir richten unsere ganze Aufmerksamkeit auf das menschliche Puzzle. Popstars machen sich diese faszinierende Ambiguität zunutze, indem sie ganz bewußt so auftreten, daß man sie nur ›schwer einordnen‹ kann. Bei Boy George zum Beispiel weiß man zumindest im ersten Moment überhaupt nicht, woran man ist, vor allem im Hinblick auf sein Geschlecht. Auch Modeschöpfer sind oft — vielleicht ohne sich darüber im klaren zu sein — besonders erfolgreich, wenn sie uns damit verunsichern, daß sie weibliche und männliche Stimuli nebeneinanderstellen und ihre Kreationen damit attraktiver machen. Aus diesem Grund kamen auch Damenkleider mit breiten Schultern plötzlich ganz groß in Mode, obwohl abzusehen war, daß dieser Trend nicht lange anhalten würde. Frauenimitatoren haben diesen Effekt lange Zeit für Bühnenzwecke genutzt. Und eine der Unsterblichen, Greta Garbo, erschien sogar noch viel schöner, als sie in ›Königin Christina‹ beide Geschlechter spielte. Doch die Garbo — nach Aussage von Kenneth Clark »wahrscheinlich eine der schönsten Frauen, die je gelebt haben« — hatte

Gegenüber: Greta Garbo: »Wahrscheinlich eine der schönsten Frauen, die je gelebt haben.«

ein Gesicht, das in höchstem Maße mit genau dieser magischen ›Vieldeutigkeit‹ gesegnet war. Auch die Bergman und die Dietrich besaßen diese wunderbare Gabe. Die hungrige Phantasie des Zuschauers konnte ihre Gesichter in fast alles umwandeln, was das Herz begehrte.

Unser Schönheitsempfinden geht manchmal auf recht eigenartige — und ganz unerwartete — Ursprünge zurück; so kann zum Beispiel Nostalgie eine wichtige Rolle spielen. Vorlieben, die wir als reife Erwachsene an den Tag legen, sind zuweilen auf Kindheitserinnerungen an unsere Eltern und geliebte Personen zurückzuführen. Glückliche und schöne Erfahrungen im Schoße der Familie können uns durch den wirkungsvollen Mechanismus der Konditionierung dazu verleiten, Menschen zu bevorzugen, die uns durch ihr Aussehen irgendwie an unsere eigene Familie erinnern. Und da wir zwangsläufig ja auch selbst zumindest einige Charakteristika unserer Familie besitzen, folgt daraus, daß wir uns instinktiv von Menschen angezogen fühlen, die uns physisch in gewisser Weise ähnlich sind. Diese anscheinend narzißtische Vorliebe für unser eigenes Ebenbild erstreckt sich sogar auch auf psychische Eigenschaften; wir bevorzugen Menschen mit den gleichen Einstellungen, Werten und Vorurteilen — vor allem mit den gleichen Persönlichkeitsmerkmalen. Wir können solche Leute besser verstehen. Es gibt keine unangenehmen Überraschungen; sie sind in ihrem Verhalten berechenbar. Es ist bequemer, mit ihnen zusammenzusein. Wir können sie schnell ins Herz schließen und als edel und gut einstufen. In Ambrose Bierces scherzhafter Definition von ›Bewunderung‹ als »unserer höflichen Anerkennung, daß ein anderer uns ähnlich ist« steckt tatsächlich mehr als nur ein Körnchen Wahrheit.

Der amerikanische Soziologe Frumkin glaubte, daß unser Schönheitsempfinden eng mit unseren sexuellen Bedürfnissen verkoppelt sei; daß der Eindruck von ›Schönheit‹ entstehe, wenn wir in Menschen ihre, wie er es nannte, ›sexuelle Begabung‹ erkennen — d.h. inwiefern sie nach unserem Ermessen für ihre naturgemäße Rolle in bezug auf Liebe und Fortpflanzung geeignet sind. Freud drückte es ähnlich aus. Auch Havelock Ellis tendierte in dieselbe Richtung, als er behauptete, daß viele Menschen aus genau diesem Grunde eine schwangere Frau als ergreifend schön empfänden. Und natürlich war es Charles Darwin, der noch einmal die grundlegende Bedeutung der ›ganz eindeutigen‹ und sichtbaren körperlichen Unterschiede zwischen den Geschlechtern hervorhob, die sowohl im Tier- als auch im Menschenreich die Fortpflanzung sichern, ohne die das Leben ja nicht weitergehen könnte. Wenn das stimmt, dann folgt daraus, daß der Fortpflanzungstrieb ganz einfache Geschlechtsunterschiede jeglicher Art an sich schon zu einer großen Attraktion werden läßt; und es besteht kein Zweifel, daß unser Schönheitsempfinden oft in großem Maße von der Wahrnehmung eben dieser biologischen Unterschiede beim anderen Geschlecht bestimmt wird. Daraus folgt wiederum, daß die bei Frauen von Natur aus kleinere Statur, die rundere und weniger muskulöse Figur, das weniger muskulöse und unbeweglichere Gesicht, die kleinere Nase und die weichere Haut immer ihren Reiz auf männliche Bewunderer ausüben werden. Daraus läßt sich weiter folgern, daß jeder künstliche Trick oder Verschönerungsversuch, ob nun Kleider, Schmuck oder Kosmetikprodukte, die diese natürlichen Unterschiede hervorheben oder sogar nur vorspiegeln, zwangsläufig die Anziehungskraft auf das andere Geschlecht erhöhen.

Da gibt es vieles, was man sich zunutze machen kann — beispielsweise die Kontrastwirkung, die man mit einem großen Hut oder einer entsprechenden Frisur erzielt, denn dadurch erscheint das Gesicht kleiner; oder offenes, wehendes Haar, das auch aufgrund des visuellen Kontrastes den Eindruck erweckt, als würde sich die Gesichtsmuskulatur weniger bewegen. Auch die deutlichen Bewegungen eines Schleiers können dem Gesicht auf diese Weise eine fraulichere Weichheit verleihen.

Auch wenn von Natur aus vielleicht vorgesehen war, daß der große, muskulöse Mann mit behaartem Gesicht und tiefer Stimme die Herzen der Frauen höher schlagen läßt, so kann das doch nur der Anfang der langen Geschichte sexueller Anziehungskräfte sein. Seriöse Forschungsergebnisse aus jüngster Zeit zeigen, daß auch psychische Qualitäten wichtig sind; die Frauen sind offensichtlich gar nicht einmal so sehr vom Anblick eines Mannes fasziniert, sondern vielmehr von seinem Charakter und seiner Persönlichkeit — lieber ein starker Wille als ein starker Arm. Inzwischen hat sich herausgestellt, daß viele Frauen Body-Builder mit übertriebenen Muskelpaketen nicht ausstehen können. Es ist also für einen Mann offensichtlich gar nicht so einfach, seinen Sex-Appeal zu erhöhen. Seine Hauptaufgabe besteht nämlich nicht darin, sein Äußeres aufzupolieren, sondern in überzeugender Form den Eindruck zu erwecken, daß unter der äußeren Schale, die durchaus anfänglich die weibliche Aufmerksamkeit erregt haben mag, ein treuer, anständiger, interessanter Charakter steckt. Solch begehrenswerte Persönlichkeitsmerkmale kann man natürlich auch durch geschickte Wahl der Kleidung und des ›persönlichen Stils‹ vorspiegeln.

Dieser geheimnisvolle Sex-Appeal sorgt jedoch auch für Überraschungen, wenn wir nämlich entdecken, daß weibliche Attraktivität aus der Sicht eines Mannes vielleicht gar nicht dasselbe ist wie in den Augen einer Frau. Männer und Frauen setzen in ihren Vorstellungen von ›Männlichkeit‹ und ›Weiblichkeit‹ oft ganz andere Akzente. Aus einer Untersuchung, die die Autorin und der Autor dieses Buches kürzlich durchgeführt haben, geht beispielsweise hervor, daß vielen Frauen ihre glatte, reine Haut sehr viel wichtiger erscheint als den Männern. Die wiederum achten bei Frauen mehr auf feine Gesichtszüge und Haare. Auch in puncto Männlichkeit kam es speziell bei dieser Untersuchung zu recht interessanten Meinungsverschiedenheiten: Die Frauen schauten auf kräftige Kiefer, energische Münder, Gesichtsbehaarung und Stoppelkinn, während die Männer sich mehr mit ihrer Haarlänge und ihrer Frisur beschäftigten — was die Frauen wiederum erstaunlich wenig interessierte. Absolut einig waren sich Männer und Frauen jedoch darüber, daß Jugend und gleich daneben auch Gesundheit wichtig seien, um einen attraktiven Eindruck zu erwecken. Diese geläufigen Kriterien wie Jugend, feine Gesichtszüge und klare Augen wurden häufig genannt, genauso wie die charakterlichen — und nicht nur die körperlichen — Merkmale, die mit Jugend assoziiert werden: Unschuld, Direktheit und Aufrichtigkeit. Und, was vielleicht überraschen mag: Die Männer fühlten sich von schlanken Körpern gar nicht so angezogen, wie Frauen anscheinend immer denken. Doch vielleicht ist das letztendlich gar nicht so verwunderlich, denn Darwin erklärte uns ja bereits, daß einer der großen biologischen Unterschiede darin bestehe, daß Frauen weicher und runder sind — Eigenschaften, die bei erfolgreichen Schlankheitsfanatikerinnen nur schwerlich anzutreffen sind.

Vielleicht kommen wir dem Geheimnis der sexuellen Anziehungskraft eher auf die Spur, wenn wir Sexualforscher wie das amerikanische Ehepaar Masters und Johnson zu Rate ziehen, die durch sorgfältige und einfühlsame Interviewarbeit herausgefunden haben, daß Männer und Frauen ganz verschieden auf sexuell anregende Bilder reagieren. Es sind vor allem die Männer und nicht so sehr die Frauen, die sich durch visuelle Reize erregen lassen. Für Männer scheinen visuelle Eindrücke, ob nun in der Realität oder in der Phantasie, ein ausschlaggebender Lustfaktor zu sein. Frauen finden visuellen Sex weit weniger aufregend, obwohl Männerstrip-Shows bisweilen als recht unterhaltsam bezeichnet wurden.

Es drängt sich also der Schluß auf, daß Frauen ihr Äußeres sorgfältiger pflegen müssen als Männer, wenn sie der Natur ein wenig nachhelfen wollen oder einfach nur das etwas bescheidenere, aber zutiefst befriedigende Ergebnis erzielen möchten, als attraktiv zu gelten.

Doch es wäre Unsinn zu behaupten, daß wir nur oder hauptsächlich aus sexuellen Gründen nach Eleganz und Schönheit streben. Sexuelle Erfüllung ist nur einer der Faktoren, die der Mensch zum Glücklichsein braucht. Schließlich sind wir ja gesellige Wesen. Adler sagte, wir hätten nur eine Hauptbeschäftigung in unserem Leben — Mittel und Wege zu finden, mit anderen Menschen in Kontakt zu treten, sie zu beeinflussen, zu beeindrucken und uns selbst in ihren Augen attraktiver darzustellen (was nicht notwendigerweise sexuell gemeint ist). Wir sind ohne weiteres bereit, sagte er, große Anstrengungen zu unternehmen und wenn nötig auch eine ganze Menge in Kauf zu nehmen, um diese Ziele zu erreichen. Wir müssen vor allem unsere Minderwertigkeitskomplexe überwinden, indem wir uns selbst beweisen, daß wir etwas wert sind und die Aufmerksamkeit anderer auf uns ziehen können. Tolstoj drückte es so aus: »Nichts beschäftigt den Menschen so sehr wie sein Äußeres, und dabei geht es nicht um seine äußere Erscheinung an sich, sondern viel mehr um die Frage, ob er in den Augen anderer attraktiv oder unattraktiv erscheint.«

Viele moderne Psychologen würden sogar noch einen Schritt weiter gehen; unser ganzes Glück, meinen sie, sei hauptsächlich davon abhängig, ob wir in der Lage seien, ein positives Bild von uns selbst aufrechtzuerhalten. Und da unser Aussehen zwangsläufig eine wichtige Rolle bei der Erschaffung dieses Selbstbildes spielt, ist es nur natürlich, daß sich unsere Gedanken zum Teil oder sogar ausschließlich darum drehen, ob wir auf andere anziehend wirken und wie wir unsere Attraktivität eventuell steigern könnten.

11.

DIE BEWEGGRÜNDE

AUS WEIBLICHER SICHT

Auch der Schriftsteller Alexander Black, der 1923 zur Eitelkeit der Frau Stellung nahm — und hauptsächlich anprangerte, daß sie sich zur Sklavin der Mode mache und zu verschwenderisch mit Kosmetika umgehe —, mußte zugeben, daß die Männer gleichermaßen bereit sind, ihrer äußeren Erscheinung zuliebe ungewöhnliche Opfer zu bringen. »Ein Mann fühlt sich erst angezogen, wenn ihn ein Kragen würgt. Eine Frau kommt sich erst elegant vor, wenn es irgendwo weh tut. Modebewußtsein beginnt beim Exzeß«, sagt er.

In der Vergangenheit waren es zumeist die Reichen, die den Launen der Mode folgten oder gefährliche Experimente zur Verschönerung ihres Körpers unternahmen; die Armen hatten nur selten Zeit, mit Kosmetika herumzuexperimentieren, und für exklusive Mode fehlte ihnen das nötige Kleingeld. Exklusivität ist untrennbar mit stolzen Preisen verbunden. Sobald man Kleidungsstücke billiger herstellen kann, verlieren sie — wie durch ein Wunder — ihren modischen Reiz. Am Beispiel der Krinoline war das sehr gut zu beobachten. Die Erfindung der Nähmaschine Mitte des neunzehnten Jahrhunderts brachte dieses arbeitsintensive Kleidungsstück sehr schnell in jedermanns Reichweite. Immer mehr Frauen waren in der Lage, sich ungeheuer voluminöse Röcke anzufertigen, die denen der Reichen in nichts nachstanden. Doch kaum war dies der Fall, kam die Krinoline aus der Mode. Mit einigen Kosmetikprodukten war es ähnlich. Als man in den zwanziger Jahren Lippenstifte plötzlich bei Woolworth kaufen konnte, wurden sofort Rufe nach teureren Sorten mit zarteren Farben laut, damit die einfachen Mädchen noch von den Damen zu unterscheiden waren.

Heutzutage wird Haute Couture schnell zur Massenware. Jede Frau kann sich modisch kleiden, auch wenn ihre Mittel noch so bescheiden sind. Es besteht zwar immer noch die lächerliche kategorische Forderung nach einem elfenhaften Körper, an dem die jeweils aktuelle Mode dann zur Schau gestellt werden soll, doch bei Formen und Stoffen sind die Vorschriften nicht mehr so streng wie früher. Auch Frauen mit kleinem Geldbeutel haben heutzutage viele Möglichkeiten, eine gute Figur zu machen.

Aber warum waren so viele Generationen von Frauen bereit, sich von der Mode versklaven zu lassen und dafür die größtmöglichen Unannehmlichkeiten in Kauf zu nehmen? Gibt es irgendeine geheimnisvolle Kraft, die sie dazu treibt, immer wieder etwas Neues auszuprobieren — oder ist die Mode seit jeher nur der Katalysator, der ein tiefer liegendes Bedürfnis von Frauen ausdrückt?

Darauf kann es keine allgemeingültige Antwort geben. Frauen streben aus ganz unterschiedlichen Gründen nach Schönheit; verschiedene Persönlichkeiten unterliegen auch verschiedenen Impulsen. Auch jede Nation hat wieder eigene Prioritäten und Wertvorstellungen. Und der unterschiedliche soziale Druck, der im Laufe der Jahrhunderte auf den Frauen lastete, hat ihr Verhalten natürlich ebenfalls beeinflußt. Im achtzehnten und neunzehnten Jahrhundert standen die Damen der vornehmen Gesellschaft sicherlich sehr viel stärker unter Konformitätszwang als heute.

Frauen hatten auch nicht immer in gleichem Maße die Möglichkeit, ihren eigenen Ideen freien Lauf zu lassen. Doch mit bemerkenswerter Konsequenz wurde ihnen seit jeher eingeredet, daß ihre Lebensaufgabe darin bestehe, schön zu sein. Gesellschaftliche Traditionen haben diese Zielsetzung im allgemeinen immer gutgeheißen, was auch dazu führte, daß man bei Frauen eher bereit war, ein gewisses Maß an Narzißmus zu akzeptieren.

Darüber hinaus haben fast alle Frauen instinktiv ein Verlangen nach Abwechslung und Veränderung. Doch selbst wenn wir das als naturgegeben hinnehmen, bleibt immer noch die Frage: Warum haben sie sich ihren eigenen Körper als Medium zur Befriedigung dieser Bedürfnisse ausgesucht? Der Psychologe Seymour Fisher glaubt, die Antwort gefunden zu haben: Frauen müssen ihrem Körper gegenüber flexibel bleiben, meint er, weil die Natur ihnen so viele unveränderliche Gegebenheiten aufzwingt — zum Beispiel die Menstruation und die Fähigkeit, schwanger zu werden. Da sie gegen diese unerbittlichen Rhythmen nichts tun können, leben sie in aller Öffentlichkeit mit Hilfe von Bekleidung und Make-up ihr ›privates Bedürfnis nach körperlichem Wandel‹ aus. Und zwar mit großer Begeisterung. Um es mit Fishers Worten auszudrücken: »Sie nähern sich der Topographie ihres Körpers mit der Neugier einer Forscherin, die nach neuen Territorien Ausschau hält.«

Der Psychologe Karl Menninger hingegen spricht von der Abtötung bestimmter Körperteile (›fokaler Selbstmord‹). Seiner Meinung nach sind alle Frauen von der brennenden Sehnsucht befallen, Teile des eigenen Körpers zu verändern. Und sie tun es, wie er meint, um eine erotischere Ausstrahlung zu bekommen.

Stellt man ihnen in Aussicht, daß eine spektakuläre Veränderung sie attraktiver machen könnte, so werden die meisten Frauen dieser Versuchung wohl nicht widerstehen können. Zwar kann jedes Experiment schiefgehen oder den Menschen der Lächerlichkeit preisgeben. Unsicherheit und drohende Gefahr sorgen andererseits aber auch immer für einen angenehmen Nervenkitzel. Das Experiment selbst stimuliert schon die Sinne und übt eine seltsame Faszination aus.

Und natürlich ist die Hoffnung auch sehr reizvoll — die Hoffnung auf eine Verbesserung oder vielleicht auf größere Schönheit. Es ist nicht immer leicht und kann eine Menge Geduld erfordern; doch Helena Rubinstein war der Überzeugung, daß jede Frau, unabhängig von ihren natürlichen Voraussetzungen, schön werden kann, wenn sie ihre Kosmetika sorgfältig genug auswählt und ein gewisses Durchhaltevermögen mitbringt. »Es gibt keine häßlichen Frauen«, sagt sie, »nur faule.« Welche Frau wäre nicht bereit, einem solch verlockenden Ruf zu folgen und sich mit aller Kraft der eigenen Verschönerung zu widmen? Wenn man die Häßlichkeit ganz einfach dadurch besiegen kann, daß man seine Trägheit überwindet (und Produkte von Helena Rubinstein kauft), dann ist das doch wohl nicht zuviel verlangt?

Doch ehrlicher Fleiß und Geduld sind leider nicht genug, um aus häßlichen Entlein Schwäne und nicht nur besser aussehende Entlein zu machen. Die meisten Frauen wollen natürlich Schwäne sein. Deshalb haben sie weit größere Anstrengungen unternommen, als lediglich ihre Faulheit zu überwinden. Wie wir gesehen haben, endet das Ganze häufig in Selbstquälerei. Manche Autoren, die über die Psychologie der Schönheit geschrieben haben, bezeichneten es sogar als ›Masochismus‹. Das ist nun wieder ein ganz neuer Aspekt — die Idee, daß das rastlose Streben der Frauen nach Verschönerung im Endeffekt nichts anderes ist als die besonders genußvolle Freude an der Selbstbestrafung. Der Grundgedanke bei dieser Überlegung ist, daß die Frauen im Grunde genommen gern leiden.

Freud glaubte, daß wir eine starke Todessehnsucht haben, die uns dazu treibt, unserem Körper Gewalt anzutun, doch nicht alle modernen Psychologen teilen diese Ansicht.

Einige Frauen geben zu, daß sie gern leiden. Die amerikanische Rocksängerin Debbie Harry erklärte uns, was sie bei der Entfernung ihrer lästigen Beinhaare empfindet: »Ich zupfe sie alle einzeln aus«, sagte sie. »Ich genieße den Schmerz.« Der Journalist und Gelehrte Malcolm Muggeridge ertappte sich selbst dabei, wie er über die amerikanischen Frauen staunte: »Wie sie ihren Körper kasteien, um ihn appetitlicher zu machen! Ihre Schönheit ist ein Riesengeschäft, und ihre Ausdauer zeugt von einer Disziplin, die selbst Nonnen und Athleten für übertrieben halten könnten.«

Zeitgenössische Schauspielerinnen und Mannequins hat man schon sagen hören, daß das auch sehr werbewirksam sei, denn »ein leichter Hauch von Martyrium ist eine gute Publicity«.

Das viel prosaischere Bedürfnis, den Alterungsprozeß aufzuhalten, dürfte als Grund wohl mehr ins Gewicht fallen. Denn der Ärger mit dem Alter ist eben gerade, daß man es sieht. Ein weiser Philosoph des sechzehnten Jahrhunderts schlug vor: »Schöne Frauen sollten ihren Spiegel rechtzeitig zerbrechen« — ein Rat, den sich seine Königin Elizabeth I. sehr zu Herzen nahm, denn sie verbannte sämtliche Spiegel von ihrem Hof. Aber warum eigentlich? Waren die Verwüstungen des Alters sogar für die stärkste Frau jenes Jahrhunderts zu fürchterlich anzuschauen?

Wir haben es hier allerdings nicht nur mit einem ästhetischen Problem zu tun. Unser Gesicht ist unser wichtigster Botschafter: Vollkommen nackt steht es der Welt gegenüber. Leider ist es, wie wir alle wissen, nur allzu verräterisch. Bei Frauen ist es unfreundlicherweise oft das Spiegelbild tiefgreifender biologischer Veränderungen — z.B. wenn in der Menopause bestimmte weibliche Hormone nicht mehr produziert werden, was als sicheres Zeichen dafür gewertet wird, daß die sexuelle Attraktivität abnimmt. Wie Großbuchstaben auf einem Plakat enthüllt das ältere Frauengesicht für alle Welt gut sichtbar, daß die Göttin der Fruchtbarkeit hier eine Frau in Pension geschickt hat. Das alternde Gesicht kündet von geschwundenen Kräften — ein für allemal dahin ist die Möglichkeit, als Frau zu fungieren, teilzuhaben, ins Gewicht zu fallen, ›eine Stimme zu haben‹, Respekt zu verlangen. Da ist es leicht zu verstehen, daß Frauen in Führungspositionen sich so anstrengen, jung und fit auszusehen, daß sie bereit sind, so hohe Summen für Schönheitsoperationen auszugeben. Und es ist noch leichter einzusehen, warum alternde Filmstars sich Hauttransplantationen und Gesichts-Liftings unterziehen, um ihr Image von der jugendlichen Kraft- und Sexbombe aufrechtzuerhalten.

Vielleicht könnten wir mit dem Problem des Älterwerdens besser fertig werden, wenn das Alter einfach nur unsere eigene Sache wäre. Doch in vielerlei Hinsicht ist sie das nicht. Wir interagieren mit anderen. Und die Reaktion anderer Leute auf uns ist — zumindest zuerst einmal — abhängig von unserem Aussehen. Auch wenn die Moralisten uns erzählen, es sei der Charakter, auf den es letztendlich ankomme, so müssen wir trotzdem erst einmal die Aussehensbarriere überwinden, bevor wir an der Persönlichkeit Gefallen finden können. Diese Schwierigkeit stellte auch Doreen Trust ganz klar heraus, die 1983 als Weltneuheit das erste ›Beratungszentrum für Entstellte‹, wie sie es nannte, eröffnete. Sie wies darauf hin, daß die Botschaft, die vom Gesicht eines häßlichen Menschen ausgeht, sehr oft als unangenehm empfunden wird. Also wenden wir uns ab. Wir scheinen alle auf das alte Klischee hereinzufallen, daß schön gleich gut und häßlich gleich böse ist.

Wenn so viel auf dem Spiel steht, ist es nicht verwunderlich, daß die Frauen ihrem Aussehen immer besonders viel Aufmerksamkeit gewidmet haben. Anscheinend war es völlig zu Unrecht schon immer so, daß der ›Wert‹ einer Frau oft einzig und allein von ihrer äußeren Erscheinung abhing. Normalerweise wurde man nur auf sie aufmerksam, wenn sie schön war. Wie viele Millionen unscheinbarer Frauen haben wohl schon unter der Erkenntnis gelitten, daß schon etwas ganz Spektakuläres passieren müßte, damit sie überhaupt einmal zur Kenntnis genommen würden?

Manchmal entspringt unser Bedürfnis nach Aufmerksamkeit aber auch einfach nur dem Wunsch, anderen etwas mitzuteilen — vielleicht über unsere Klasse, unseren sozialen Status, unseren Besitz, unsere Fähigkeiten oder unsere Intelligenz, oder wir möchten ganz einfach nur eine triumphierende Erklärung abgeben, daß wir unsere Umgebung total im Griff und unter Kontrolle haben.

Elizabeth I. war bereit, in ungeheuer schweren Amtsgewändern herumzuschwanken, um keinen Zweifel über ihren Rang aufkommen zu lassen. Auch heute noch wird die Restaurantmanagerin am Arbeitsplatz ein förmliches Kleid und einengende Schuhe mit hohen Absätzen tragen, um im Umgang mit ihren Bedienungen, die bequemer gekleidet sind und ganz sicher bequemere Schuhe tragen, Autorität zum Ausdruck zu bringen. Eine Frau kann das Gefühl haben, daß sie jünger, aufgeweckter und energischer aussehen muß, um ihren Job zu sichern. Unbequeme ›Status‹-Kleidung, eine zermürbende Diät, selbst Schönheitsoperationen erscheinen immer lohnenswerter. Oft wird auch versucht, Reichtum und Klasse mit Hilfe von Schmuck und offensichtlich teuren Kleidern zum Ausdruck zu bringen. Leider haben Diamanten und Designer-Etiketten aber die Tendenz, an allzu ehrgeizigen Besitzerinnen nicht gerade bequem zu sitzen und unnatürlich zu wirken. Dabei kommt am Ende dann häufig dieser verkrampfte, abgehärmte Ausdruck zustande, den die Anstrengung den Menschen ins Gesicht schreibt — das genaue Gegenteil von lässiger Eleganz.

Doch wir alle haben ein Bedürfnis danach, uns selbst zu verkörpern. Und das ist ja auch gesund und natürlich so. Das Problem ist nur, was wir eigentlich zum Ausdruck bringen wollen. Die Person, die wir wirklich sind? Oder irgendeine Phantasiegestalt, die wir gern wären? Oder vielleicht das, was wir unserer Ansicht nach sein sollten?

Jede Frau trägt in ihrem tiefsten Herzen ein Bild mit sich herum, wie sie aussehen könnte, wenn sie nur wollte — jener ganz besondere Tag, als sie flüchtig in einen vorteilhaften Spiegel schaute und entdeckte, daß sie ja beinahe attraktiv aussah … das denkwürdige Hochzeitsphoto, auf dem sie dank großzügigem Weichzeichner märchenhaft schön erschien. Sie ist überzeugt davon, daß sie schön sein könnte, wenn sie sich nur genügend anstrengen würde — sie müßte vielleicht größere Opfer bringen, ein anderes Leben führen oder eine neue Diät ausprobieren. Alle diese Anstrengungen scheinen sich zu lohnen, auch wenn es noch so schwerfällt.

Viele werden aber von einem noch viel größeren Tyrannen beherrscht — dem Drang nach ästhetischer Perfektion. Inspiriert werden sie wahrscheinlich von den glanzvollen Film- und Fernsehstars, von Kunst und Literatur. Diese Bilder können unseren Stil, unsere Kleidung und unser Make-up stark beeinflussen und uns manchmal sogar zu Manieriertheit verleiten. Gleichzeitig können sie unseren tatsächlichen Stärken entgegenwirken und nicht im geringsten zu unserer wahren Persönlichkeit passen.

In ähnliche Schwierigkeiten dürfte eine Frau auch geraten, wenn sie den speziellen Schönheitsvorstellungen ihres Mannes gerecht werden will. Bei dem Versuch, mit der Idealfrau seiner Phantasie zu konkurrieren, strapaziert sie die Natur oft weit über das vernünftige Maß hinaus. Seit Menschengedenken wurde ›Ihm‹ immer die Rolle des Jägers und Kriegers zugeteilt, ›Sie‹ hingegen spielte die Hausfrau und Mutter. Die gebärfreudigen Formen, die primitive Bildhauer und Höhlenmaler ihr oft verliehen, entsprechen genau dem allumfassenden und nicht ausrottbaren Klischee von der Erdmutter mit dem ausladenden Hintern, den großen Brüsten und dem dicken Bauch. Ohne jeden Zweifel spielt diese Vorstellung noch eine große Rolle im Unterbewußtsein der Männer, wie C. G. Jung deutlich machte; das sind die Formen und Funktionen, die eine Frau braucht, um ihre weibliche Bestimmung zu erfüllen. Doch es wird noch viel mehr verlangt. Zusätzlich zu diesen zweckdienlichen und nützlichen Eigenschaften fordern viele Männer seit jeher von ihren Frauen auch freundlichen Gehorsam, loyale Unterstützung und natürlich perfekte Schönheit — dafür gibt es rundherum ja schließlich genügend bedrohliche Beispiele. Die Frauen haben schon immer versucht, diesen Anforderungen so gut wie möglich gerecht zu werden. Es hat ihnen schon immer Spaß gemacht, Aufmerksamkeit zu erregen und männliche Bewunderer für sich zu gewinnen. Generation auf Generation hat sich eifrig mit diesem kleinen und doch so wichtigen Element beschäftigt — dem geheimnisvollen ›Sex-Appeal‹.

Doch der Geschmack der Männer war nicht immer gleich. Ein historischer Rückblick zeigt, daß ihre Vorstellungen von der idealen Frau sehr unterschiedlich und oft ziemlich kurzlebig waren. Manchmal sehnten sie sich nach nahezu busenlosen, schwanger aussehenden Frauen, wie sie auf den Bildern des vierzehnten Jahrhunderts zu sehen sind, ein andermal nach reifer aussehenden Damen, wie sie Rubens bewunderte, und dann begehrten sie plötzlich wieder das Gegenteil, nämlich die knabenhaft aussehenden Schönheiten der zwanziger Jahre.

Es waren auch nicht immer dieselben weiblichen Körperteile, die im Mittelpunkt des männlichen Interesses standen; manchmal ging der Sex-Appeal der Frau von ihrem wehenden Haar aus, manchmal von ihrer strahlend weißen Haut und den funkelnden Augen, dann wieder von ihrer Wespentaille, ihren zierlichen Füßen, ihren Hüften, ihrem Busen und manchmal sogar von ihrem nicht vorhandenen Busen: Das bezeichnete der Psychologe J. C. Flugel als das Prinzip der ›wechselnden erogenen Zonen‹.

Nur eines ist stets gleich geblieben: Was auch immer verlangt wurde — den Busen verschwinden zu lassen oder zu vergrößern, die Hüfte unter Schmerzen zusammenzudrücken, die Füße einzuquetschen: Die Frauen waren immer wild entschlossen, diesen Anforderungen zu genügen, und stellten sie nur selten einmal in Frage. All die Anstrengungen, die sie zum Zwecke der eigenen Verschönerung unternahmen, basierten stets auf der stoischen Philosophie, daß sie eben leiden müßten, um schön zu sein — »Il faut souffrir pour être belle«.

AUS MÄNNLICHER SICHT

Es ist schon eigenartig, wenn man entdeckt, daß Männer und Frauen aus ganz ähnlichen Motiven nach Schönheit und Eleganz streben. Da haben wir dieselbe Eitelkeit, dasselbe Bedürfnis nach Attraktivität, denselben Drang, irgendeiner Idealvorstellung zu genügen, die man sich in den Kopf gesetzt hat.

Aber natürlich gibt es zwischen der männlichen und weiblichen Psyche auch Unterschiede. Viele Männer möchten in erster Linie auf ihre Kraft und ihren Körper stolz sein können. Das Bedürfnis nach Einfluß, Prestige und Macht ist sehr viel tiefer verwurzelt. Eifrig stürzen sie sich auf jedes Rangabzeichen, jeden Beweis ihrer Macht, ihres Erfolges und ihrer Leistungskraft — was keinesfalls nur dazu dient, das andere Geschlecht zu beeindrucken, wie oft behauptet wird.

Den Wohlhabenden bietet die Mode seit jeher vielfältige Möglichkeiten, mit Reichtum und Erfolg herumzuprotzen, auch wenn dafür oft (genau wie bei Frauen) unbequeme und zeitraubende Rituale in Ankleidezimmern erforderlich sind. Ausgestopfte Hemden, gestärkte Kragen, enge Gürtel und Kummerbund sind ja nicht gerade die angenehmsten Festgenossen, werden aber trotzdem immer noch geduldet.

Die Jagd nach der ewigen Jugend kann besonders von den Männern hohe Tribute fordern, die sich an Alterserscheinungen wie weißem Haar und Glatzenbildung stören. Auch das Gewichtsproblem gehen viele Männer mit einer Entschlossenheit an, die ihnen genausoviel Hingabe und Opferbereitschaft abverlangt wie den Frauen. Dadurch, daß der ›Neue Mann‹ unserer Tage schlank zu sein hat, sind die Fälle von männlicher Magersucht alarmierend angestiegen — einst hielt man diese Krankheit in Medizinerkreisen für ein rein weibliches Phänomen. Auch Jogger und Muskelmänner haben die Tendenz, ihren Körper so extrem zu belasten, daß es aus medizinischer Sicht schon gefährlich wird. Die neuartige Faszination, die von zwitterhaften Wesen ausgeht — das beste Beispiel dafür ist Boy George — oder auch von interessant-schockierenden Bildern aus der Welt der Popmusik, hat die Männer in Fragen der Bekleidung und Kosmetik vor ganz neue Probleme gestellt — und nicht zuletzt erfordert es ja auch einigen Mut, diese Moden mitzumachen.

Andererseits können Männer Schönheitsoperationen oft als berufliche Notwendigkeit hinstellen. Aber muß man sich wirklich das Gesicht liften und den Kiefer verkürzen lassen, um seinen Job zu behalten? Oder handelt es sich dabei nur um eine willkommene Entschuldigung für althergebrachte Eitelkeit?

Triebfeder für viele Männer ist vielleicht ihre uralte Sorge um die jugendliche Potenz. Attraktivität, Potenz und Männlichkeit sind für den Mann eng miteinander verflochtene Begriffe — bei Frauen sind die entsprechenden Eigenschaften bei weitem nicht so stark voneinander abhängig. Jugend, Energie, Stärke, die dunklen Stoppeln, kein einziges graues Haar, Haare im Gesicht und auf der Brust, all das sind ziemlich abgedroschene Klischees von Männlichkeit, aber trotz alledem nehmen viele Männer so einiges auf sich, um gerade diese Merkmale zur Schau stellen zu können. Auch gegen einen Eingriff ins Drüsensystem haben manche Männer nichts einzuwenden — einige unterziehen sich sogar einer Operation, um die Flagge der Jugend weiterflattern zu lassen. Obwohl Männer nicht die gleiche Auffassung von männlicher Attraktivität haben wie Frauen (siehe Kapitel 10), geistert bei den meisten doch eine ziemlich klare Vorstellung von Männlichkeit im Kopf herum — und viele sind bereit, sehr weit zu gehen, um ihre ganz speziellen Vorstellungen zu verwirklichen, auch wenn sie noch so ungewöhnlich sind.

12.

SKLAVEN DER MODE:
EIN SCHLUSSWORT

Es IST EIN VÖLLIG NATÜRLICHES BEDÜRFNIS, all das zu bewundern und oft auch zu übertreiben, was die Natur uns geschenkt hat«, schrieb Charles Darwin. Es wäre sicherlich nicht normal, wenn wir das Interesse an unserer Schönheit verlieren würden.

So gut wie möglich auszusehen bringt Befriedigung; das Beste aus sich zu machen gibt neuen Schwung. Das Problem ist nur, daß wir oft in Versuchung geraten, noch viel weiter zu gehen und Veränderungen anstreben, die weit über eine Betonung unserer natürlichen Vorzüge hinausgehen. Manchmal probieren wir es sogar mit einer Radikalkur. Wir wollen das Unmögliche möglich machen. Doch schwarze Haut in weiße umzuwandeln, den Taillenumfang von 70 auf 40 cm zu verringern, aus einem normalen Fuß eine 7,5-cm-Karikatur zu machen, all das versetzt der Natur einen derben Schlag ins Gesicht. Da bleiben die Probleme natürlich nicht aus. Und je größer die Lücke, die zwischen Traum und Wirklichkeit klafft, desto größer sind auch die Probleme. Je weiter die tatsächlichen Gegebenheiten von den ersehnten Idealen abweichen, desto mehr muß gelitten werden.

Oft ist es allerdings sehr schwer, der Versuchung zu widerstehen. Um uns herum explodiert die Welt der Kommunikationsmittel und hinterläßt ein Chaos. Von allen Seiten werden wir mit Werbung bombardiert. Reklamefachleute erzählen uns, was wir hören wollen — daß wir unsere gesamte Erscheinung verändern können, wenn wir nur dieses oder jenes Produkt kaufen, diesem oder jenem Kult folgen, an irgendeine Theorie glauben oder eine bestimmte Lebensweise einhalten. Durch ständige Wiederholung gelangen wir schließlich zu der Überzeugung, daß Schönheit das ist, was die Medien behaupten — und daß es ganz einfach sei, schön zu sein. Doch die zu diesem Zweck eingesetzten Mannequins sind schon fast langweilig monoton. Wir werden mit Klischees überhäuft, die sich zwar oberflächlich verändern können, im Grunde genommen aber immer auf denselben zwei Stützpfeilern ruhen, an denen anscheinend kein Weg vorbeiführt: Unser Gesicht muß schön sein, und unser Körper darf nicht fett sein.

Tagtäglich werden uns ohne Unterlaß Beispiele für Schönheit vor Augen geführt, denen wir gefälligst nacheifern sollen. Und diese idealen Gesichter, die da an uns vorbeidefilieren, entfernen sich in ihrer ›Perfektion‹ immer weiter von der Wirklichkeit; die idealen Körper sind unerträglich dünn. (»Man kann nie zu reich oder zu dünn sein«, sagte die Herzogin von Windsor.) Und wenn die Modeschöpfer dann doch einmal die Kurven und Konturen des weiblichen Körpers für zulässig erklären, dann schlagen sie gleich ins andere Extrem um und verlangen riesige Busen, winzig kleine Taillen und meterlange Beine.

Die Veränderungsmöglichkeiten sind inzwischen für uns alle enorm groß. Dank unserer raffinierten Technik sind wir beinahe schon an dem Punkt angelangt, wo wir — vorausgesetzt,

179

daß wir die notwendige Erlaubnis dazu bekommen und uns von ethischen Bedenken nicht aufhalten lassen — ein genetisch perfektes, geschlechtlich vorherbestimmtes menschliches Wesen erschaffen könnten, das in seiner Vollkommenheit unschlagbar wäre und sich mühelos an unsere vorgefertigten Ideale anpassen würde — notfalls könnte ja auch noch mit einer Schönheitsoperation nachgeholfen werden. Würden wir diesem Geschöpf dann noch regelmäßig in irgendwelchen hochtechnisierten Schweizer Kliniken tierische Zellen injizieren, dann könnten wir es sicherlich auch ewig jung erhalten.

Als Patricia Campbell die glorreiche Idee hatte, George Bernard Shaw eine Heirat vorzuschlagen, um gemeinsam Nachkommen zu produzieren, die sein Gehirn und ihre Schönheit besäßen, entgegnete er: »Denken Sie doch einmal einen Augenblick darüber nach, Madam, wie es wäre, wenn dieses unglückselige Kind aus Versehen mit Ihrem Gehirn und meinem Aussehen zur Welt käme.«

Inzwischen sind wir schon fast in der Lage, ein solches ›Mißgeschick‹ auszuschließen. Aber selbst dann wären wir wahrscheinlich noch nicht zufrieden. Unsere auf visuelle Reize fixierte Gesellschaft strebt nach Höherem. Wir verlangen Gehirn und Schönheit gleichzeitig, zumindest von den Leuten, die an der Spitze stehen. Es reicht nicht, daß wir unsere Arbeit gut machen, wir müssen auch das richtige Image dazu haben; die heutigen Politiker werden genauso nach ihren Fernsehauftritten wie nach ihren Staatskünsten beurteilt. Und auch wenn man in der Hackordnung tiefer hinabsteigt, wird Attraktivität noch reichlich belohnt. Die Geschworenen sprechen öfter Menschen frei oder geben ihnen mildere Strafen, wenn sie zufällig gut aussehen. Die Leute mögen sie ganz einfach lieber — sie halten die attraktiven Menschen automatisch auch für die besseren Persönlichkeiten. Selbst die Frage, ob man einen Job bekommt, kann davon abhängen. Allein im Jahr 1982 unterzogen sich 1000 japanische Studenten und Studentinnen einer Schönheitsoperation, um ihre beruflichen Chancen zu verbessern — und das sind nur die Zahlen aus einem einzigen Krankenhaus. 1988 bekamen die Männer einer japanischen Firma in Wales die Anweisung, »repräsentativ wirkende Frauen einzustellen, die nicht dick sind«.

Doch im gesellschaftlichen Zusammenleben der achtziger Jahre hat sich die Individualität ihren festen Platz erobert — zum Teil artet es sogar schon wieder in Verherrlichung aus. Die Rollen haben sich vertauscht; es wurden andere Prioritäten gesetzt. Beide Geschlechter haben sich immer unbefangener auf das Territorium des jeweils anderen vorgewagt. Einige Frauen sind erfolgreich in leitenden Funktionen tätig, die bislang ausschließlich Männern vorbehalten waren. Manche Männer fühlen sich im Haushalt viel wohler. Und viele Frauen — die sich heute auf eine Art und Weise verwirklichen können, die sie früher nicht im Traum für möglich gehalten hätten — sagen ganz klipp und klar, daß sie mit ihrer Zeit etwas Besseres anzufangen wissen, als vor Spiegeln herumzusitzen und Kalorien zu zählen. Sie sind zwar interessiert daran, ihre Attraktivität zu steigern, aber nicht mehr bereit, dafür so viele Unannehmlichkeiten in Kauf zu nehmen.

Die Emanzipationsbewegung hat den Frauen, trotz aller Fehlanfänge, das Privileg eingebracht, endlich einmal ›sie selbst‹ sein zu können. Und auch für die Männer wurde es dadurch möglich, sehr viel mehr ›sie selbst‹ zu sein. So werden sie zum Beispiel nicht mehr schief angeschaut, wenn sie sich gern farbenprächtig kleiden, langes Haar haben möchten, sich eine Dauerwelle machen lassen oder Ohrringe tragen.

Auf dem komplizierten Gebiet der Attraktivität hat diese neue Gleichberechtigung eine erfrischende Mischung aus männlichen und weiblichen Idealen und Zielen mit sich gebracht. Das manifestiert sich zum Beispiel in der immer größer werdenden Faszination, die Zwitterhaftigkeit auf uns ausübt. Androgynie ist zumindest eine willkommene Abwechslung zu den althergebrachten Klischees. Auch die Punker(innen) haben mit aller Kraft versucht, sich selbst zu verwirklichen, auch wenn es manchmal noch so abscheulich aussah.

Was die Einstellung zur Schönheit und äußeren Erscheinung betrifft, so drängt sich die verlockende Vision auf, daß die sozialen Umwälzungen der letzten drei Jahrzehnte zu noch tiefgreifenderen Veränderungen im kommenden einundzwanzigsten Jahrhundert führen könnten.

Wird es, wie schon so häufig in der Geschichte, zu einem plötzlichen Wechsel kommen, nach dem die Mehrheit der Frauen — aus welchen persönlichen Gründen auch immer — wieder zu den alten, aufopferungsvollen Standards traditioneller Weiblichkeit zurückkehrt? Oder werden immer mehr Frauen an der Vorstellung von Schönheit ohne Leiden festhalten und den Ausdruck der eigenen Persönlichkeit zum Leitmotiv ihrer Philosophie machen?

Und es ist noch ein weiterer, ganz neuer Gesichtspunkt zu berücksichtigen: Das Gleichgewicht der Geschlechter in der Bevölkerung ist ins Wanken geraten. In der Vergangenheit wurden immer mehr Jungen als Mädchen geboren, doch dafür starben auch mehr Buben im Kindesalter. Dank des medizinischen Fortschritts kommt es jetzt aber zu weniger Todesfällen — was dazu führte, daß es bereits in den sechziger Jahren mehr Jungen als Mädchen gab. Aus Statistiken der Vereinten Nationen für die achtziger Jahre geht hervor, daß es weltweit bereits 30 Millionen mehr junge Männer als junge Frauen gibt (die alle unter 23 sind), und dieser Unterschied wird von Jahr zu Jahr größer. Allein in Europa haben wir einen Überschuß von 2 Millionen jungen Männern: In den USA sind es sogar 3 Millionen. Damit bekommt das Defizit an jungen Frauen Tradition — was zu der interessanten Spekulation führt: Wie weit werden die Männer von morgen in ihrem Bemühen um mehr Freizügigkeit und größere Farbenpracht gehen; wie sehr werden sie sich anstrengen müssen? Ist es jetzt vielleicht an den Männern, sich einer nun schon mehr als zweitausendjährigen Tradition zu unterwerfen — der Tyrannei der Schönheit?

BIBLIOGRAPHIE

1. HUNGERN FÜR DIE SCHLANKE LINIE

Eichenbaum, Luise & Orbach, Susie, *Understanding Women*, 1983.

Edwards, Ann, *Judy Garland*, 1975.

Gatty, Charles Neilson, *The Elephant That Swallowed a Nightingale*, 1981.

Jaeger, Gustav (Übs. Tomalin, Lewis, R. S.), *Health Culture*, 1907.

Stancioff, Nadia, *Maria Callas Remembered*, 1988.

Conley, Rosemary, *Schlanke Hüften, schlanke Beine. Die Rosemary Conley-Spezialdiät*, Heyne, 1989.

Katahn, Martin, *The Rotation Diet*, 1988.

Eyton, Audrey, *The F-Plan Diet*, 1982.

Eyton, Audrey, *The Easier F-Plan Diet*, 1987.

Diamond, Harvey & Marilyn, *Fit for Life*, 1985.

Black, Gayle, *The Sun Sign Diet*, 1986.

Howard, Alan, *The Cambridge Diet*, 1985.

French, Barbara, *Coping With Bulimia*, 1987.

Roche, Louise, *Glutton For Punishment*, 1984.

Orbach, Susie, *Anti-Diätbuch I*, Frauenoffensive, 1979.

Roberts, Nancy, *Breaking All The Rules, Feeling Good and Looking Great No Matter What your Size*, 1985.

Gillie, Oliver, Glosse in *The Sunday Times*, 7. 10. 84.

Beller, Anne Scott, *Fat and Thin*, 1977.

MacLeod, Sheila, *The Art of Starvation*, 1981.

Summers, A., *Goddess (The Secret Lives of Marilyn Monroe)*, 1985.

2. PROBLEMKIND BUSEN

Beaton, C., *The Glass of Fashion*, 1953.

Plat, Sir Hugh, *Delightes for Ladies*, 1627.

Pignatelli, Luciana, *The Beautiful People's Beauty Book*, 1971.

Greer, Germaine, *Der weibliche Eunuch*, S. Fischer, 1971 (Paperback 1979).

Caseby, Jo., Glosse in *Western Mail*, 7. 12. 88.

3. TODSCHICK GEKLEIDET

Waugh, Norah, *Corsets and Crinolines*, 1954.

Rudofsky, B., *The Fashionable Body*, 1971.

Poiret, Paul, *My First 50 Years*, 1907.

LAVER, JAMES, *Concise History of Costume*, 1969.

LIMNER, LUKE (JOHN LEIGHTON), *Madre Natura Versus the Moloch of Fashion*, 1874.

KUNZLE, DAVID, *Fashion and Fetishism*, 1982.

CANTER CREMERS-VAN DER DOES, ELINE, *The Agony of Fashion*, 1980.

WROBLEWSKI, CHRIS, *Tattoo*, 1987.

BURCHETT, GEORGE, *Memoirs of a Tattooist*, 1958.

BELL, JOY ANN & CARTER, GEORGE, ›Tight Girdle or Sömmerring's Syndrome‹, *New England Jnl Medicine*, 1973.

FLUGEL, J. C., *The Psychology of Clothes*, 1950.

4. DAS GESICHT: FARBVERÄNDERUNGEN

COLEMAN, VERNON / COLEMAN MARGARET, *Face Values*, 1981.

JACKSON, MICHAEL, *Moonwalk*, 1988.

BROWN, PETER HARRY & BROWN, PAMELA ANN, *The MGM Girls*, 1984.

HIGHAM, CHARLES & MOSELEY, ROY, *Merle*, 1983.

COLBY, A., *Anita Colby's Beauty Book*, 1958.

HARRY, R. G., *Cosmetic Materials*, 1963.

STAFFE, BARONESS, *The Lady's Dressing Room*, 1892.

WILKINSON, D. S., ›The History and Hazards of Cosmetics‹ (in MICHAELMAS *Murmer*), 1967.

HOEY, MRS CASHEL, *Ten Centuries of Toilette* (übersetzt aus dem Französischen von ROBIDA, A.), 1892.

CORSON, RICHARD, *Fashions in Makeup*, 1972.

WILLIAMS, NEVILLE, *Powder and Paint*, 1957.

BOY GEORGE, *Fashion and Makeup Book*, 1984.

COLLINGBOURNE, HUW, *Madonna*, 1987.

MAXWELL HUDSON, CLARE, *Kaleidoscope of Beauty*, 1968.

POLHEMUS, TED & PROCTER, LYNN, *Pop Styles*, 1984.

LE CAMUS, ANTOINE, *The Art of Preserving Beauty*, 1754.

GRIFFIN, JOHN, *Black Like Me*, 1960.

HALSELL, GRACE, *Soul Sister*, 1970.

ANGELOGLOU, M., *A History of Makeup*, 1970.

KENTON, LESLIE, *The Joy of Beauty*, 1983.

›Bandung File‹, Channel 4 TV, 21. 6. 88.

BERESFORD, D., *Guardian*-Artikel, 15. 5. 87.

H.M. Stationery Office, *Consumer Protection* (The Cosmetic Products Safety Regulations), 1984.

The London Magazine, Artikel, 1768.

The Lady's Magazine, Artikel 1776 & Feb. 1793.

5. DAS GESICHT: GEWEBEVERÄNDERUNGEN

JOYCE, T. ATHOL UND THOMAS, N. W. (Hrsg.), *Women of All Nations*, 1909.

SYLVIA, *Sylvia's Book of The Toilet*, 1881.

JEAMSON, J., *Artificiall Embellishments of Arts Best Directions*, 1665.

GERARD, JOHN, *Gerard's Herbal,* 1597.

SHEBA, *Women Who Fascinate and Why,* 1924.

MARKS, PROF. RONALD, *The Sun and Your Skin,* 1988.

FITZSIMONS, CARMEL, *The Observer* (Glosse), 22. 6. 86.

MONTAGU, LADY MARY WORTLEY, *Letters,* Dezember 1716.

Best, Zeitschrift, April 1988.

LEVINE, ROBERT, *Joan Collins Superstar,* 1985.

BRIAN, ROBERT, *The Decorated Body,* 1979.

MORRIS, DESMOND, *Körpersignale/Bodywatching,* Heyne, 1985.

6. DAS GESICHT: DIE AUSDRUCKSSTARKEN PARTIEN

CHAPKIS, WENDY, *Schönheitsgeheimnisse — Schönheitspolitik,* Orlanda-Verlag, 1987.

WOODFORDE, J., *The Strange Story of False Teeth,* 1968.

LOREN, SOPHIA, *Women and Beauty,* 1984.

RHODES, RUSSELL R., *Man at his Best,* 1975.

BULWER, J., *Anthropometamorphosis,* 1650.

LAVATER, J. C., *Essays in Physiognomy,* 1789. (Physiognomische Fragmente zur Beförderung der Menschenkenntnis und Menschenliebe, Reclam)

TOMMASEO, *Moral Thoughts* (Studi Morali), 1858.

7. DAS GESICHT: FORMVERÄNDERUNGEN

FELSTEIN, IVOR, *A Change of Face and Figure,* 1971.

GARDINER, LESLIE E., *Faces Figures and Feelings,* 1959.

REES, THOS. D., *Cosmetic Facial Surgery,* 1973.

8. RUHMESKRONEN: DAS HAAR

CORSON, R., *Fashions in Hair,* 1965.

COOPER, WENDY, *Hair,* 1971.

SAGAY, ESI, *African Hairstyles,* 1983—87.

SASSOON, VIDAL, *Sorry I Kept You Waiting Madam,* 1968.

KNIGHT, NICK, *Skinhead,* 1982.

CHARLESWORTH, CHRIS, *Elton John,* 1986.

CURRIE, DAVID, *David Bowie,* 1985.

WOODFORDE, J., *The Strange Story of False Hair,* 1971.

NATER UND DE GROOT, *Survey of Surveys:* 1985.

AMES, KAMMEN & YAMASAKI, ›Hair Dyes are Mutagenic‹, *Nat. Acad. Sci.,* USA, Vol. 72, Juni 1975.

CASTLE, CHARLES, *Model Girl,* 1977.

9. KLEIN IST SCHÖN: DIE FÜSSE

Levy, Howard S., *Chinese Footbinding*, 1966.

Chang, *The Chinese Gentry* (extract from Univ. of Washington Publications on Asia), 1955.

Rossi, W. A., *Sex Life of the Foot and Shoe*, 1977.

Rudofsky, B., The Unfashionable Human Body, 1972.

Auszug, *Jnl of American Medical Assocn*, 1971.

Clarke, May, *Trouble with Feet*, 1969.

10. DIE PSYCHOLOGIE DER SCHÖNHEIT

Garland, Madge, *The Changing Face of Beauty*, 1957.

Liggett, J., *The Human Face*, 1974.

Newton, Eric, *The Meaning of Beauty*, 1950.

Frumkin, Robert M., ›Visual Aphrodisiacs‹, Artikel in *Sexology 20*, 1954.

Hume, David, *Essays: Moral, Political and Literary*, 1875.

Clark, Kenneth, *Feminine Beauty*, 1980.

11. DIE BEWEGGRÜNDE

Lewis, David, *Loving and Loathing*, 1985.

Cantril, Hadley, *The ›Why‹ of Man's Experience*, 1950.

Keenan, Brigid, *The Woman We Wanted to Look Like*, 1977.

Goffman, Erving, *The Presentation of Self in Everyday Life*, 1959.

Menninger, Karl A., *The Human Mind*, 1946.

Rubinstein, Helena, *My Life for Beauty*, 1965.

Rogers, Carl, *Client-Centred Therapy*, 1951.

Stubbes, Philip, *Anatomy of Abuses*, 1583.

Gardiner, James, *Gaby Deslys*, 1986.

United Nations, *Demographic Yearbook*, 1983.

BILDNACHWEIS

4. DAS GESICHT: FARBVERÄNDERUNGEN

5. DAS GESICHT: GEWEBEVERÄNDERUNGEN

6. DAS GESICHT: DIE AUSDRUCKSSTARKEN PARTIEN

7. DAS GESICHT: FORMVERÄNDERUNGEN

8. RUHMESKRONEN: DAS HAAR

9. KLEIN IST SCHÖN: DIE FÜSSE

10. DIE PSYCHOLOGIE DER SCHÖNHEIT

REGISTER

(Die kursiv gedruckten Seitenzahlen beziehen sich auf Abbildungen)